젠더와 미학

예술에 대한 페미니즘적인 접근방식은 광범위하게 연구되고 있으며 예술론, 문화연구와 시각연구, 철학을 포함한 다양한 분과 학문들에 무척이나 중요한 영향을 끼쳐왔다. 『젠더와 미학』은 예술에 대한 관념들이 형성되는 데 있어 젠더가 수행하는 역할을 신중하게 소개하고 검토한다.

이 책은 페미니즘 미학 내에서 중요한 주제들을 논의한다.

-왜 과거에는 여성미술가들이 그렇게 적었을까?
-예술과 즐거움, 그리고 미
-미각과 음식에서의 젠더의 역할
-예술이란 무엇이고 예술가를 만드는 것은 무엇인가?
-역겨움, 숭고와 미적 가치
-몸과 주체성의 형성

이 책은 예술, 창조성, 미적 특질을 이해하는 데 젠더가 담당하는 역할을 명료한 언어로 소개해준다. 과거의 철학은 젠더화된 사유방식이 미학에 끼친 영향이라는 관점에서 검토된다. 또한 아서 단토나 뤼스 이리가레이와 같은 동시대 이론가들은 페미니즘 예술 실천들과 관련하여 자리매김된다. 각각의 장들은 요약으로 끝을 맺으며, 포괄적인 참고문헌 목록을 담고 있다.

캐롤린 코스마이어의 스타일은 참신하고 이해하기 쉬워서, 이 책은 철학, 젠더연구, 시각연구와 예술론을 전공하는 학생들뿐 아니라 미학에 끼친 젠더의 영향에 관심이 있는 이들에게 많은 도움을 줄 것이다.

캐롤린 코스마이어는 뉴욕 주립대학 버팔로 캠퍼스의 철학과 교수이다. 그녀는 『미각의 이해: 음식과 철학 *Making Sense of Taste: Food and Philosophy*』의 저자이며 미학, 페미니즘, 문학이론에 관한 몇몇 저서들의 편집을 맡은 바 있다.

페미니즘 철학의 이해

린다 마틴 알코프(Linda Martin Alcoff) 편집

새롭게 발간된 이 전공 총서는 일반적으로 철학의 입문 강좌를 마치고 페미니즘 철학에 첫 발을 내딛으려는 학생들을 위해 기획된 것이다. 각 권은 페미니즘적 시각에서 철학의 핵심적인 학부 과목들을 분명하게 소개하고 철학 및 관련 분과를 이해하는데 젠더가 담당하는 역할을 검토한다. 각 권은 학생들이 각 주제에 대한 보다 고차적인 연구로 옮겨갈 수 있도록 하며, 경험 많은 저자와 선생님들이 초보적인 학생들을 염두에 두고 명료하게 기술하고 있다.

『젠더와 미학』
캐롤린 코스마이어(Carolyn Korsmeyer)

『페미니즘과 근대철학』
안드레아 나이(Andrea Nye)

『페미니즘과 인식론』
필리스 루니(Phyllis Rooney)

『페미니즘과 과학철학』
엘리자베스 포터(Elizabeth Potter)

페미니즘 미학 입문

캐롤린 코스마이어 지음 | 신혜경 옮김

경성대학교출판부

함께 뛰놀며 자라난 세 소녀들에게 이 책을 바친다.
한 소녀는 무용수가 되었고 한 소녀는 작가가 되었으며 또 다른 한 소녀는 노래를 하였다.
내 기억 속에 남아있는 그 가수를 추모하며.

차례

도판목록

감사의 글

나는 이 책의 앞선 초고를 세심하게 읽어주고 논평해주신 헌신적인 집필가 집단의 일원이었음을 자랑스럽게 여깁니다. Carrie Tirado Breman, Ann Colley, Rosemary Feal에게 감사드립니다. Larry Shiner의 연구는 많은 것을 가르쳐 주었으며, 관대하게도 그는 이 책의 초고를 읽고 사려 깊은 충고를 아끼지 않으셨습니다. Andrew Schwartz는 6장에 대해서 논평을 해주셨고 Beth Ann Dobie는 예술에서 음식의 사용에 대해 유익한 정보를 제공해주셨으며 Peg Brand는 이 프로젝트가 진전될 때 이에 대해 제안을 해주셨습니다. Cynthia Freeland와 Rachel Jones는 출판사의 익명의 독자를 가장하여 수정과정에 크나큰 도움이 되었던 주의 깊고 상세한 논평을 보내주셨습니다. 이 분들 모두의 협력에 진정으로 감사드립니다.

뉴욕 주립대학 버팔로 캠퍼스의 인문학 대학 학장실은 도판의 전재를 허락받도록 아낌없는 지원을 베풀어주었습니다. 또한 Routledge출판사의 편집장인 Siobhan Pattinson은 이 책이 순조롭게 발행되기까지 많은 도움과 관심을 기울여주셨습니다. 마지막으로 이 책이 속해있는 『페미니즘 철학의 이해 *Understanding Feminist Philosophy*』 시리즈를 편집하고 있는 Linda Alcoff에게 심심한 감사를 전하고 싶습니다.

한국어판 저자 서문

1970년대에 등장한 페미니즘 연구는 이제까지 광범위한 영향을 끼쳐왔던 아카데믹한 전통에 생산적인 비판을 가하기 시작했다. 페미니즘이 강조했던 최초의 비판중 하나는 인간 생활과 문화에 대한 통상적인 이해가 거의 전적으로 남성적 관점에 기초해 있다는 것이었다. 이러한 비판에서 시작되었던 시각들은 분과 연구 전반에 걸쳐 점차 다양하게 분화되고 확산되었다. 이는 특히 인문학과 사회과학에서 분명하게 확인될 수 있다. 물론 철학이라는 분야는 이론적인 탐구에서 젠더 적합성이 쉽게 인정되지 않는 다소 완고한 영역이라는 것이 입증되었지만 말이다. 그럼에도 오늘날에는 이러한 철학 분야에서조차 지난 수십 년간 진행되어왔던 비판의 흔적이 아로새겨져 있음을 확인할 수 있다.

인종, 민족, 국적의 차이와 같은 사회적 위치설정 일반과 젠더에 대한 새로운 탐구들은 이전에는 철학적 주목을 받지 못했던 수많은 연구주제들을 발굴해왔다 — 철학에서 작동하는 표준적인 개념틀 속에 숨겨져 있는 젠더와 인간의 차이에 대한 뿌리 깊은 함의를 포함해서 말이다. 결과적으로 이는 문화 및 이론적 전통에 대한 지속적이고 역동적인 비판을 낳게 하였다. 미학과 예술철학은 비판적 학문

분야 및 페미니스트 예술가와 이론가들의 선구적인 노력들과 제휴하여, 미적 가치, 천재와 창조성, 예술의 본질 자체에 대한 기존의 사상들을 재검토하게 되었다.

그런 유서 깊은 분야들에서 다층적인 시각을 발전시키려는 이러한 전략은 전통적으로 철학 내에서 인정받지 못했던 물음들을 다루기 위해 새로운 영역을 개척해왔다. 그러나 이러한 종류의 시도야말로 실상은 철학적 탐구의 바로 그러한 핵심에 놓여있는 것이라 할 수 있다. 따라서 철학적 탐구 자체가 그러한 것처럼, 이론적 전망을 다양화시키는 전략 또한 미완의 것일 수밖에 없다. 페미니즘은 미학적 가치와 예술적 전통을 이러한 견지에서 이해할 수 있도록 다층적인 관점을 초국가적 차원에서 계속해서 발전시키고 있다. 일찍이 이러한 노력에 기여해왔던 사람들조차 그들의 미래를 그저 짐작할 수 있을 따름이다. 나는 이 작은 책이 한국어로 번역되어 출간됨을 감사하게 생각한다; 또한 여기서 제시된 사상들이 페미니즘 철학의 지속적 발전에 자극이 되어 앞으로 더 나은 새로운 시각이 추구될 수 있기를 간절히 희망한다.

서문

이 책에서는 예술과 미학, 그 안과 주변 곳곳에서 작동하는 이론들과 개념틀들conceptual frameworks을 검토할 것이다. 이 주제들은 페미니즘적 시각에서 다뤄질 것이다. 다시 말해 예술작품, 창조성, 미적 가치에 대한 관념들이 형성되고 적용되는데 젠더가 어떠한 역할을 수행하는지 주목할 것이다. 이러한 접근방식의 가정에 따르면, 이미지, 재현, 사상의 정교한 표현이 중요한 이유는 그것이 그저 아름다움이나 기교, 또는 본래적 가치를 지니기 때문만이 아니라 사회적 지위와 권력의 지표이기도 하기 때문이다. 권력이 있는 곳이면 어디서든 그것이 사용되는 방식에는 불균형이 존재하기 마련이다. 예술이란 성과 섹슈얼리티, 젠더와 사회적 지위, 그리고 문화적 권위, 이 모든 것들이 가공할 만한 역할을 하는 기획이다. 그럼에도 미적인 힘은 종종 은폐되거나 간과되곤 한다; 미적 가치에 대해 생각할 때는 종종 "한갓된"이라는 수식어가 내포된다. 이는 실천적이거나 도덕적인 가치가 미적 가치보다 우선할 뿐 아니라 어떤 것을 보고 듣고 느끼거나 정서와 관념을 소통하는 방식과 명확히 구분될 수 있다는 가정을 시사한다. 예술 프로그램은 시(市) 예산에서 첫 번째로 삭감되는 품목들 중 하나이다; 그것은 종종 대중의 삶을 "풍요롭게 하는데" 기여하는 것으로 분류되는데, 삭제된다 하더라도 심각한 손실이 생기지 않는 것, 말하자면 디저트를 건너뛰어도 영양의 피해가 전혀 없는 것에 비교될 수 있다. 그러나 이는 중대한 실수다; 예술과 미적 취향은 자아-이미지, 사회적 정체성, 공공의 가치를 형성해내는 강력한 구성틀이기 때문이다.

미학이라는 철학 분과는 예술론이나 비판적 수용과 향유에 관한 이론에만 국한되지 않는다. 하지만 예술작품을 제외한다면, 이 세계의 대상 중에 주로 미적 특질로 평가되는 것은 별로 없을 것이다. 바로 이런 이유 때문에 예술철학은 미학이론에서 중심 무대를 차지한다. 물론 "예술"이라는 용어가 탄력적이긴 하지만, "예술철학"은 다양한 예술들 전부를 다 포함하려고 한다. 예술이란 말이 특수하게 회화, 드로잉, 판화와 같은 시각예술을 가리키고 "예술"이란 단어를 처음 들었을 때 아마도 회화가 먼저 떠오르는 한에서, 예술은 몇몇 다른 언어권에서뿐 아니라 영어권에서도 협소하게 사용된다. 인식론의 영향 때문에 많은 철학적 미학은 회화의 모델에 입각해서 예술을 고찰하는 경향이 있는데, 인식론은 지각과 인식을 분석할 때 표준적으로 시각적 사례를 사용하기 때문이다. 게다가 회화와 영화에서 여성에 대한 페미니즘적인 연구도 막대한 양이 존재해왔다. 그런 요인들로 해서 미학이론에서는 줄곧 시각예술이 압도적인 관심을 받는 경향이 있지만 본 연구는 그러한 태도를 지양하고자 한다. 물론 지각의 탐구가 전형적으로 보여주는 시각에 대한 강조 때문에 이를 완전히 피할 수는 없겠지만 말이다. "예술"이란 말은 순수예술이란 관념 하에 일군을 이루는 모든 실천들 — 음악, 연극, 무용, 시, 산문 문학, 조각, 건축 등등 — 을 집합적으로 가리킨다. 게다가 때때로 "예술"은 대중음악과 TV 시리즈물을 포함할 정도로 포괄적인 의미로 사용되지만, 또 다른 경우에 이런 매체들은 진짜 예술이라기보다는 (한갓된) 오락물로 지칭되기도 한다. 이와 유사하게 비서구 사회에서 만들어진 가정의 공예품과 인공품들은 때로는 "예술"로 분류되지만, 종종 별도로 구분되어서 "공예"라는 표지를 달기도 한다. 예술과 오락물, 그리고 예술과 공예를 구분하는 근거를 제공하는 이론의 역할 역시 이 책에서 다루는 주제이다. 모든 다양한 형태의 예술들이 이 책의 쟁점상 중요한데, 비록 그 모두가 똑같은 무게로 다루어지지는 않겠지만 말이다. 나는 미로같이 복잡한 미학의 영역 안에서 젠더 분석이 어떻게 진행되는지를 보여주기 위한 모델로서 몇몇 예술형태들 — 주로 회화, 음악, 문학, 퍼포먼스 — 에 초점을 맞출 것이다.

이제는 페미니즘 담론에서 젠더를 언급하는 것이 친숙한 일이 되었지만, 그럼에도 여전히 그 말의 범위가 어디까지 해당되는가는 논쟁적인 주제이다. 1970년대에 들어와 동시대 페미니즘의 초창기 이론가들은 "성sex"과 "젠더"를 구분했는데, 여기서 "성"은 남성과 여성이라는 생식기 형태학에서의 생물학적 차이를 가리키는 말이었고 "젠더"란 각기 다른 사회적 역할로 구성원들을 주조해내는 문화의 수많은 방식을 가리키는 말이었다. 그러나 생물학이 떠나고 문화가 그 자리를 넘겨받는 지역을 탐지해내기란 결코 쉽지 않은 일이었다. 실제로 몇몇 페미니스트들은 심지어 성 자체도 그 정체성이 천성적으로 주어지는 것이 아니라 사회적으로 구성된 범주라고 생각하려 한다.[1)] 게다가 우리가 성적 정체성의 생물학적 토대를 인정한다고 해도, "젠더"라는 용어는 단순히 남성과 여성에게 할당된 사회적 역

1) Judith Butler, *Gender Trouble: Feminism and the Subversion of Identity* (New York: Routledge, 1990)[주디스 버틀러, 『젠더 트러블: 페미니즘과 정체성의 전복』, 조현준 역, 문학동네]와 *Bodies That Matter: On the Discursive Limits of "Sex"* (New York: Routledge, 1993); Elizabeth Grosz, *Volatile Bodies: Toward a Corporeal Feminism* (Bloomington: Indiana University Press, 1994). 성적인 정체성과 불확정성에 대한 생물학적 관점을 보려면 Anne Fausto-Sterling, *Sexing the Body: Gender Politics and the Construction of Sexuality* (New York: Basic Books, 2000)을 보라.

할만을 가리키지는 않는다. 종종 "남성적masculine"이나 "여성적feminine" 같은 용어는 실제 사람들과는 완전히 동떨어진 평가 체계들에 배정되기도 한다; 젠더와 연관된 다른 용어들뿐 아니라 "남성성masculinity"과 "여성성femininity"도 "남성" 및 "여성"과 일정하게 호환될 수 있는 말이 아니다. 이것이 의미하는 바는 미학에서 젠더 연구란 여성예술가들에 대한 연구를 훨씬 뛰어넘어서 대립 개념들과 가치 도식들에 대한 분석을 요구하는 것이며, 이러한 대립 개념과 가치 도식의 의미들은 각기 다른 역사적 문화적 맥락에서 변동되는 것이다.

철학에서 젠더 분석은 여러 상이한 차원에서 전개된다. 몇몇 젠더 분석은 이론가들이 남녀에 대해 비교적 명백하게 언급한 것을 추적하기도 하지만, 그럼에도 대부분의 젠더 분석은 철학적 중립성을 취하는 베일의 이면을 탐사할 것을 요청한다. 이론적인 언어가 전형적으로 사용하는 것이 바로 이러한 철학적 중립성의 베일이기 때문이다. 이론에서의 젠더 관련성은 남성성과 여성성이라는 개념들이 남성과 여성의 삶(양육, 사회적 위치, 교육)에 직접 관계된 것으로 간주될 때 명백하게 드러난다. 그렇듯 공공연한 젠더의 사례들은 숱하게 많은데, 예를 들어 여성의 창조성이 한계를 지녔다고 가정하는 수많은 언급들이 철학사에서 발견될 수 있듯이 말이다. 가령 중요한 예술적 창조성의 능력이 여성에겐 없다는 쇼펜하우어의 언급은 아주 명백하게 젠더에 관련된 것이다; 다시 말해 젠더 관련성은 쇼펜하우어의 텍스트 표면에 명시적으로 나타나 있다. 별로 눈에 띄지 않기에 더욱 은밀한 젠더는 남성성이나 여성성 개념과 관계된 이론들 속에 존재하지만, 좀 더 간접적인 용어로 제시된다. 이제 곧 살펴볼 것처럼 미와 취미, 천재와 같은 개념들도 이러한 차원을 가지고 있다. 젠더 함의의 가장 깊숙한 차원에 놓여있는 개념틀 전체는, 젠더화된gendered 사유방식과의 관련성이 즉각 분명하게 드러나지는 않는 그러한 가정들에 근거하고 있다. 여기에서 젠더의 여운은 비스듬하고 불투명하며 남성성과 여성성에 대한 명확한 언급은 전혀 부재하는 것 같다. 예컨대 "먹는 것은 신체적 필요의 문제이며 그 주제는 철학적으로 적절하지 않다"와 같은 발언을 고려해보라. 표면상으로 보자면, 이러한 진술은 순진무구하고 중립적인 듯이 보인다; 그러나 앞으로 보게 될 것처럼, 그것은 가장 집요하고 은밀한 차원에서 작동하는 젠더화된 사유의 징후이다. 이것을 "심층 젠더deep gender"라 부를 수 있을 것이다. 이런 차원들 모두는 — 미학과 예술철학을 포함하는 — 철학을 지배하는 개념 체제를 탐구하는데 있어서 중요하다.

이 책 전반에서 이따금씩 나는 어떤 개념이 "젠더화되어 있다"고 주장할 것이다. 이로써 내가 의미하려는 바는 철학과 예술론에서 사용되는 몇몇 기본 용어가 일반적이거나 중립적이라고 여겨진다는 것이다; 즉 그러한 기본 용어는 일반적인 인간본성을 가리키거나, 또는 남녀를 불문하고 그저 예술가를 지칭하는 것처럼 보이기도 한다. 그럼에도 젠더화된 개념은 내포나 함의 속에 어떠한 왜곡이 은폐되어 있는 개념이다. 어떤 관념이 가장 주요하게는 남성에 관련되고 특정한 경우에만 여성에 해당되는 그러한 식으로 말이다. 나는 은폐된 젠더가 아주 음험할 수 있기 때문에 사유에 영향을 끼치는 특히 흥미로운 힘이라고 생각한다. 대부분의 경우 그것은 거의 눈에 띄지 않거나 명백히 사소한 것이다; 하지만 주의 깊게 검토해보면, 관념을 만들어내는데 상당한 영향을 끼치는 체계적인 의미가 드러나게 된다. "젠더화"의 몇 가지 양상들은 미학의 개념들에서 발견될 수 있다. 과거에 회화나 조각을 배우고 싶었지만 능력과 적합성propriety의 법도 때문에 화실에 들어가는 것이 저지되었던 여성들의 경우처럼, 이는 현실적인 장벽이 세워질 때 뚜렷이 드러나는 실천적 양상을 포함한다. 또한 우리의 사유방식, 바로 그 틀을 만드는 개념적 양상도 존재한다; 바로 이것이 이 책의 대부분을 차지하는 양상이다. 나아가 욕망과 환상에 영향력을 발휘하는 양상도 존재하는데, 아마도 이는 패션과 개인적인 선택—가령 자신이 스스로 선택했다고 상상하는 역할들—에서 가장 명백하게 드러나며 이중 어느 것도 전통적인 미적 규범들과 완전히 분리될 수 없다. 예술 개념과 미학, 그 안과 주변에서 젠더가 기능하는 다층적인 차원들은 페미니즘적인 분석이 문화 일반을 이해하는데 얼마나 중심적인가를 밝혀준다.[2)]

이 책은 예술, 예술가, 미적인 것, 취미, 미와 숭고 같은 미학이론의 근본 개념들에 초점을 맞출 것이다. 이 개념들은 예술가가 창조하고 비평가들이 비평하고 관객이 감상할 때면 언제든 작동하는 철학적 미학이라는 기관의 구성요소들이다. 동시에 이 분야는 오로지 하나의 분과적 시각 안에서만 전개된 것은 결코 아니다. 나의 사유 노선 중 많은 부분은 서로 다른 분과들에서 지난 수 십 년간 이루어진 학자들의 노력에 힘입은 것이며, 이들은 다양한 예술영역에서 여성의 참여나 인정을 배제했거나 아니면 부정적으로 영향을 주었던 실천들을 검토해왔다. 나는 이러한 연구 성과들 가운데 단지 한 단편만을 거론했는데, 주석과 참고문헌은 독자들이 이런 방대한 문헌들로 나아가는 길을 안내해줄 것이다. 이들 연구자들 다수는 소실된 수고들과 작품들을 찾기 위해 문헌들을 샅샅이 뒤지고 미술관 소장품들을 조사해왔으며 예술성이 뛰어난 가정용품들을 꼼꼼히 조사하

2) Susan Bordo, "The Feminist as Other" in Janet Kourany (ed.), *Philosophy in a Feminist Voice: Critiques and Reconstructions* (Princeton, NJ: Princeton University Press, 1998): 296-312.

고 문학, 무용, 연극, 음악, 건축, 미술사, 영화, 사진에 대한 기성의 사유를 비판해왔다. 이들 분야의 연구자들은 또한 젠더 자체가 예술적 환경 속에서 어떻게 구축되는지에 대해 많은 것을 찾아냈다. 문화연구는 대중문화의 영향력에 주목해왔다. 이는 TV, 영화, 대중음악, 광고, 패션을 잊지 말아야 하며 또한 문화적 아이콘들, 예컨대 가수나 배우의 비밀스런 힘과 같은 다른 삶의 국면에서 나타나는 미적 규범의 영속성 역시 간과하지 말아야함을 우리에게 일깨워준다. 그러한 연기자들은 종종 예술생산을 대중적 갈망이나 환상과 결부시키면서, 우리가 인정하고 싶은 것 이상으로 강한 설득력을 발휘한다. 이것이야말로 미적 권위의 또 다른 일면이다.

이 같은 연구는 — 지배적인 "남성적" 문화 규범에 대항하는 일종의 전위적인 대항전통[counter-tradition]으로서 이제까지 여성들의 창조 작업에서 작동하고 있던 — 어떤 유형의 "여성 미학[feminine aesthetic]"을 발견하려는 희망에서 여성들이 생산한 예술을 분석할 것이라고 예상될 수 있을지 모른다. 때때로 학자들은 특정한 예술운동 안에서 지배문화에 대항하는 여성적 시각을 분명 찾아내기도 하지만, 그럼에도 여성의 작업을 보다 폭넓게 일반화시키려는 시도는 페미니즘 학자들 사이에서 격렬한 논쟁거리가 되고 있다.[3] 여성이 생산한 예술

---

3) Rita Felski, *Beyond Feminist Aesthetics: Feminist Literature and Social Change* (Cambridge, MA: Harvard University Press, 1989). 특히 독일의 상황에 주목해서 여성적인 예술 전통에 대한 찬성과 반대를 다루는 논쟁은 Gisela Ecker (ed.), *Feminist Aesthetics,* Harriet Anderson역 (Boston: Beacon Press, 1986)에서 확인될 수 있다. 또한 Cornelia Klinger, "Aesthetics" in Alison M. Jaggar and Iris Marion Young (eds), *A Companion to Feminist Philosophy* (Malden, MA: Blackwell, 1998) [앨리슨 M. 재거, 아이리스 마리온 영 편, 『여성주의 철학』, 한국여성철학회 역, 서광사]: 343-52를 보라; Anita Silvers, "Feminism: An Overview" in Michael Kelly (ed.), *Encyclopedia of Aesthetics,* vol. 2 (New York: Oxford University Press, 1998): 161-7. 새로 나온 다수의 철학 참고서들은 페미니즘과 미학에 관련된 부분을 담고 있다. *The Encyclopedia of Aesthetics*는 페미니즘과 예술철학에 대해 서로 다른 시각을 보여주는 일련의 논문들을 수록하고 있다.

의 다양성뿐만 아니라 여성들 자체의 다양성 또한 여성 예술의 양식적 일반화를 어렵게 만든다. 여성들은 더 큰 사회집단으로부터 구분될 수 있는 별도의 계급이나 하나의 문화를 구성하지 않는다 — 남성 또한 그렇지 않은 것과 마찬가지로 말이다. 개인 정체성이나 집단 정체성이 갖는 복합성들은 항상 계급, 종교, 민족성, 인종, 종족성과 같은 역사적 위치와 사회요소들을 포함한다; 이것들은 젠더 및 성적 정체성과 뒤섞여 모든 여성의 창조활동을 일반화시키기 어렵게 만든다.

예술뿐 아니라 페미니즘 자체도 똑같은 주의를 요구한다. "페미니즘적"이라는 용어는 — 정치운동, 학계의 관점, 이론가들을 수식하건, 아니면 예술가들을 수식하건 간에 — 어떠한 지향성과 일련의 공유된 문제들을 기술하는 것이지, 결론들이나 산물들, 혹은 전략들을 기술하는 것은 아니다. 보다 특수하게 "페미니즘 철학"이란 모든 논점에 대해 합의된 이론들의 집합으로 구성되는 것이 아니다. 따라서 어떠한 사안에 대해 *그러한 특정한(the)* 페미니즘적 관점을 찾으려는 것은 언제나 잘못된 방향으로 나아가게 된다.

그렇다고 해도 이러한 주의가 필요하다는 사실이 문화 전반을 통해 젠더 분석이 갖는 적절성을 제한하지는 않는다; 오히려 그것은 우리에게 젠더의 복합성 및 그것이 수많은 비판적 관점에서 해석될 수 있다는 사실을 일깨워준다 — 다른 모든 철학적 주제들에서도 그렇듯이 말이다. 비록 이론적 범주로서의 "페미니즘"이 단일한 정치적 입장이나 철학적 입장을 규정하지는 않을지라도, 미학과 예술론에서 페미니즘적 관점이 추구된다는 것을 알려주는 공통의 가정들은 물론 존재한다. 퍼포먼스 이론가 펠란Peggy Phelan은 이렇게 지적하고 있다: "페미니즘이란 문화의 조직에 있어서 젠더가 근본적인 범주가 되어왔고 또한 앞으로도 계속해서 그럴 것이라는 확신이다. 더욱이 그러한 조직의 패턴은 보통 여성보다는 남성을 선호한다."[4] 이러한 분석의 공통분모는 모든 페미니즘 이론이나 모든 페미니즘 예술이 똑같아 보인다거나 모든 여성의 작업이 똑같아 보인다는 것을 가정하는 것은 결코 아니다.

이 책의 연구 범위는 대략 "서양철학"이라 지칭되는 것 안에 놓여 있다. 서양철학을 이루는 이론적 전통은 그 기원이 유럽에서 배태되고 자라난 이론들로부터 연원한다. (서양철학이라는 것은 지리적이기보다는 개념적인 용어인데, 왜냐하면 그러한 뿌리를 주장하는 철학 전통들은 동부 아프리카에서부터 호주까지 펼쳐져 있기 때문이다.) 처음 세 개의 장은 역사적인 접근을 시도하는데, 이론적 개념들을 비판하고 그것들이 종종 드러내는 남성적 편견들을 발견하는데 초점을 맞춘다. 1장의 절들에서는 예술가, 순수예술, 공예, 미적 가치에 대한 관념들에서 젠더화된 개념들이 작동하는 여러 방식들이 소개될 것이다. 내가 따르게 될 논증 절차는 이항 대립체계의 분석에 의존하는데, 이는 많은 철학적 주제에 대한 사유를 조직하는 체계이다. 페미니스트들이 오랫동안 주장해왔듯이, 실천뿐 아니라 이론에서도 젠더 불평등을 보증하는 것은 다른 이항 조합들은 물론이고 정신/신체, 형식/질료, 지성/감각, 문화/자연을 짝지어 놓은 유서 깊은 이원론이다. 이 모든 것은 남성/여성, 남성적/여성적의 구분과 느슨하게 연결되면서, 대개는 각 쌍의 "여성적" 항에 해를 입힌다.

우리는 전통적인 예술가 개념을 검토하고 남성적 이상ideal으로서의 예술 창조자 개념이 얼마나 심하게 젠더화된 것인가를 분석하는 것에서 출발한다. 이를 통해 내가 주장하려는 것은 예술을 실천해온

---

4) Peggy Phelan, "Survey" in Helena Reckitt (ed.), *Art and Feminism* (London: Phaidon Press, 2001): 18.

여성들이 항상 존재했음에도 불구하고 예술가의 패러다임이나 모델은 남성 창조자의 이미지로서 그려져 왔다는 사실이다 — 다시 말해 혼자서 작업하거나 아랫사람들을 지휘하는 사람, 그리고 최상의 상태일 때 "천재"라는 독특한 남성적 특성을 갖는 사람으로서 말이다. 이는 초시대적인 개념들이 아니라 유럽 르네상스에서 발전되기 시작해서 낭만주의시기에 최고조에 도달했고, 오늘날의 사유방식에도 여전히 상당한 지배력을 떨치고 있다.

오늘날 일반적으로 예술이라 생각되는 것은 보통 *순수*예술, 즉 전통적으로 건축, 조각, 회화, 시, 음악을 핵심적으로 포함하는 보다 협소한 규정이다. 순수예술의 개념이 르네상스로부터 17세기를 지나 점차로 발전됨에 따라, 바느질과 같은 몇몇 창조성의 유형은 "예술"로 간주되지 못하고 "공예"로 지칭되었다. 공예 전통에서 그러한 품목들은 이제 가정을 아름답게 꾸미거나 안락하게 기능하도록 하는, 여성이 만든 모든 종류의 가정용품 상당수를 포함한다. 예술 개념을 순수예술로 제한하는 것은 많은 여성들이 만들었던 산물들에다 주목할 만한 영향을 끼치는데, 왜냐하면 순수예술의 이론들은 일상 용도로 만들어진 것을 포함한 다른 모든 종류의 산물들로부터 예술을 구분하기 시작하기 때문이다. 순수예술은 가장 중요한 상태에서는 단지 기술이 아니라 천재의 산물로 가정된다. 그것은 그 자체로, 자기충족적 의미를 가지며, 내재적 속성 때문에 그 자체로 당연히 존중되는 것이다. 순수예술 관념이 완성됨에 따라 여성이 생산한 수많은 가정용품의 가치는 퇴색되어버렸는데, 가정용품은 아무리 아름답다 할지라도 거부할 수 없는 실용적 기능을 가졌기 때문이었다.

순수예술 관념은 그 예술이 어떻게 감상되어야 하고 어떠한 종류의 가치를 갖는가에 대한 개념들과 연관된다. 2장은 "미적인 것"이라는 관념 자체로 인도할 것인데, "미적인 것"이란 예술, 자연미, (안목있는 취미를 통해) 미적 특질을 판단하는 능력 등을 둘러싼 가치 용어이다. 좋은 취미와 나쁜 취미에 대한 관념은 행위의 강력한 구성틀이 될 수 있는데, 이는 예술적이고 개인적인 두 지점 모두에서 미의 기준들과 밀접하게 관련된다. 그것은 또한 사회적 위치, 계급, 여가와 같은 요인들과 특히 관련되는 규범이기도 하다. 취미는 초기 근대 미학이론을 형성시켰던 개념이었기 때문에, 이 절은 미학사를 개관하고 미와 숭고 같이 그 핵심에 놓여있는, 그 자체 젠더 함의를 갖는 개념들을 검토할 것이다. "미"는 인간의 신체적 외양뿐 아니라 특정한 유형의 예술작품이 지니는 특질들에도 적용되듯이 여성성과 연관된 용어이다. 대조적으로 "숭고"는 자연의 감당할 수 없는 힘과 예술적 천재의 시각이 갖는 웅대함 모두를 함축한다. 이러한 미적 가치의 개념들 속에는 여성과 남성, 그리고 그들의 예술적 행위들을 평가하는 방식에 영향을 끼치는 그 이상의 요소들이 발견될 수 있다.

이렇듯 서두의 장들은 주로 예술, 창조성, 미적 성향이라는 개념들에서 어떻게 이론이 젠더 편견을 생산하고 영속시키는지를 다룬다. 3장은 이론에 수반된 실천적 함의를 살펴봄으로써 이러한 분석을 확장하고 증폭시킨다. 철학은 무엇보다도 개념틀을 강조하는 경향이 있지만, 우리는 또한 이러한 틀이 실재 사람들의 삶, 즉 그들이 자신의 세계를 형성하고 지각하는 방식과 가능성에 어떠한 영향을 끼치는지를 주목해야만 한다. 비평 분야에서 동시대 페미니즘 연구자들은 남성 예술가들의 수가 훨씬 더 많기 때문에 여성의 개인적 노력들이 가려지지 않도록 역사에서 소실되어버린 여성 예술가들을 발굴하고 부각시키는데 상당한 노력을 기울여 왔다.[5] 여기서는 (남성) 전문가와 비교해서 (여성) 아마추어들에게 주어졌던 불평등한 기회라는 관점에서 특히 18-19세기에 여성 예술가들이 부딪혔던 장벽들이 논의된다. 이 시기는 순수예술 개념이 중상류층 취미의 심판자 사이에서 부상하고 있었고 여성성과 적합성이라는 이상이 특히나 구속력을 발휘했던 때였다.

4장은 미학의 배후에 있는 문제를 탐구하기 위하여, 역사적 내러티브를 중단해서 분석의 초점을 보다 심층적인 차원으로 조정한다: 즉 "철학적 관심을 받을 만한 주제를 결정하는데 어떠한 요인들이 개입되는가?" 안목있는 취미가 미학적 논의의 주제였듯이 예술작품들은 전통적으로 철학적 토론의 주제가 되어왔지만, 과연 어떤 근거에서 그러한가? 예컨대 취미의 글자 그대로의 의미인 미각은 철학에서 확고한 지위를 확보하지 못하며 먹기[eating]나 식음료 또한 그러하다. (몇몇 도덕적 토론에서 절제가 충고되는 경우를 제외한다면 말이다.) 이런 대상과 행위는 삶에 있어서 분명 중요하지만, 진지한 철학적 토론의 주제로 생각되는 경우는 별로 없다; 사실상 그것들은 보통 고려될 가치가 없는 것으로 간주되어 왔다. 이를 설명하는 이유들은 위에서 약술했던 "심층 차원"에서 젠더화된 것이며, 음식과 먹기에 대한 성찰은 예술 개념과 미학적 전통을 틀지웠던 요소들을 멀리에서 조명하는 것이다. 이 장은 말하자면 다리와 같은 역할을 한다; 철학적 쟁점들이 전통적으로 어떻게 만들어지는가를 묻는 맥락에서 예술철학을 자리매김함으로써 앞의 세 장을 되돌아볼 것이다. 또한 이 장은 5장과 6장에서 다룰 동시대 예술론의 논의 및 오늘날 실천하는 많은 예술가들이 전통적인 미적 규범들을 고의적으로

5) 미국의 워싱턴 국립 여성미술관은 여성이 만든 작품을 엄청난 규모로 수집해왔다; 뉴욕시립대학의 페미니스트 출판부는 근래에 잊혀버린 과거 여성 작가들의 수많은 작품들을 다시 편집해서 출간하고 있다.

위반하는 것을 전망할 것이다. 예술전통에 도전하는 예술가들의 수많은 수단들 중 하나가 작품에다 음식을 사용하는 것이기 때문에, 4장의 내용은 과거의 미적 가치들이 전도되는 최근의 상황을 연결시키는 역할을 한다. 이러한 미적 가치의 전도는 페미니스트들이 개척해왔던 반(反)가부장적인 예술작품들에 의해 촉진되고 있다.

마지막 두 장은 과거의 유산에 대해 자의식적으로 반성하고 이를 이용해 현재와 미래에 관해 진술하고자 하는 페미니스트 예술가들을 살펴본다. 그들의 시도는 아주 다른 두 맥락의 철학적 접근방식에 접목되어 있다: 하나의 방식은 (많은 영미 철학을 설명하는) 분석적 전통 내에서 일반적인 예술 개념을 규정하는 것이고 다른 하나의 방식은 (유럽의 유력한 이론들에서 주조된) 정신분석학적 영향을 받은 운동들 내에서 주체성과 젠더를 발굴하는 것이다. 예술을 규정하려는 시도들은 5장에서 논의되는데, 여기서 특별히 주목되는 것은 반예술anti-art에 의한 전통적인 예술 개념의 위반과 이런 역사적 변화들에 대한 철학적 대응이다. 예술에 대한 사유를 수정하는 데 페미니스트들이 기여한 공헌은 초창기 반예술 운동이나 예술의 본질에 대한 동시대의 철학적 반성과 관련되어 있다. 6장은 페미니스트들이 예술 제작에서 철학이론을 사려 깊게 전유하는 것을 다루는데, 특히 페미니즘 및 포스트페미니즘 예술가들이 젠더나 성적 욕망의 구성과 관련된 가설들을 어떻게 사용하는지 주목한다.

이 두 장에서는 종종 라이벌로 여겨지는 두 개의 학파로부터 나온 동시대의 이론들이 논의된다: 그 하나는 대략 영어권에서의 철학을 특징짓는 분석적이고 포스트분석적인 접근방식인데, 이는 일반적인 예술론에서 몇 가지 주요한 문헌들을 생산해왔다. 다른 하나는 해체와 정신분석을 이용하는 유럽 대륙의 포스트모던한 접근방식인데,

이는 현역으로 활동 중인 예술가뿐 아니라 많은 수의 페미니스트 예술이론가들에게도 영향을 끼쳐왔다.[6] 때때로 이러한 서로 다른 학파들의 사상은 공통점이 거의 없는 것처럼 보이지만, 그럼에도 그들의 경쟁관계를 부각시키는 것은 종종 과장된 것임에 분명하다. 이 책은 그들이 공유한 뿌리를 지적하고 그들이 추구하는 문제들이 역사적 연속성을 지닌다는 점을 강조함으로써 서로 다른 사상들의 유사성을 부각시켰다. 그들 공통의 전통을 보여주기 위해 선택된 주제는 예술이 보여줄 수 있는 가장 도전적인 몇몇 미적 가치들에 관한 것이다: 다시 말해 공포에 근거한 고전적인 숭고와 가장 대항적이고 난해한 페미니즘 예술에서 나타나는 미적 효과로서의 역겨움의 동시대적인 환기가 바로 그것이다.

많은 페미니즘 예술은 미라는 바로 그러한 기본 개념을 포함하여 이전에는 찬양되었던 여성성의 미적 가치들을 거부한다. 사실상 많

6) 내가 앞서 사용해왔던 "post"라는 접두사와 관련해서 단어의 의미가 정리된다. 때때로 이러한 전치사를 단어에 덧붙이는 것은 과거의 부정이나 수정을 암시하지만, 그러나 이는 또한 과거를 거부하기 보다는 그 진가를 인정하는 운동이나 전통으로부터 생겨난 발전을 나타낸다. "포스트분석" 철학을 언급할 때 내가 의미하는 것은 분석철학의 전통 속에 있는 동시대 철학의 경향을 지칭하는 것이다. 이는 분석적 전통이 지니는 엄밀성이나 과학과의 관계를 유지하지만 20세기 분석철학의 특징이었던 다소 협소하고 반역사적인 개념 분석을 넘어서는 방법들과 주제들에까지 그 경계를 확장해왔다.(나는 분석적 전통에 있는 모든 페미니즘 철학의 특징을 포스트분석적이라고 본다.) "포스트페미니즘적" 예술이 페미니즘을 거부하는 경우는 거의 드물다. 때때로 유희적이고 환상적인 방식으로 젠더를 탐구하는 데서 보이듯이 이전의 페미니즘 예술만큼 공공연한 정치성을 띠는 경우는 흔치 않지만 말이다. 가장 열띤 분석과 진단을 받아왔던 "포스트"라는 말은 "포스트모던"인데, 이는 근대 유럽 계몽주의의 많은 교의들과 양식적 가치들로부터 이탈했거나 이를 거부해왔던 표지를 나타낸다. 하지만 "포스트모더니즘"은 또한 모더니즘 자체 내에서 발견될 수 있는 특정한 이념들을 포함하고 있는 것으로 간주될 수도 있다. Jean-François Lyotard, *The Postmodern Condition,* Geoff Bennington and Brian Masumi역 (Minneapolis: University of Minnesota Press, 1984)[장 프랑소아 리오타르, 『포스트모던의 조건』, 유정환 이삼출 민승기 역, 민음사]를 보라. 하나의 시기와 "포스트"로 지칭되는 다음 시기 사이의 분명한 경계는 존재하지 않는다.

은 페미니스트 예술가들은 미의 관념을 뒤집어서, 여성적 정체성의 신화를 해부하고 문제시하거나 폭로하는 과정에서 환기되는 역겨움이나 다른 불편한 정서들을 가지고 실험해왔다. 그러나 오늘날의 예술에서 역겨움이 유행하는 것은 전통적인 미적 이상에 대한 비판 그 이상의 의미를 가진다고 할 수 있다. 그것은 또한 이제까지 "정신"의 종속적인 짝이었던 "육체"의 문제로 철학 일반의 강조점이 전환됨을 가리킨다. 철학은 전통적으로 — 구체적 물질적 감각적인 — 육체에 대해서 — 추상적 비물질적 지적인 — 정신에 특권을 부여해왔다. 그럼에도 이러한 고대적인 가치구조는 최근의 많은 철학 사상에서는 침식되어져 왔으며, 그러한 방향으로 인도한 복합적인 영향들 중 하나는 정신/육체 구분의 타당성에 대한 페미니스트의 비판이었다. 미학에서 나타난 그러한 도전은 이 책에서 거론된 주제들 중 하나이다. 이 책은 과거의 미학이론에 대한 비판에서 출발하여 육체, 그것의 욕망, 그 사회 역사적 위치에 기반한 예술 및 창조성을 성찰하는 새로운 사변의 구축으로 나아간다. 육체와 그 물질성에 대한 결론적인 고찰에서는 이론과 예술 실천 두 측면에서 예술과 미학에 대한 관념들을 발전시키려는 페미니즘적 기획들을 확인할 수 있다.

1장 예술가와 예술 : 간략한 개념사

예술이란 무엇이고 예술가란 무엇인가? 개념들 각각은 상대편 개념과 관련해서 규정된다: 말하자면 누가 예술가로 간주되는지는 무엇이 생산되는가에 부분적으로 의존하고, 어떤 산물이 예술작품인지 아닌지는 누가 그것을 생산했는가에 부분적으로 의존한다. 그럼 먼저 창조자 개념을 검토하면서 시작해보자: 창조자란 시, 회화, 음악, 건축, 조각, 춤과 같은 예술을 만드는 사람이다. 물론 이런 특정한 예술들이 거론됨으로써 논의될 사항들이 미리 중요하게 예단되었는데, 내가 퀼트나 조각퍼즐이나 웨딩 케이크를 만드는 사람을 포함시켰더라면 대답은 달라졌을 것이기 때문이다; 혹은 실을 잣고 옷감을 짜는 사람이나 물레를 돌려 도자기를 만드는 사람, 유리를 불거나 가구를 만들고 책을 제본하는 사람을 포함시켰더라면 말이다. 이 장에서 살펴볼 것처럼, 어떤 사람을 예술가로 식별하는 것은 예술작품으로 간주되는 것들의 범주들이 변화함에 따라서 역사를 걸쳐 변화한다.

오늘날의 예술가관(觀)은 자기표현, 상상력, 창조성에 대한 생각들과 불가분하게 연관되어 있는데, 이 모두는 예술가에게 부여된 특별한 유형의 자유를 나타낸다. 오늘날 예술가는 종종 자유로운 정신을 지닌 존재, 즉 사회적 관습이나 범속한 규칙에 속박되지 않은 비순응주의자로 간주된다. 이러한 자유는 최상의 경우에 천재성의 징후일 수 있다. 비록 시간이 흘러 천재라는 판결을 받을 때까지 천재의 독창성은 종종 제대로 이해되지 못할지라도 말이다. 따라서 이러한 예술가의 초상은 흔히 그들을 낭만적으로 고립되고 외로운 인물로 그려낸다. 이 장은 공인된 예술적 천재의 명단에 왜 그렇게 여성의 수가 적은지를 따져보기 위해, 어떠한 원천과 개념틀이 예술가에 대한 이런 대중적 이미지를 지탱해왔는지를 문제 삼을 것이다. 사실상 특히 역사의 특정 시기에 오로지 창조만을 위해 창조하는 완전히 자율적인 예술가의 이미지에 걸맞은 여성을 생각하기란 어려운 일이었다. 그 이유는 무엇일까? 또한 그것은 창조성 개념에서 젠더 구별들distinctions이 행하는 역할에 대해 무엇을 시사하는 것일까?

과거 중요한 시기에 회화나 조각, 작곡과 같은 분야로 여성이 진입하는 것을 거의 막아왔고 문학과 같은 다른 분야에서는 그들의 출세와 인정을 방해해왔던 배제의 패턴들에 대해서 역사가들은 상당한 연구 성과를 산출해왔다.[1] 그러나 현재 우리의 주된 초점은 배타적인 교육이나 사회적 장벽의 역사에 있지는 않다; 이는 시대의 흐름과 상황의 절박성에 따라 변화하는 부수적인 관행들이기 때문이다. 오히려 우리는 예술철학과 미학적 규범을 형성하는 바로 그러한 개념들의 본질, 즉 사회 관행에 영향을 끼치는 이론틀에 관심이 있다. 여기서 또한 젠더 구별들 및 "여성성"과 "남성성"이라는 집요한 개념들이 작동하고 있음을 알 수 있다.

개념적 토대들

젠더가 미학에서 작동하는 방식을 다루는 이 연구는 일종의 머리

1) 이러한 연구의 몇 가지 사례들은 3장에서 참조될 수 있을 것이다.

말을 필요로 한다: 즉 인간본성에 대한 근본적인 가정들 및 무엇이 문화와 문명의 성취를 가능케 하는가에 대한 개관을 요청한다. 예술은 문화의 중요한 요소를 구성하는 현상이며 최고의 예술은 인간의 삶과 그 의미에 대한 반성과 통찰을 제공하는 것으로 간주된다. 풍자적이건 고통스럽건, 비극적이거나 희극적이건, 기분을 북돋아주건 아름답건 간에, 심오함과 영속적 가치를 지니는 예술을 산출하는 그런 사람들에게는 특별한 명예가 수여되고 숭고하고 난해한 차원의 인간적 성취를 구현한 것으로 간주된다. 예술가-창조자 개념은 인간의 어떤 특질들이 그들에게 최고 수준의 문화적 성취 능력을 부여하는가에 대한 믿음에 기초한다; 유서 깊은 전통에 따르면, *합리성*이란 일반적으로 인간이 무엇인가를 성취하기 위한 토대가 되는 본질적인 정신능력이다. 이성과 합리성에 대한 페미니즘적 시각들은 철학의 전 영역에서 지시된다. 비록 미학에서는 그러한 시각들이 자주 언급되는 편은 아니지만 말이다. 그 이유는 아마도 예술과 미적 가치들이 종종 손쉽게 "비합리적인[non-rational]" 영역들의 시도, 즉 직관, 상상력, 감정과 연관되기 때문일 것이다. 그러나 동시에, 영감을 허튼 소리와 구분하고 미적 직관을 단순한 기발함과 구분하는 이러한 정신활동의 지배는 전통적으로 합리적 능력들에 기반한 것으로 간주된, 훈련되고 강인한 정신을 필요로 한다.

인간을 동물과 구분함으로써 본질적인 인간성을 설명해주는 독립적인 합리적 능력이라는 개념은 지식, 도덕, 정치, 인간성, 문화에 관한 서구의 이론들을 지배한다; 사실상 그 개념의 오랜 영향 아래 있지 않은 철학의 영역이란 존재하지 않는다. 그것은 또한 가장 복잡한 이론적 개념들 중의 하나이며, 다양한 맥락에서 상이한 형태로 작동하면서 젠더뿐 아니라 종속적인 사회집단 일반의 위치를 변모시킨다. 종종 명확하진 않을지라도, 합리성이란 창조성 개념이나 예술적 기술로 훈련될 수 있는 능력뿐 아니라 창발성과 독창성의 전제조건인 정신의 자율성에 대해서도 중요한 함의를 지닌다.

우선 먼저 몇 가지 일반적인 관찰을 해보자: 이성이란 전통적으로 인간 활동을 비인간적인 활동과 구분하는 정신의 능력을 가리킨다. 이러한 일반화는 설명적일 뿐 아니라 규범적이기도 한데, 왜냐하면 단지 인간만이 합리성을 발휘한다는 것이 기정사실로 여겨지기 때문이다. 그럼으로써 인간은 어느 정도 자연법칙으로부터 벗어나서 문화와 문명을 구축할 수 있고 어떻게 살 것인지에 대해서 다른 동물들은 할 수 없는 차원의 선택을 할 수 있다. 따라서 이성은 가치담지적 의미 또한 지닌다: 이성이란 사실상 인간이 어떤 의미의 존재인지를 규정하는 본질적인 인간 특성일 뿐만 아니라, 우리의 최고의 특질, 즉 예술적 성취, 도덕적 선택, 과학적 지식을 가능하게 해주는 특질이기도 하다. 합리성에 대한 이러한 일반적 주장들은 모든 인간존재에게 해당된다 — 남성, 여성, 과거, 현재, 친숙하건 낯설건 간에 말이다.

하지만 이와 대조적으로 이성에는 서로 다른 등급이 있다는 사실이 종종 주장되었다. 이는 사회적 차이를 설명하기 위해, 또한 특정한 역사적 시기에는 일부의 사람들이 타인보다 "선천적"으로 우월하다는 사실, 다시 말해 권력, 교육, 지위의 위계를 정당화하는 정신과 기질의 우월함이라 여겨진 것을 설명하기 위해 호소되어졌다. 그것은 그저 여성보다 남성이 우월하다는 주장에만 국한되지 않는다; 예를 들면 노예제를 정당화하려는 설명이나 사회에서 계급과 경제적 차이를 고수하려는 생각에서 그런 논리가 작동되고 있음을 확인할 수 있다. 그러한 이론적 근거들은 사회적 역할과 능력에서 젠더 차이를 설명하기 위해 지속적이고 체계적으로 호소되어졌다; 왜냐하면 수많은 이론적 맥락에서 이성은 인류 안에서 여성보다 남성을 떠받들게 하는 주요한 특성으로 간주되었기 때문이다. 여성은 이성을 갖고 있긴 하지만, 그것을 발휘하는데 남성만큼 능숙하지 못하다. 따라서 많은 유력한 철학적 종교적 체계들의 견해 속에서 여성은 남성보다 자기통제를 할 수 없는 존재가 됨으로써 가정생활에서 정치에 이르기까지 모든 상황에서 남성의 자연스런 종속물이 되어버렸던 것이다.[2)]— 인간과 비인간의 차이를 특징지을 뿐만 아니라 인류의 구성원 내부 또한 구분하는— 이성의 이중적 역할은 이성을 "남성적" 활동 및 특성과 연관시키고 비이성을 "여성적" 활동 및 특성과 연관시키는 대립적인 개념쌍의 얽혀진 체제로 귀결되었다. 인간인 한, 여성은 합리적이다. 그러나 여성인 한에서, 그들은 정신의 비합리적 영역들이나 미성숙하고 통제되지 않은 자연을 재현하는 상징체계와 연관된다. 이러한 능력과 특성의 구분이 남성과 여성을 실재로 구분하지 않는다는 사실에 주목하라. 그것은 인간적/남성적 특성으로 상찬된 것을 "여성적"이라는 대조적 표지가 붙여진 상징이나 개념과 구분하기에 보다 적절한 것이다. 그런데 "여성적"인 쪽에 해당되는 특징들이 어떤 상황에서는 남성주체에 의해 전유된다는 사실은 상황을 좀 더 복잡하게 만든다; 이제 곧 밝혀질 것처럼, 이는 예술적 창조성 및 안목 있는 취미와 연관된 가치들에서 발생한다. 젠더화된 용어들의 의미와 지칭은 둘 다 모호할 수 있기 때문에, 그 함의를 이해하기 위해서는 항상 역사적 사회적 맥락을 주의 깊게 고려할 필요가 있다.

---

2) 몇몇 유력한 철학에서 이성과 젠더가 어떻게 작동하는지를 간결하게 개관한 것으로는 Genevieve Lloyd, *The Man of Reason: "Male" and "Female" in Western Philosophy* (Minneapolis: University of Minnesota Press, 1984)를 참조하라.

우리의 초점이 미학에 있긴 하지만, 이러한 관념들이 사실상 철학의 전 분야 및 이와 관련하여 (철학적 토대를 참조함으로써 그 영역과 방법들을 역사적으로 정당화시킨) 그러한 과학, 정치학, 심리학, 종교의 영역들에 미친 광범위한 영향 또한 유념해야할 필요가 있다. 이 영역들 모두는 서로 결부되어 있어서, 한 분야의 제한조건들은 다른 분야에서 반향(反響)된다.[3] 간략히 말해서, 인식론 — 지각의 본질과 지식의 형성에 대한 연구 — 에서 범례적인 인식주체의 모델은 이성적 능력을 최대한 발휘할 수 있는 남성성의 개념에 따라 주조되며, 반면에 여성성에게는 이와 대조적으로 정서적이고 직관적인 기질이 할당된다. 정서는 기본적으로 신뢰할 수 없고 개인에 특유한 것으로 간주되기 때문에, 이러한 설명방식은 여성의 교육적 과학적 성취뿐만 아니라 도덕적 신뢰성 개념에 대해서도 이론적이고도 실천적인 결과를 낳는다. 윤리학과 도덕철학에서, 책임감을 발휘하고 공정한 원칙들을 지니며 자유로운 선택과 명확한 의사결정을 내릴 수 있는 사람의 모델은 남성 행위자이다. 대조적으로 여성성의 이미지는 자비롭고 친절하지만, 특별한 상황과 실제적인 요건으로 인해 동요하고 망설이며 따라서 일관되지 못하고 무책임하기 쉽다. 이러한 여성의 도덕적 감수성은 사악하거나 아니면 선하다는 견지에서 파악될 수 있을 것이다. 햄릿은 그의 어머니가 사악한 성적 욕망에 굴복했을 때, "약한 자여, 그대 이름은 여자이니!"라고 조롱했다; 그러나 "집안의 천사"라는 빅토리아 시대의 감상적 이미지는 가정의 정숙한 어머니를 천성적인 상냥함과 선함, 모든 것을 용서하는 사랑의 원천으로 물들여진 것으로 그려냈다. 그럼에도 불구하고 추켜세

3) 다른 철학 영역에 대한 페미니스트의 비판을 검토하기 위해서는 Janet Kourany (ed.), *Philosophy in a Feminist Voice* (Princeton, NJ: Princeton University Press, 1998)를 살펴볼 수 있다.

워 듣기 좋은 말을 하건 그렇지 않건, 이렇게 특징짓는 것은 어느 것도 여성이 공공권력을 행사할 능력이 있음을 인정하지는 않는다. 정책과 법 제정이라는 공공영역은 남자다울 뿐 아니라 남성의 권역으로 간주된다. 왜냐하면 정치생활이 요구하는 것은 사심 없는 정의로 사회를 통치하기 위한 공평한 일반 법칙을 제정할 수 있는 능력이기 때문이다. 집안의 영역은 여성의 영역으로 간주되는데, 여기서는 특별한 관심사들과 개인 삶의 흥망성쇠에 대한 매일 매일의 치유책들이 논의되는 것이다.

일반적으로 말해서 남성적 가치의 세계는 추상적이고 "정신"과 연관되며 여성적 가치의 세계는 구체적이고 특수하며 "몸"과 관련된다. 아리스토텔레스 이래로 철학에서는 인식 능력과 천성적인 기질이 남성과 여성에게 불공평하게 분배되어왔다는 생각을 추종해왔던 것같다.[4] 페미니즘적 시각에서 종종 분석된 다소 악명 높은 일련의 이분법적 대립이 되어왔던 것 속에서, 인간의 특성과 활동들을 짝지웠던 개념적 위계[hierarchy]는 여성 및 "여성적" 특성과 활동을 체계적으로 종속적 지위에 놓았다. 이성과 정신, 정의, 활동, 공적 책임감은 모두 남성이 최상의 역할을 하는 남성적 영역과 동일시되었던 반면에, 정서와 몸, 변덕, 수동성, 가정적이라는 것은 여성적 영역에 할당되었다.[5] 요컨대 우리가 어떤 행위를 고려하건, 누가 뭔가를 하는데

---

4) Prudence Allen, RSM, *The Concept of Woman: The Aristotelian Revolution, 750 BC-AD 1250* (Montreal: Eden Press, 1985); Cynthia Freeland (ed.) *Feminist Interpretations of Aristotle* (University Park, PA: Pennsylvania State University Press, 1998); Bat-Ami Bar On, *Engendering Origins: Critical Feminist Readings in Plato and Aristotle* (Albany: State University of New York Press, 1994).

5) 게이튼스(Moira Gatens)는 "철학적 사유를 지배하는 이분법은 성적으로 중립적이지만 성차의 정치학에 깊숙이 연루되어 있다"고 지적한 바 있다. *Feminism and Philosophy: Perspectives on Difference and Equality* (Bloomington Indiana University Press, 1991): 92.

최상의 여건을 갖추고 있는지에 대한 관념들을 조직하는 개념틀은 가정 내의 역할을 제외한 모든 일에서 남성의 기능을 가장 중요하게 놓는 경향이 있다(비록 가정에서조차, 집안일을 지배한다고 가정된 사람은 남성 가장이다).

앞으로 살펴볼 것처럼, 이러한 위계는 창조성 관념과 예술가 개념에 대해서 심오한 함의를 지닌다. 예술가의 이미지가 상이한 역사적 맥락에 따라 변화되고 발전되었다 할지라도, 남성 예술가와 여성 예술가가 서로 다른 능력을 지닌다는 가정들은 이론적 차원과 실천적 차원 모두에서 탐지될 수 있다. 특히 이는 이론가들이 예술가의 창조력을 연구할 때 종종 이성이 중심무대를 차지하지 *못하고* 상상력, 영감, 직관, 정서에 자리를 내어준다는 사실에도 불구하고 나타난다. 이러한 능력들이 합리적 능력들과 대조되고 합리적 능력이 남성적인 것으로 젠더화된다면, 왜 우리는 예술적 창조성 개념 주위에 모여 있는 여성적 특성들을 보지 못하는 것일까? 이 문제는 나중에 보다 상세히 다루어질 것인데, 거기서 우리는 가장 수고스럽고 어려운 최고의 인간 능력의 발휘와 여성성의 분열이 자연에는 보다 가깝지만 문명화된 업적의 구축에는 보다 먼 것으로 여성의 이미지를 어떻게 그려내는지 보게 될 것이다. 비록 노동, 조산술(助産術), 출산의 은유가 예술적 창조성에 관한 담론에서 널리 통용된다 할지라도, 여성은 *원초적* 생식력*pro*creativity — 즉 그들의 몸과 "동물적" 번식에 결부되는 천성적 기능과 연관된다; 반면 생물학적 의무로부터 자유로운 예술적 창조성의 역할이 할당되는 것은 다름 아닌 남성이다. 이 모두는 아주 오랜 역사를 지니는데, 이 역사를 검토하는 것은 예술가 개념이 얼마나 젠더에 사로잡혀 있는지, 그 깊이와 정도를 아는데 도움을 줄 수 있다.

이 장은 우리 시대의 직접적 선조가 되는 예술가와 관련된 몇몇 근대적 개념들로 논의를 이끌어 나가게 될 것이다. 이는 르네상스 이래 점차로 출현해왔던 창조성, 상상력, 기술에 관한 관념들과 관련되며, 18세기에 이르러 체계적인 이론적 정당성을 획득했다. 이 시기는 (꽤 오래전에 형성되었음에도 불구하고) 대략 오늘날에도 여전히 영향력을 떨치고 있는 창조적 예술에 대한 관념들을 형성할 뿐만 아니라, 또한 이 시대에 발전되고 있던 관념들은 인간성과 여성다움에 대한 당대의 지배적 개념들과 결합하여 예술가 관념에 특히 악의적인 젠더 편견을 불어넣는다. 그러나 우리의 예술가 개념에 대한 이러한 보다 최근의 영향들을 다루기 전에, 근대적 예술 개념이 출현했던 배경이 되는 좀 더 오래된 역사적 상황을 살펴보는 것이 유용할 것이다.

예술가 관념 : 고대의 선조들

고전적인 그리스 로마에서 출현한 예술 및 예술제작 개념의 근원을 논의할 때에는 어떤 예술형태들이 고려되어야할 것인지가 또한 구체화되어야 하는데, 이는 "예술가" 관념이 무엇을 "예술"로 간주할지에 대한 생각들과 불가분하게 연관된다는 것을 다시 한 번 일깨워준다. 오늘날 "예술"이라는 일반적 용어는 주로 회화, 문학, 음악, 연극과 같은 순수예술을 지칭한다. 그러나 이 자체는 근대적 발전의 결과이며, 앞으로 보게 될 것처럼 이러한 발전은 예술가의 젠더 관념에 특히 중요한 영향력을 끼쳐왔다. 그럼에도 플라톤과 아리스토텔레스 같은 초창기 철학자들이 우리가 지금 "예술철학"이라 부르는 주제에 관해 글을 썼던 시대에는 예술 장르 전체를 전부 아우르는 포괄적인 용어는 존재하지 않았다. 고대의 저술가들이 예술가에 관해 논할 때, 그들은 조각가, 화가, 시인, 음악가, 웅변가 등등을 구별한다. 종종 영어로 "예술"이라고 번역되는 그리스어는 *테크네*techne인데, 이 말은 "제작이나 행위의 기술"이라고 더 많이 번역되며 어떤 유형의 합목적적인 인간 활동에 적용될 수 있다. 오늘날에는 공장에서 제작된 물건 같은 비예술적인 인공품에 대비해서 "예술"이라는 말이 사용되지만, 예전에는 일반적으로 자연, 즉 인간 노력의 산물이 아닌 것과 대비되는 의미로 사용되었다.[6)]

고대의 예술론과 우리 시대의 예술론 사이에는 연속성이 있긴 하지만, 사용된 개념들은 발전사를 지닌다; 우리는 단순히 단어와 단어를 짝 지울 수 없으며 정확한 그림을 얻을 수 없다. "예술"이라는 포괄적 용어의 부재가 보여주는 중요한 사실 하나는 순수예술과 응용예술이 아직 구분되지 않았다는 점이다. 그래서 우리가 "예술"이라 번역하는 용어는 예술가를 (말하자면) 기술자나 장인으로부터 구분하기 보다는, 사회복지에 기여하는 어떤 것을 만들거나 행하는 특별한 행위를 가리켰다. 지금 우리가 예술이라 부르는 것뿐만 아니라 학문이나 공예라고 지칭하게 될 것까지 포함해서 말이다.[7)] 종종 우리는 우리 자신의 지적 유산에 대한 단서를 얻기 위해 철학사를 읽기 때문에 회화, 조각, 시나 음악에 대한 언급들을 선별하려는 경향이 있는데, 고대의 텍스트에서도 그러한 사례를 많이 찾아볼 수 있다. 그렇게 선별하는 와중에 우리는 야금술이나 조선술(造船術), 그리고 그리스인들이 또한 "예술"로 간주했을지 모르는 다른 행위들은

---

6) Larry Shiner, *The Invention of Art: A Cultural History* (Chicago: University of Chicago Press, 2001): 5. (래리 쉬너, 『예술의 탄생』, 김정란 역, 들녘)

7) Katharine Everett Gilbert and Helmut Kuhn, *A History of Esthetics* [1939] (New York: Dover Publications, 1972): 1장 및 19-23.

말할 것도 없고, 웅변이나 낭송도 무시해버린다. 순수예술을 공예나 응용예술과 구분하는 근대적 구별 또한 특정한 문화의 소산이다. 그러한 구별은 예컨대 일본, 중국, 인도에서 생겨났던 것 같은 전통에서는 발견되지 않는다. 물론 그 문명들이 이제는 미술관 안에 거하는 정교하게 가공된 수많은 인공품들뿐만 아니라 예술과 미적 가치평가 기준들에 관한 다수의 문헌을 생산했지만 말이다.[8] 이는 예술로 간주되는 산물들 또한 예술가 관념이 변화함에 따라 함께 변화해온 역사를 가진다는 또 다른 표시이다.

AD 1세기에 로마의 역사가 대 플리니우스Pliny the Elder가 쓴 백과사전적인 『자연사』에는 고대 세계의 예술가들에 대한 많은 장들이 포함되어 있다. 플리니우스는 우리에게 고대 예술가에 대한 정보를 제공해주는 주요한 출처이다. 왜냐하면 그는 그의 시대에는 아직 남아 있었지만 그 후에 소실되었거나 파괴된 이전의 문헌을 참조함으로써 자신의 저작을 편찬했기 때문이다; 플리니우스 자신의 계산에 따르면, 그는 2000건이 넘는 출처들을 이용했다.[9] (그는 79살의 나이에 가장 유명하고 파괴적인 베수비우스 화산의 폭발로 폼페이에서 사망했다.) 오늘날 우리가 가지고 있는 그의 저작의 판본은 예술에 관한 부분들을 따로 선별해서 한데 묶어낸 것이지만, 애초에 플리니우스 자신의 편제는 이와 다르게 구성되어 있었다. 그는 금속을 논하는 맥락에서 청동 조각을 다루고 안료 제조의 하위분과로서 회화를 다루며 그런 천연 성분들의 취급과 그것이 형상화되고 사용되는 방식에서 점토 모델링과 대리석 조각술을 다루고 있다. 그럼에도 불구

---

8) 통합적인 예술 범주 속에 전 지구적 산물을 포함시키려는 관점에 대해서는 Richard L. Anderson, *Calliope's Sisters* (Upper Saddle River, NJ: Prentice-Hall, 1990)를 보라.
9) Eugenie Sellers, Introduction to *The Elder Pliny's Chapters on the History of Art* [1896], K. Jex-Blake역 (Chicago: Argonaut, 1968): xiii-xiv.

하고 그의 접근방식 모두가 낯선 것만은 아니다. 비록 그가 매체에 따라 조각가, 화가, 건축가에 대한 논의를 편제하고 있을 지라도 또한 동시에 확실히 믿고 있었던 사실은 그들이 공유된 관심, 말하자면 자연을 정확히 그려내고 중요한 인물들을 기념하며 기술과 미를 지닌 대상을 만드는 것 같은 그러한 관심을 대표한다는 것이었다. 다시 말해 오늘날에는 우리가 똑같이 따르지 않는 예술의 분류법을 사용함에도 불구하고 예술가들이 받았던 존경, 그들이 도입했던 혁신들, 때로는 그들의 작품에 부가되었던 금전적 가치를 꽤나 정확하게 기록할 때, 플리니우스는 우리가 익히 하는 식의 친숙한 감탄을 담아서 그의 시대 이전의 예술가들을 선별해낸다. (당대의 타락한 예술이라 여겼던 것을 비판하는 중에도 그는 "국가의 가장 고상한 사람들이 예술을 명예로운 길 중 하나라 생각했고 심지어 신에게서 기인하는 것으로 여겼던" 과거의 예술가들을 격찬했다."[10])

플리니우스는 여성 및 예술에 대해서 몇 가지 소견을 말했는데, 이는 나중에 반복적으로 등장하게 될 사고 유형을 앞서 보여준다. 무엇보다도 그의 목표가 완결성이기 때문에, 그는 고대의 기록이 남아있는 몇몇 여성 예술가들, 특히 여성 화가들에 대해 기록하고 있다. 그것은 아주 길지는 않다: 그는 "여성 또한 그림을 그려왔다"고 하면서 일곱 명의 이름을 거론하기까지 한다. 그는 여성이 그림을 그리고 다른 모방예술에 종사해야 한다는 사실이 드물기는 하지만 기이하지는 않다고 여기는 것 같다; 실제로 그는 고대의 이야기를

10) Pliny, *History of Art*: 7. 플리니우스와 같은 텍스트에서, 또한 플라톤과 아리스토텔레스의 철학 저작에서 예술을 우리가 익히 하는 식으로 친숙하게 다루는 것과 그렇지 않은 것이 결합되어 있는 것은 수세기를 걸쳐 예술의 개념이 얼마나 유사한가에 대한 지속적인 논쟁을 발화시킨다. 그리스의 예술 개념과 근대적 예술 개념 사이의 유사성을 강조하는 한 저자는 Christopher Janaway, *Images of Excellence: Plato's Critique of the Arts* (Oxford: Clarendon Press, 1995)의 서문에서 볼 수 있다.

기록하는데, 그 이야기에 따르면 최초의 초상화 모델을 만든 사람은 벽에 비친 연인의 옆모습 그림자를 그린 소녀였다.

> 소녀는 부조로 형상의 모델을 뜨는 기술을 발명했다. 그녀는 젊은이와 사랑에 빠졌는데, 그가 잠들어 누워있는 동안 벽에 비친 그의 그림자의 윤곽선을 스케치했다. 도공(陶工)이었던 그녀의 아버지는 완벽하게 닮은 그 형상에 탄복하여 형태를 잘라서 외곽선을 점토로 채웠다; 그 모습은 코린트에 아직도 보존되어 있다.[11]

그러한 설명만으로 볼 때, 우리는 여성 예술가들이 고대 지중해 세계에서는 그저 소수에 불과했다고 결론내릴 수 있을지 모른다. 그러나 다른 기록들은 사정을 상당히 복잡하게 만든다. 플리니우스는 도시에서의 조상(彫像) 건립을 기술하는데, 그러한 관행은 주로 어떤 시민의 행위를 기념하고 영예를 기리려는 목적을 위한 것이었다. 몇몇 조상들이 여성에게도 세워졌지만, 그러나 로마 원로원 의원 카토Cato는 명예로운 로마 여성에게 조상을 세워주는 관행에 반대했다. 여성 이미지를 공적으로 제시하는 것은 실재 인물의 대역을 세우는 것인데, 이는 분명 보수적인 로마인들에게는 별로 적절치 못한 것을 나타냈다.

미메시스; 환영과 현실

이 시대는 예술의 모방적mimetic 혹은 "모방imitation" 이론의 전성기인데, 모방론은 회화, 조각, 시, 음악을 포함하여 수많은 "제작"의 유형을 본질적으로 현실의 재현이나 모방으로 간주했다. "모방"으로 간주된 것은 느슨하게 해석되었고 노예적인 복사를 의미하지는 않았

11) Pliny, *History of Art*: 171, 227.

다. 예술과 현실의 모방적 관계는 매체에 따라 다양하다: 회화와 조각은 인간과 대상의 외관을 재생산한다; 음악은 자연의 소리와 음성뿐만 아니라 분위기와 감정까지 재현할 수 있다; (아리스토텔레스가 주장한 것처럼) 비극시의 플롯은 행위와 인생을 모방한다. 모방론이 예술을 평가하는 근거는 단지 미와 기교뿐만 아니라 복잡하거나 고통스런 주제들에 대해 관객을 계몽시킬 수 있는 통찰력 있는 재현도 관련된다. 로마의 시인 호라시우스Horace(65-8 BC)는 최고의 시란 즐거우면서도 가르침을 준다고 주장하면서, 미적 가치와 인식적 가치의 결합을 모방 예술의 장점으로 요약했다. 예술 모방론이 처음으로 이론적 검토를 받은 것은 플리니우스보다 수세기 전, 그러니까 『국가』에서 플라톤이 보여준 극도로 비판적인 분석에서였다. 조각과 회화같이 능숙하게 모방된 시각적 산물은 감상자의 눈을 실제로 속일 수 있는 그러한 현실적인 묘사를 할 수 있다. 자연과 시각적으로 구분불가능한—혹은 심지어 자연보다 더 우월한—것을 만들 수 있는 예술가는 비록 플라톤에게는 아닐지라도 대부분의 그리스 사람들에게는 특히 커다란 존경을 받았다. 플라톤은 감각에 작용하는 그러한 속임수를 불신하고 그것이 지성에 끼치는 영향을 두려워했는데, 그 이유는 예술가란 시각을 기만함으로써 진리를 환영으로 대체한다는 사실 때문이었다. 이와 대조적으로 아리스토텔레스는 시적 모방이란 우리가 삶의 난해한 진리를 이해할 수 있는 중요한 수단이 된다고 간주했다.[12] 아리스토텔레스는 시가 역사보다 더 철학적이라고 생각

12) Aristotle, *Poetics*, D. W. Lucas역 (Oxford: Clarendon Press, 1968). 비록 아리스토텔레스가 철학과 생물학에서 체계적인 방식으로 여성을 남성에 종속시켰기 때문에 비판을 받긴 하지만, 그럼에도 그의 철학은 또한 많은 페미니스트들에 의해 동맹 가능성이 있는 것으로 간주된다. 부분적으로 그 이유는 그가 도덕적 특성에서 정서적 영역을 인정하기 때문이다. 비극에 대한 아리스토텔레스의 페미니스트적 독해에 대해서는 Angela Curran, "Feminism and the Narrative Structures of the *Poetics*" in Freeland, *Feminist Interpretations of Aristotle:* 289-326 및 Cynthia

했다. 왜냐하면 사람에게 일어날 수 있을 법한 일을 묘사하는 것은 실제로 일어났던 특정한 사실들의 연대기보다 훨씬 더 보편적인 반향을 지니기 때문이다.

플리니우스 자신은 예술적인 시각적 환영을 찬양하고 그려진 대상이 진짜라고 믿게끔 실제로 관객을 속일 수 있는 화가의 솜씨를 칭찬했다. 가장 잘 알려진 그의 이야기는 가장 현실주의적으로 그릴 수 있었던 제욱시스Zeuxis와 파라시오스Parrhasios 사이의 경합을 다루고 있다. 제욱시스는 포도 그림을 어찌나 생생하게 그렸던지 새들이 쪼아 먹으려고 내려앉을 정도였다. 파라시오스가 자신의 그림을 보여주었을 때, 제욱시스는 그림을 덮고 있는 헝겊을 치우려고 손을 내밀었고 그의 손가락이 그저 그림이 그려진 표면에 닿았을 뿐이라는 사실을 깨달았다. 그는 파라시오스가 경합에서 이겼음을 인정했다. 왜냐하면 제욱시스는 새를 속였던 반면에, 파라시오스는 다른 인간을 속인 것이기 때문이다. 젠더를 고려할 때 보다 흥미진진한 환영들은 자신이 창조했던 여성의 이미지와 사랑에 빠지게 되었던 몇몇 예술가들과 후원자들의 이야기에서 상술된다. 회화가 인간존재를 묘사했을 경우에, 놀랄 만큼 탁월한 모방이 갖는 유혹적인 위험 중의 하나는 그 이미지가 너무도 사랑스럽고 실물 같아서 실제로 욕망— 마치 그 주인공이 살아있기라도 하듯이 강렬한, 그려진 이미지를 소유하고 싶은 열망을 불러일으켰다는 사실이었다. 피그말리온의 이야기는 이 중 가장 유명한 이야기다: 조각가 피그말리온은 여성의 입상을 너무나 아름답게 조각해서 어쩔 도리 없이 사랑에 빠지고 만다; 이를 불쌍히 여긴 신이 그녀에게 생명을 허락해주었다. 신의 개

Freeland, "Plot Imitates Action: Aesthetic Evaluation and Moral Realism in Aristotle's *Poetics*" in Amelie Rorty (ed.), *Essays on Aristotle's Poetics* (Princeton, NJ: Princeton University Press, 1992): 111-32를 보라.

입이 없다면 예술가는 애초의 모델을 어쩔 수 없이 받아들여야 하지만, 그러나 이 경우에조차 여성의 역할은 욕망의 대상이자 예술작품으로 간주된다. 이쯤에서 플리니우스의 책에서 나온 화가 아펠레스Apelles에 관한 일화를 살펴보자. 알렉산더 대왕은 아펠레스 이외에 어느 누구도 자신의 초상을 그릴 수 없게 했을 만큼 그의 솜씨를 몹시도 찬양했다.

> 알렉산더는 그에게 존경의 징표를 주었다: 그는 자신의 애첩 판카스페의 경이로운 자태에 너무나 감탄해서, 아펠레스에게 그녀의 누드를 그리라고 주문했다. 그러나 그는 아펠레스가 그녀와 사랑에 빠지게 되었다는 것을 알아차렸고 크나큰 도량과 훨씬 더 큰 자기 통제로 그녀를 아펠레스에게 선물로 줌으로써 그 행위로 인해 어떠한 승리 못지않은 위대한 영광을 얻었다. 그는 스스로를 이겨냈고 예술가에게 그의 정부(貞婦)뿐만 아니라 자신의 사랑마저 희생했다. 사랑했던 연인을 배려하는 마음조차 그를 제지시키지 못했다. 한 때는 왕의 정부였던 그녀는 이제 화가의 것이 되어버렸다.[13]

판카스페의 그려진 이미지와 실제 여성(판카스페 자신의 시각은 이 이야기 속에서 전혀 부재하기 때문에 최소한 실제 여성의 몸)의 융합은 심오한 의미를 지닌다 — 그녀는 비록 사랑스런 것일지라도 물건처럼 취급되었고 그녀의 그림이 이 사람 저 사람에게 건네질 수 있듯이 그녀 또한 남에게 주어져 버렸다는 사실은 말할 것도 없고. 능동적인 주체가 되는 것과 그려지고 감탄 받는 이미지가 되는 것 사이의 이러한 전환은 이러저러한 형태로 재현 예술사 전반에서 재등장하며 우리 자신의 시대에도 잘 들어맞는다. 그것은 특히 여성을 괴롭히는, 보다 특수하게는 특정한 유형의 — 즉 젊고 아름답고 소유될 수 있으며 때로는 이국적인 — 여성을 괴롭히는 역할을 한다. 다음의 이야기들에서 이를 살펴보자.

---

13) Pliny, *History of Art*: 125.

창조성에 대한 명상(Musing)

남성 창조자와 여성 창조자에게 심히 다른 함의를 지녔던 천재성과 예술적 영감에 대한 관념들의 단초가 발견되는 것은 바로 고대의 이론들 속에서이다. 시인과 음악가의 창조력이 신적인 원천에서 나온다는 것, 시인 자신은 외래적인 영감과 예술적 산물을 연결하는 도랑이라는 것도 또한 고대의 생각이기 때문이다. 신화 속에서 영감의 원천은 뮤즈 신들의 형상으로 인격화되었다. 뮤즈의 수와 그들이 관계했던 예술들은 시간과 장소에 따라 변화했고 비교적 고대 후기에 이르기까지는 확정되지 않았다. 비록 오늘날에는 그들이 몇몇 예술형태의 정신을 구현하고 (남성) 인간 창조자에게 구상적으로 영감을 주는 9명의 여성들로 그려지지만 말이다. 뮤즈들이 시와 음악의 샘이기 때문에 조형예술이나 조각예술에서 관심을 멀어지게 했다는 점을 생각해보라. 뮤즈의 신화를 탄생시켰던 그리스 문화는 다른 모든 형태들 중에서 시를 특히 높이 존중했고 이러한 형태의 예술적 창조성이 신적으로 영감을 받기에 가장 적합하다고 간주했다.

칼리오페[Calliope]는 종종 뮤즈들의 우두머리로 여겨졌으며 서사시와 웅변을 관장했다; 에라토[Erato]의 영역은 연애시였으며, 에우테르페[Euterpe]는 음악, 멜포메네[Melpomene]는 비극이었다; 탈리아[Thalia]는 희극, 폴리힘니아[Polyhymnia]는 성가와 영웅찬가, 테릅시코레[Terpsichore]는 무용과 서정시를 관장했다. 오늘날 예술로 분류되지 않는 영역을 감독하는 뮤즈들도 두 명이 있었는데, 클리오[Clio]는 역사의 뮤즈이고 우라니아[Urania]는 천문학의 뮤즈였다. (이는 시가 오랫동안 역사적 기록의 원천으로 간주되었다는 사실과 천문학 — 및 수학 — 이 음악과 연관되었으며 지금도 여전히 그러하다는 사실을 상기시킨다.) 뮤즈들은 젊고 사랑스런 여인으로 재현되었고 음악의 신인 아폴로와 연관되었다. 그들은 (남성이 창조하는데 필요한) 영감을 어떤 여성적인 힘에 귀속시키는 오래된 전통으로 된 것을 창시한다. 음악과 시의 표상으로서 그들의 원래 역할이 시사하는 바는 그들이 귀에다 속삭이는 음성의 형태를 취하며 아마도 이성과 같은 정상적인 정신능력이 성취할 수 없는 창조성의 비상으로 시인을 미치게 만들지도 모른다는 사실이다. 사실상 영감을 받은 창조자를 이런 식으로 그려냄으로써, 플라톤은 『이온』에서 시인을 지혜의 원천으로 간주할 수 없었다. 왜냐하면 시인들은 지성의 지도를 받기 보다는 이성을 잃었을 때 창조하기 때문이다. 기록에 남겨진 고대의 시인들 대부분이 남성인 반면, 레스보스의 사포Sappho of Lesbos(c.620-c.565 BC)는 당대에서 격찬되었고 수세기 동안 가장 탁월한 서정 시인으로 알려졌다. 그럼에도 대부분 여성적 형태로 인격화된 창조적 충동은 실제 여성의 창조성을 기록하거나 존중하지 않는다. 정반대로 여성적인 창조성의 원천을 인간 아닌 존재의 힘으로 돌림으로써 신화화하는 것은 — 기만적인 찬사로 — 실제의 여성을 예술적 행위의 주변으로 밀쳐내고 현실적으로 예술을 창조하는 사회적 역할을 남성에게 할당한다.[14] 고전적이고 고전주의적인 이상이 유럽 전통에 끼친 오랜 영향 때문에, 그러한 이미지는 현대에도 잘 유지되어왔다. 예컨대 로댕Auguste Rodin은 <*영원한 우상*>*The Eternal Idol*에서 반복된 구성인 <*시인과 뮤즈*>*The Poet and the Muse*(c. 1905)라는 에로틱한 묘사에서 남성 예술가를 돕는 여성 예술가의 보조

14) 보봐르(Simone de Beavoir)는 『제2의 성』에서 "타자"로서의 여성에 대한 실존주의적 분석에서 이러한 영향에 대해 논증하고 있다. *The Second Sex* [1949], H. M. Parshley역 (New York: Vintage Books, 1989), 특히 9장을 보라. (시몬느 보봐르, 『제2의 성』, 강명희 역, 하서 출판사)

그림 1. 오귀스트 로댕(Auguste Rodin), <영원한 우상 The Eternal Idol>, c. 1905. Réunion des Musées Nationaux / Art Resources, New York.

적 역할을 연상시킨다.

우리는 플라톤의 『향연』에서 창조성에 관한 이론이 지극히 섬세하고 복잡하게 젠더화되는 것을 볼 수 있다. 그 책은 아테네에서 매년 열리는 비극시 경연대회의 승자를 축하하기 위한 연회 동안에 행해진 사랑에 대한 연설에 헌정된 대화록이다. 여기에는 플라톤의 전 저작에서 유일하게 등장하는 단 한명의 여성 발언자인 디오티마가 주요하게 등장한다. 비록 그녀가 소크라테스가 말한 이야기를 통해 "발언하고" 있긴 하지만 말이다. 그러니까 소크라테스가 청년이었을 때 그녀가 지도해준 이야기를 전하고 있는 것이기 때문에, 그녀는 문자 그대로 그 자리에 참석해 있지는 않다. 소크라테스는 이 현명한 여사제가 사랑의 진정한 본질과 사랑의 대상들을 자신에게 어떻게 입증해주었는지를 이야기한다. 디오티마는 우리 모두가 불멸을 추구한다고 주장하는데, 이는 아이들이 나타내는 우리 자신의 연장 및 예술적이거나 지적인 작업이 생산하는 우리 정신의 보다 추상적이고 영속적인 창조라는 두 가지 의미 모두에서 그러하다. 참되게 사랑하는 사람은 "아름다움에서 출산하는" 것을 추구하는데, 이 말은 예술이나 시, 법, 지식의 형태이건, 아니면 철학의 형태이건, 실제의 생식과 문화적 생산 둘 다를 연결시키는 수수께끼 같은 (또한 많이 논의된) 표현이다.[15] 이 연설은 연회의 남자 손님에게 향해진 것이고 소크라테스가 이야기를 할 때 여성 창조자를 염두에 두었다고

---

15) 디오티마의 연설이 지니는 함의에 대한 페미니즘적 논쟁을 보려면 Susan Hawthorne, "Diotima Speaks through the Body" in Bar On, *Engendering Origins*: 83-96; Page duBois, "The Platonic Appropriation of Reproduction"; Wendy Brown, "'Supposing Truth were a Woman…': Plato's Subversion of Masculine Discourse"; Luce Irigaray, "Sorcerer Love: A Reading of Plato's *Symposium*, Diotima's Speech"; Andrea Nye, "Irigaray and Diotima at Plato's *Symposium*"; 이 모두는 Nancy Tuana (ed.), *Feminist Interpretations of Plato* (University Park, PA: Pennsylvania State University Press, 1994): 139-215에서 볼 수 있다.

생각할 이유는 거의 없다. 그럼에도 이 부분의 대화의 언어는 예술적 창조성을 분석하기 위해서 임신과 출산을 나타내는 비유적 심상에 깊게 의존한다. 이는 창조과정을 설명하기 위해 실재의 여성으로부터 여성적 개념을 떼어내어 남성이 여성적 개념을 전유하는 하나의 사례이다. 다시 말해 이는 젠더화된 의미의 복잡성을 보여주고 그것이 개인의 젠더 및 사회적 역할과 뒤섞이고 복잡해지는 상관관계를 보여주는 사례이다. 아래에서 우리가 예술적 천재의 역사를 집중적으로 살펴볼 때 이러한 현상의 사례를 더 많이 살펴볼 수 있을 것이다.

『향연』에서 출산의 메타포가 갖는 함의는 학자들에 의해 논란이 되기는 하지만, 그럼에도 명확한 사실은 플라톤이 종의 번식과 재생산을 예술적 혹은 지적 창조성과 동등하게 놓지는 않는다는 사실이다. 예술에 대한 그의 가장 집중적인 논의는 『국가』에서 나타나는데, 거기에서 그는 영혼과 폴리스에 미칠 예술의 지대한 힘을 인정하고 정의로운 국가란 가장 아름다운 시와 음악이 사회에 위험을 끼칠 수 있기 때문에 그것들을 통제하거나 철저하게 금지해야 한다고 결론짓는다. 예술의 미메시스 — 예술이 사물과 사건을 단순히 모방한다는 사실 — 는 현실에 관해 무엇이 참인지를 이해하는데 장애가 된다. 더욱이 그것은 우리에게 감각의 즐거움을 포함한 많은 즐거움을 주는데, 그러한 즐거움은 비판 능력을 마비시키는 경향이 있다. 미메시스는 진리를 환영으로 대체하고 정서를 자극하는 바, 정서란 지성과 투쟁하며 나아가 진리를 향한 철학적 탐구를 방해한다.[16] 예술에 대한 관념들이 젠더화되는데 플라톤 철학이 끼친 중요성은 간접적이다. 왜냐하면 그는 여성이건 남성이건 제작자를 불문하고 일반적

16) 시인과 화가에 대한 플라톤의 유명한 비난에 공감하여 설명하는 책으로는 Janaway, *Images of Excellence*를 보라.

으로 미메시스를 불신하기 때문이다. 그러나 플라톤이 주장한 이념적인 형상계의 영원한, 추상적, 지적 세계 — 진정으로 *실재하는* 세계 — 와 물리적 대상들의 일시적, 개별적, 감각적 세계의 형이상학적 구분은 정신과 육체 사이의 이원론을 낳는데, 이러한 이원론은 남성과 여성에게 있어서 뿐만 아니라 남성적 개념들과 여성적 개념들에 있어서도 그렇듯 본질적으로 상이한 함의를 갖는다. 이 책의 논의 과정에서 우리는 정신/육체 이원론의 심층 젠더가 미학적 개념 내에서 어떻게 작동하고 있는지 살펴볼 것이다. 이는 미와 숭고의 구분, 여성의 산물과 남성의 산물에 대한 평가의 불균형, 심지어는 예술이라고 간주된 대상들에서 음식을 배제하는 것 등을 포함한다.

예술 제작 : 개인과 집단

고대에서 나온 이러한 언급들을 추출하면서, 나는 개인적인 예술 제작자, 예컨대 관장하는 뮤즈로부터 영감을 부여받은 고독한 시인을 묘사하는 언급들을 선별해왔다. 그럼에도 이러한 모델이 모든 예술형태들에 대해 적절한 것은 아니다. 미적 특질과 예술성 때문에 가치를 평가받는 수많은 인공품들은 어떤 특별한 창조적 시각이 귀속될 수 있는 단 한 사람의 예술가의 산물이 아니다. 기록된 많은 역사 동안에 다양한 목적을 지니는 대상들이 공방에서 생산되었는데, 거기서는 수많은 숙련된 기능공들이 귀족들과 부자들을 위해, 또한 세속적, 종교적, 사적 목적들을 위해 주문받은 일을 수행할 수 있도록 훈련되었다. 또한 대규모 작품이거나 아니면 특별한 크기나 복합성을 지니는 작품을 생산하는데 기여하기 위해 사람들이 팀을 이뤄 작업한 예술의 사례도 셀 수 없이 많다. 이는 건축과 연극 제작의 경우처럼 역사의 어떤 시기에 몇몇 예술 형태에 있어서 타당하다; 그것은 거대한 고딕 성당처럼 중세 유럽과 가장 많이 관련되는 예술들에서도 명백한 사실이었다. 이를테면 이러한 성당들은 여러 해를 걸쳐 건축되고 수 세대의 재능과 노력들이 요청되거나 수도원에서 생산된 채색 사본과 태피스트리를 필요로 했다. 후자의 몇몇 사례들은 어마어마한 것이었으며 (바이외Bayeux 태피스트리는 실제로 거대한 자수로 되어 있는데, 길이가 무려 200피트 이상이나 된다) 한 개인의 프로젝트가 아니었다. 그것은 수도원의 과업, 즉 중요한 텍스트들을 성서적이고 철학적으로 복제함으로써 지식을 보존하는 학문의 보고(寶庫)였으며, 그 중 많은 것들이 여백의 그림과 정교하게 꾸며진 글씨체로 아름답게 제작된 것이었다. 이렇게 공유된 창조 작업은 신에 대한 봉사로 여겨졌다. 이러한 유형의 예술 생산은 그 산물이 아무리 뛰어난 것일지라도, 영감을 받은 유희나 개인의 상상력의 표현에는 적합하지 않다. 이 작품들 일부는 남녀 혼성의 팀들이 생산했을지 모르는데, 우리는 그들의 신원에 대해 그저 약간의 기록만을 갖고 있을 따름이다. 그럼에도 그들이 항상 익명적이었던 것은 아니었다; 실제로 클라리시아Claricia라는 사람은 12세기 성서 시편에서 "Q"자의 꼬리에다 자신의 사인뿐 아니라 자화상까지 그려 넣었다. 그러나 이 글자 속에 개인의 예술적 자기표현을 위한 보편적 충동이 터져 나왔다고 결론짓는 것은 근거 없는 얘기일 것이다. 물론 예술 표현론의 광신자라면 그렇게 주장하려 할 수도 있을 테지만 말이다. 사실상 클라리시아는 당시에 그저 조금 따분했을지 모르며 그래서 훌륭하게 끝나게 된 낙서 한 편에 탐닉했을지 모른다. 그 일에 종사했던 사람들에 대한 약간의 기록들이 분명 남아 있긴 하지만, 대략

그림 2. Claricia라는 사인이 있는 채색문자 Q. 아우크스부르크 독일시편, 12세기 후반. The Walters Art Museum, Baltimore.

필사본의 채식(彩飾)은 개인의 서명을 권하는 그런 유형의 작업은 아니다. 비록 위대한 채식이 명백한 기술과 주의력, 창의성을 드러낸다 할지라도, 그것은 특별한 명예를 누릴 예술가를 선발하지는 않는 상황에서 생산된다. 그러나 중요한 요점은, 상상력을 자유롭게 발휘함으로써 자신의 생각을 표현하는 외로운 개인적 천재로서의 예술가 개념은 단지 한정된 유형의 예술 제작에만 적절하다는 사실이다. 예술가 개념이 오로지 이런 인물에만 제한된다면, 우리는 여성에 의해 생산된 수많은 작품들뿐만 아니라 많은 남성의 노력들도 간과하게 될 것이다. 역사적인 개관을 다루는 이 대목에서 영화를 언급하는 것은 너무 앞질러 나가는 것이겠지만, "공동작업"의 창조성을 개인적 천재라는 "그러한 특정한" 예술가 개념에 끼워 맞출 때 생기는 문제는 영화 만들기와 텔레비전 제작의 복잡한 시도들을 포함하는 오늘날 많은 예술에 있어서도 여전히 그대로 지속된다.

더욱이 이러한 예술가 개념이 통용되지 않는 사회에서 만들어진 문화 산물 또한 수많은 부족 문화와 전통 문화의 예술들을 포함하여 전체가 존재한다. 이들 문화의 산물들은 "예술"이나 "공예"로 다양하게 분류되는데, 그것의 제작자는 좀처럼 특정한 개인으로 확인될 수 없다.[17] 예술 철학자와 미술관 큐레이터는 둘 다 모두 동시대 예술이론 및 제도라는 틀 내에서 서로 다른 문화의 대상을 어떻게 소개할지를 결정할 때에 비슷한 어려움에 직면한다. 예술과 공예의 구분은 근대적인 예술가 개념으로 나아가게 하는데, 이 개념은 오늘날 "순수예술"이라 지칭되는 것의 제작자에게만 거의 전적으로 초점을

17) 서로 다른 문화를 횡단해서(cross-culturally) 예술 개념이 통용될 수 있다는 주장에 대해서는 Anderson, *Calliope's Sisters*; Stephen Davies, "Non-Western Art and Art's Definition"과 Denis Dutton, "But They don't Have our Concept of Art"를 보라. 두 논문은 Noël Carroll (ed.), *Theories of Art Today* (Madison: University of Wisconsin Press, 2000): 199-216과 217-38을 참조하라.

맞춘다. 그러면 이제 "순수예술"이라는 개념으로 돌아가 보자.

순수예술과 근대적 예술가 개념

이처럼 초창기 예술에 관한 관념들을 간략히 개관하면서 이미 알 수 있다시피, 서로 다른 장르의 예술들 전부를 한데 아우르기 위해 통상 이용된 통합적인 범주는 최근에 이르기까지 존재하지 않았다. 매체 자체가 때로는 위계적으로 등급이 지워졌지만, 인공품들은 보다 흔하게 매체나 기능에 따라 분류되었다. 조각과 회화가 물질적 조작을 필요로 한다는 사실은 이 예술들이 예컨대 영감을 받은 시인의 작품들보다 저급하고 신체적인 구속을 더 많이 받는 범주 속에 들어가게 하였다. 모든 매체의 작품들은 맡겨진 기능을 우아하고 고상하게 수행하는 경우에는 찬탄을 받았고 그것을 만들었던 사람들은 그들의 기술과 예술성 때문에 찬미되었다. 예술의 범주들은 항상 다소 유동적이었고 또한 의심의 여지없이 앞으로도 언제나 그럴 것이다.

그럼에도 17세기와 18세기 근대 초에는 개념적이고도 실천적인 구분이 생겨났는데, 이는 예술가 관념에 특별히 영향을 끼쳐서 젠더에 대한 가정들을 선명하게 부각시켰다: 이것이 바로 순수예술 개념이다. 순수예술은 실용적 기술이나 응용예술, 공예, 대중적 오락과 대비되었다. 그것은 또한 (식기, 의류, 쿠션과 같은) 어떤 실제적 기능을 위해 만들어진 작품들과는 대조적으로 오로지 *미적* 가치만을 위해 생산된 작품들을 선별해냈다. 이러한 구별에 따라, "예술가"라는 용어는 순수예술들 중 하나를 창조하는 사람에게 고유하게 적용되게 되었다. 반면에 "장인"이나 "기능공"은 아름다움뿐만 아니라 쓰임새 때문에 디자인된 기능적 대상을 제작하는 사람을 가리켰다.

순수예술 전통의 출현은 장구하고 복잡하며 다소간 논쟁적인 역사를 지닌다. 어떤 이론가들은 "근대적 예술체계"의 발전이 18세기에 와서야 이루어진 것으로 설정한다.[18] 다른 사람들은 그것이 대략 르네상스 말경에 자리 잡았다고 생각한다. 아마도 순수예술 개념이 완전히 틀이 잡힌 것은 근대에 이르러서이겠지만, 확실히 르네상스 동안에 특히 이탈리아에서는 특정 매체에 종사하는 작업자들 쪽에서의 자의식적이고 일치된 노력이 존재했다. 이들은 자신의 산물들을 개념적으로 다시 설명해냄으로써 그들의 역작(力作)의 지위를 상승시키려고 노력했다. 어느 정도의 수작업을 요하는 재료들을 다루는 사람들—화가, 조각가, 건축가—은 그들의 사회적 지위를 향상시키기를 바랐으며, 이는 그들의 전문화된 예술형태들을 지칭하는 범주를 수정할 것을 요구했다. 그들은 수공업적 기술이기 보다는 인문학적[liberal] 기술, 즉 인간적 이해를 증진하는 기술에 공헌하는 사람으로 인식되고자 노력했다. 초기 르네상스는 (다른 교과 중에서도 수사학, 시, 수학을 포함하는) "인문학적" 기술과 "노예적" 혹은 "저속한" 기술이라는 고전 후기의 범주 규정을 이어받았다. 노예적 혹은 저속한 기술이란 신체적 노동이나 오락을 포함하며 공리적 목적을 위해 생산된 것이다.[19] 회화, 조각, 주조 및 깎아 새기기는 신체적 노

---

18) Paul Oskar Kristeller, "The Modern System of the Arts: A Study in the History of Aesthetics", I과 II, *Journal of the History of Ideas* 12와 13 (1951, 1952): 496-527, 17-46. 이 논문은 Peter Kivy(ed.), *Essays on the History of Aesthetics* (Rochester, NY: University of Rochester Press, 1992): 3-64에 재수록되었다. *The Invention of Art*에서 쉬너(Larry Shiner)는 또한 순수예술 개념이 근대적인 관념이라고 주장한다.

19) Wladyslaw Tatarkiewicz, *A Histoy of Six Ideas: An Essay in Aesthetics* [1975], Christopher Kasperek역 (Warsaw: Polish Scientific Publishers, 1980): 13, 16-17. (블라디슬로프 타타르키비츠, 『여섯 가지 개념의 역사』, 이용대 역, 이론과 실천)

력 및 어느 정도의 불결함과 지저분함을 포함하며, 그래서 얼마 동안 이러한 행위들이 갖는 신체성은 정신의 고차적 요구에 봉사하는 교양 있고 자유로우며 "지적인" 노력으로 그것들을 분류하는데 장벽이 된다고 간주되었다. 이 매체들로 작업하는 예술가들은 신체적 노력이 거의 요청되지 않는, 음악과 시와 같은 보다 깔끔한 분야를 쫓아 창조자로 간주되고자 매진했다. 건축의 옹호자들은 공학기술 및 복잡한 구조의 디자인에 대한 지적 요청을 실제적인 물리적 건설과 분리시켰는데, 후자는 목수일과 석공술 등의 거부할 수 없는 신체노동을 포함한다. 설계사에게 요구되었던 재능과 기술이야말로 이러한 공리적 예술형태를 단순한 신체노동 이상으로 향상시키는 것이라고 주장되었다. 이와 관련하여 회화 예술은 알베르티Leon Battista Alberti나 다 빈치Leonardo da Vinci와 같은 인물들에 의해서 시각을 통해 획득되는 지식의 유형과 연관되었고 특히 선 원근법에 의해 공간을 묘사하는 기술이 발전됨에 따라 광학과 관련되었다.[20] 따라서 노동과 공예로부터 *예술*beaux arts이나 순수예술로 점차 알려지게 될 것을 구분하는 한 요소는 화가, 조각가, 건축가의 노력을 신중하게 재개념화하는 것과 연루되었다. 그들이 이를 성취했던 것은 예술사에서 인상적일 만큼 생산적인 이 시기 동안 그들의 산물이 보여주었던 장엄함에 의해서뿐만 아니라 그러한 성취에 의해 재현된 인식적, 과학적 업적을 옹호함에 의해서이기도 했다. 어떠한 예술 형태가 수학이나 과학 같은 지적 기술들을 더 많이 요청하면 할수록 인문학적인 — 즉 "자유로운" — 시도라는 주장은 더욱 더 강력해진다고 그들은 주장했다.

장식적 공예나 공리적 기능성artisanship을 순수예술과 구분하게 되었던 예술 및 예술가 개념의 변화는 점진적이며 한결같지 않았는데,

20) 원근법을 최초로 다룬 것은 알베르티(Leon Battista Alberti)의 *On Painting* [1435], John R. Spencer역 (New Haven, CT: Yale University Press, 1966)이다.

그러한 변화가 완성되는 데는 수 세기가 걸렸다. 18세기에 이르면, 주요한 다섯 개의 순수예술의 존재가 일반적으로 인정되었다: 음악, 시, 회화, 조각, 건축. 이 시기는 예술의 본질을 다루는 비판적 문헌의 급성장이 목격되며 공통의 원리에 의거하여 예술들을 서로 비교하였다. 원예, 산문문학, 무용이나 연극과 같은 그 밖의 예술들이 때로는 목록에 추가되기도 했지만, 그러나 이들 다섯 개가 예술로서 확정된 핵심을 구성한다. 창조성의 특수한 형태들을 순수예술로 식별해내는 것은 이론과 실천이 어떻게 공조하는가를 보여주는 하나의 두드러진 사례인데, 이 경우는 틀림없이 실천이 이론의 뒤를 실제로 쫓아가는 예라고 할 수 있다.

순수예술 또는 고유한 예술[art proper]을 다른 종류의 제작과 점차 확실하게 구분시켰던 가장 중요한 요인들 중 하나는 예술작품에 귀속된 가치 유형과 관련된다. 왜냐하면 기능적이거나 공리적인 가치보다는 주로 미적인 가치들이 순수예술에 할당되었기 때문이었다. 여성이 전형적으로 생산했던 수많은 예술들은 가정에서 사용되거나 장식을 위해 만들어진 바느질과 같은 수공품을 포함하기 때문에, 예술과 공예의 구분은 여성이 뚜렷한 존재를 차지했던 수많은 장르들을 고유한 예술 개념으로부터 배제시키는 결과를 낳았다.[21)] 근대에 순수예술 관념이 점차로 발전됨에 따라, 예술이란 주로 미나 숭고, 또는 다른 미적 덕목을 위해 생산된 산물로 간주되었다. 이와 관련하여 진정한 예술가의 역할은 특별한 실천적 기능과는 무관한 미적 감상을 위해 작품을 생산하는 것으로 간주되었다. 이는 주로 순수예

---

21) 바느질과 같은 산물이 예술로부터 공예로 지위가 전화된 것은 Rozsika Parker and Griselda Pollock, *Old Mistresses: Women, Art and Ideology* (New York: Pantheon Books, 1981), 2장에서 검토된다. (로지카 파커와 그리젤다 폴록, 『여성 미술 이데올로기』, 이영철 목천균 역, 시각과 언어)

술 작품을 공예와 구분하는 것이다. 공예품은 섬세하게 만들어지고 아름다울 수도 있지만, 고유한 예술작품이 아니다. 왜냐하면 그것은 어떤 기능을 만족시키기 위해 만들어진 것이며, 이러한 기능은 예술가-제작자의 자유로운 창조성을 제한하기 때문이다. 쿠쟁Victor Cousin이 소르본느 대학 1818년 강의에서 주장했듯이, "유용성이란 미와는 아무런 상관이 없다."[22] 예술의 목적은 아름다움이다. 비록 쿠쟁의 규정에서 이러한 미적 가치가 여전히 함축하는 것은 도덕적 정신적 가치 또한 예술에서 간접적으로 현존한다는 사실이지만 말이다.

> 예술가들은 무엇보다도 예술가이다; 그에게 생명을 불어넣는 것은 아름다운 것의 정감(sentiment)이다. 그가 관객의 영혼 속에 건네주기를 바라는 것은 그 자신을 채우고 있는 동일한 정감이다...이러한 순수하고 무관심적인 정감은 도덕적이고 종교적인 정감들의 고상한 동맹자이다; 그것은 도덕적이고 종교적인 정감들을 일깨우고 보존하며 발전시키지만, 독특하고 특별한 정감이다. 그리하여 예술, 즉 이러한 정감에 근거하여 그것에 의해 영감을 받고 그것을 확장시키는 예술은 또한 독자적인 힘이다. 그것은 영혼을 고상하게 하는 모든 것, 다시 말해 도덕이나 종교와 자연스럽게 관련을 맺는다; 그러나 예술은 단지 그 자체로부터만 생겨나는 것이다.[23]

이 기준들에 의거해서 공예는 이러한 미학적 개념들로부터 이중적으로 자격을 상실하게 되었다. 한편으로는 그것이 유용성을 갖고 있기 때문에, 다른 한편으로는 진정한 아름다움이 갖고 있는 정신적 도덕적 차원을 결여하고 있기 때문에.

미적인 것의 개념은 다음 장에서 좀 더 상세하게 다룰 것이지만, 여기서는 어떻게 미적인 것의 관념이 순수예술 전통이 형성되는 데로 들어갔는지에 주목하는 것이 중요하다. 미적 가치라는 관념이 출

---

22) Victor Cousin, *Lectures on the True, the Beautiful, and the Good* [1818], O. W. Wright역 (New York: D. Appleton and Co., 1870): 141.

23) Ibid.: 162-3.

현했던 것은 즐거움에 대한, 그리고 감수성과 감상에 대한 새로운 접근방식이 생겨나면서부터라고 할 수 있는데, 이는 "취미[taste]"의 개념으로 요약된다. 순수한 미적 즐거움을 선별한 것은 실제적 이용, 경제적 가치, 사회적 의미, 또는 성적 욕구의 만족과 같은 즐거움의 다른 원천과 대조시키기 위해서였다. (미적 즐거움의 젠더화된 의미를 고려해본다면 이러한 나중의 구분은 특히나 복잡하고 틀림없이 절충적인데, 이는 나중에 논의될 것이다.) 순수예술 관념이 유용한 기술과 대비되어 발전되기 시작함에 따라 이론가들은 예술의 진정한 가치란 순수하게 미적이라는 것, 즉 예술이란 미를 위한 것이고 그것이 채워주는 미적 즐거움을 위한 것이라는 사실을 더욱 더 주장했다. 이 가치들을 강화시키기 위해서 근대에는 순수한 미적 향유의 현장을 제공하는 몇몇 예술제도들이 생겨났다. 가장 특별하게는 음악을 듣기 위한 연주회장 및 과거와 현재의 미술가들의 역작을 감상할 수 있게 대중들이 회화를 이용할 수 있었던 미술관이 생겨났다. 그리하여 이제 예술가란 아름다움과 미적 직관을 위해 창조하는 사람들로 간주되었다. 18세기와 19세기에 들어와서도 미와 도덕적 가치는 여전히 밀접하게 연관되어 있었는데, 그러한 관련성은 위에서 살펴본 쿠쟁의 언급에서 명백하게 드러난다. 미나 다른 미적 특질에 있어 독특한 것이 무엇인가를 밝히려는데 점점 더 관심이 집중됨에 따라, 도덕 철학과 미학은 서로 갈라서게 되었다. 가장 극단적인 형태에서 이러한 분리는 19세기와 20세기 초반 인기가 있었던 "예술을 위한 예술"의 정신을 촉발시켰다. "예술을 위한 예술"은 미적 근거에서 순수하게 예술적 표현을 정당화했으며 때로는 도덕적 기준을 경멸하기조차 하였다. (미와 도덕적인 선의 구분은 시인 보들레르[Charles Baudelaire]와 소설가이자 극작가였던 와일드[Oscar Wilde]의 몇몇 작품의 주제이다.) 그러나 그다지 순수하지 않은 형태에서조차 예술이란 그저 미적 가치의 고려와 향유를 위해 창조된 것이라는 생각은 순수예술과 쓸모를 위해 제작된 인공품 사이의 간극을 확장시켰다. 비록 오늘날 그러한 인공품들이 아무리 고상하고 아름다울 수 있다 하더라도 말이다. 이러한 간극은 또한 예술가에 대한 이론들에서, 특히 최고의 창조자가 예술적 *천재*라는 생각에서 명백하게 드러난다.

천재

천재 개념은 고전적인 기원을 갖지만, 그럼에도 예술사와 철학사에서 수많은 변형과 전환을 겪어왔다. 18세기와 낭만주의 운동은 천재에게 특히 강력한 역할을 고무시켰으며 천부적 재능이 부족한 예술가들에게 창작 도구를 제공하는 예외적인 능력을 지닌 개인적 인간의 숭배를 불러일으켰다. 칸트의 유명한 말로 하자면, "천재란 예술에 규칙을 부여하는 재능이다."[24) 더욱이 이 시기에 천재는 남성적인 영역으로 맹렬하게 보호되었다.[25)

천재라는 말은 여성과 대조해서 남성 일반을 묘사하지는 않는데, 왜냐하면 세계는 천재를 거의 산출하지 못하기 때문이다. 이 용어는 탁월한 예술작품을 생산했을 뿐 아니라 그의 시각이 그 분야의 방향 전체를 변화시킨 선택된 소수의 창조자들을 위해 마련된 말이었다. 칸트가 말했다시피, 천재는 여성이건 남성이건 간에 보다 부족한 재주를 가진 예술가들이 따라가야 할 길을 열어준다. 천재의 젠더는

24) Immanuel Kant, *Critique of Judgment* [1790], Werner Pluhar역 (Indianapolis: Hackett, 1987): 174.(임마누엘 칸트, 『판단력 비판』, 백종현 역, 아카넷)

25) Christine Battersby, *Gender and Genius: Towards a Feminist Aesthetics* (Bloomington: Indiana University Press, 1989).

몇 안 되는 이러한 비범한 인간들의 특별한 능력에 기초하는데, 이는 남녀의 재능에서 나타나는 전반적인 차이에 근거한 능력들이다. 예술적 창조성은 그저 우월한 이성의 기능에 불과한 것은 아니지만, 그럼에도 그것은 우월한 정신의 특징이다; 그리고 우월한 정신의 모델은 남성의 정신이다: 이는 강력하고 전통과 사회규범으로부터 독립적일 수 있으며 일상의 행위를 이루는 세속적인 관심사를 아무렇지 않게 초월할 수 있는 정신이다. 나중의 특징만 보더라도, 누구든 대략 가정의 역할에만 한정된다면 애당초 천재의 개념에서 배제될 것이라는 사실은 분명하다.

그럼에도 여성적 천재를 가로막는 장애물이 단지 사회적 역할에만 국한된 것은 아니다; 해부학은 또 다른 방해물일 수 있는데, 특히 이 이론의 초기 버전에서는 그러하다. 르네상스의 천재관은 통제된 유형의 광기(예컨대 영감에 대한 고전적 이미지를 다시 되돌아보게 만드는 뮤즈신의 광기)를 통해 창조할 수 있는 사람으로 위대한 예술가를 그려냈다. 그러한 창조성의 비상은 정상적인 인간의 한계를 순간적으로 깨뜨려서 심지어 이성조차 초월한다. 인간의 체질에 대한 지배적인 생각에 따르면, 여성은 이런 진귀한 사건에 참여할 수 없었다. 수세기 동안 성격의 이해를 지배해왔던 기질론^the theory of humors^은 남성은 "뜨겁고 건조"한 반면에 여성은 "차갑고 습한" 것으로 특징지웠다. 이 이론이 주장하는 바에 따르면, 자궁으로부터 생기는 습기는 정신을 더럽히고 진리를 파악하는 능력을 흐리게 만듦으로써 여성 예술가들이 천재의 직관으로 부상하는 것을 막는다.[26)]

강력한 영향을 끼친 『판단력 비판』(1790)에서 칸트가 천재에 관해

26) Ibid.: 33. 배터스비(Christine Battersby)는 역사가 여성 천재들을 거의 산출하지 않았다는 일반적인 판단을 받아들이지 않는다; 그녀는 여성의 예술적 창조성과 천재관의 수정을 주장한다.

기술했던 무렵에 이르게 되면, 천재와 관련되었던 거의 신과 같은 함축, 예컨대 시인이란 신적으로 영감을 받은 서정시의 도랑이라는 고대적 관점에서 나타났던 함축은 후퇴하게 되었다. 그런데 이제 그 대신에 예술가 자신, 다시 말해 자신의 상상력의 보고(寶庫)로부터 창조하는 천재가 들어서게 되었다. 천재란 강력하게 독창적인 정신의 표시인 바, 그러한 정신은 창조성을 인식하고 실행하는 전적으로 새로운 방식을 발견하기 위해 전통과 예술의 규칙을 뛰어넘는다. 칸트 자신은 예술의 혁신을 주의 깊게 제한했는데, 그 이유는 아마도 똑같이 선례가 없는 미치광이의 작품으로부터 천재의 작품을 보호하기 위해서였을 것이다: 그는 심지어 허튼 소리조차도 독창적일 수 있을지 모른다고 적어놓았다; 따라서 예술 형태를 지배하는 천재는 그의 영감을 형상화하기 위해 그 형태에서 철저하게 훈련되어야만 한다.

19세기 유럽에서 번창했던 예술적 상상력에 대한 사변들은 어느 정도 극단까지 치달을 수 있었다. 때때로 그것은 반사회적 반도덕적 행위나 심지어는 실성함insanity이 영감을 불러일으키는 가치를 찬양하기도 했다 — 이 모두는 대중적인 영국 시인 바이런Lord Byron 같은 그러한 음울한 매력이 있는 인물에 잘 들어맞는 것으로 사람들의 입에 오르내렸다. 천재에 대한 이러한 접근방식은 광기madness에 대한 (고도로 낭만적인) 관점과 맞닿아 있다. 여기서 광기에 대한 관점은 영감에 대한 생각들과 꼭 들어맞을 뿐 아니라 우리 자신의 시대에도 그대로 지속되고 있다.[27] 진정한 예술적 상상력은 이성의 단조로운 규칙들과는 대립되는 선천적인 번득임으로부터 생겨나는 것이라고 많

27) 천재의 삶이 지니는 파괴적 측면들은 추상표현주의 화가 잭슨 폴록의 삶과 성공을 그린 영화 <폴록>에서 묘사되었다. 에드 해리스(Ed Harris) 감독 주연, Sony Pictures Classics, 2000.

은 사람들이 주장했듯이, 위험할 정도로 공상적인 상상 활동에다 가치를 두는 것은 창조 방법에 대한 생각들을 극단까지 밀고 나갔다. 철학에서는 합리성의 지배가 그렇듯 일반적이지만, 이러한 입장은 합리성의 지배를 거부하는 유형을 대표한다. 그럼에도 불구하고 이 중 어떤 것도 여성의 창조성을 특별히 환영하지 않았는데, 그 이유는 여성이 항상 분별력이 있다고 여겨졌기 때문은 아니었다. 대부분 여성에 속하는 것으로 생각되었던 광기의 유형은 "히스테리"라고 불린 타입이었는데, 그것은 "자궁"에 해당되는 그리스어로부터 유래한 명칭이었다. 히스테리 발작은 심리적 형태로 표현된 일종의 생물학적인 혼란을 나타내는 것이지, 예술적 광기가 예술창조 과정에서 두드려 깨울 것이라 가정된 심오한 정신을 나타내는 것은 아니었다. 이러한 상상력이 풍부한 천재의 유형이 창조성을 반(反)합리주의적으로 이해하는 것에 기초한다 할지라도, 그것은 여전히 남성적 영역을 기술하는 것이다.

배터스비Christine Battersby가 주장했듯이, 천재에 대한 낭만주의적인 관념 속에서 우리는 (정서나 다른 "비합리적인" 정신적 특성들을 포함하는) 전통적으로 "여성적인" 특성들이 어떻게 남성 창조자들에게 전유되어 왔고 실제로 여성들로부터는 제거되어왔는지 보여주는 극적인 사례를 확인할 수 있다. 예를 들자면 노동과 출산의 은유는 예술적 영감과 창조를 대중적으로 묘사한다. 남성적 특성(강인함과 용기)과 여성적 특성(정서적 감수성) 양자 모두는 특별한 창조력을 갖는 것으로 해석되고 시대의 최고의 정신들, 즉 사실상 전적으로 남성 표본들만을 갖는 정신들에 속하게 된다. 칸트는 심지어 심오한 지식이나 창조성을 시도하기까지 하는 여성은 수염을 기르는 편이 낫다고 불평했다. 발자크Balzac가 소설가 상드George Sand(다작(多作) 작가였던 듀팽Aurore Dupin[1804-76]의 필명)를 칭찬했을 때, 그는 그녀가 남성의 특성을 가지고 있다고 믿었다.[28] 젠더를 추정할 수 있는 근거들은 쉴러Friedrich Schiller의 『인간의 미적 교육에 관하여』(1793)에서는 분명하게 드러나지 않는다. 쉴러는 감수성과 감정의 육성을 제창하며 그것이 합리적 개인을 완성시키는데 필요하다고 주장한다. 쉴러가 옹호하는 균형은 처음 보기에는 미적인 것의 관념 속에 "여성적" 특성과 "남성적" 특성을 통일시킬 것을 권하는 것처럼 보인다. 그럼에도 그의 연구를 관통하는 관점은 단일하게 남성적이다. 그가 — 실재의 여성이건 아니면 그려진 여성이건 — "여성"을 미의 대상으로 언급하거나 가정생활을 논할 때 이런 인상은 분명해진다.[29] 이 영향력 있는 저술가는 때로는 "주관적"이고 "여성적"이라고 여겨지는 정신의 측면들을 진지하게 승인했지만, 그러나 그렇게 함으로써 실제 여성의 감수성들을 인정하고 있지는 않다. 오히려 그는 완전한 남성complete man에 관한 부연 설명을 추천하고 있다.

예술 표현론

18세기에는 예술과 미의 주제를 다루는 저작들이 그렇게 많이 등장했기 때문에, 이를 회고하여 오늘날의 학자들은 이 시기에 미학이라는 독립적인 교과가 시작되었다고 보는 경향이 있다. 이 논쟁들에서 출현했던 예술과 창조성에 대한 많은 생각들 가운데 특히 지속적이었던 것은 "표현" 행위를 통해 자신의 독특한 상상력으로부터 창

28) Battersby, *Gender and Genius:* 22.

29) Friedrich Schiller, *On the Aesthetic Education of Man in a Series of Letters* [1793], Elizabeth M. Wilkinson과 L. A. Willoughby 역 (Oxford: Clarendon Press, 1967), 특히 Letter XXVII.

조한다는 점에서 예술가의 역할을 찬양했던 사상이었다. 순수예술과 다른 유형의 제작을 구별하는 것은, 미학사에서 가장 영향력 있고 대중적인 운동들 중 하나인 표현론에서 이론적으로 특별히 엄밀하게 되었다. 사실상 예술의 목적이 표현이라는 생각은 지금도 여전히 폭넓게 인정되고 있다.

"표현론"은 특정한 하나의 예술관이 아니라 예술, 창조성, 예술가의 본질에 대한 강건하고 변화된 접근방식을 지칭한다; 그것은 두 세기 이상 지지자를 얻어왔다.[30] 표현의 개념들은 아주 다양해서, 이 견해를 옹호하는 수많은 주장자들은 표현한다는 것이 무엇을 의미하는지에 대해 기본적인 정의조차 공유하고 있지 못하다. 몇몇 이론가들이 초점을 맞추는 것은 훈련된 상상력이 예술작품 속에서 외화시킬 수 있는 개인적인 사상이나 감정의 통제된 전시인데, 그럼으로써 다른 이들이 예술가의 독특한 직관을 이해하게 되는 것이다. 표현론의 또 다른 유형은 어떤 역사적 시기의 양식이나 가치들이 표명되는 것을 폭넓게 지칭하는 의미로 "표현"이라는 말을 사용한다— 이는 앞의 유형보다는 훨씬 융통성이 있는 일종의 후방 진지인데,

---

30) 예술 표현에 대한 상이한 접근방식의 사례에 대해서는 Leo Tolstoy, *What Is Art?* [1898], Aylmer Maude 역 (New York: Liberal Arts Press, 1960)[레오 톨스토이, 『예술이란 무엇인가』, 이철 역, 범우사, 1998]; Benedetto Croce, *The Aesthetic as the Science of Expression and General Linguistic* [1902], Douglas Ainslie 역 (New York: Noonday Press, 1963)[베네데토 크로체, 『크로체의 미학』, 이해완 역, 예전사, 1994]; Wassily Kandinsky, *Concerning the Spiritual in Art* [바실리 칸딘스키, 『예술에서의 정신적인 것에 대하여』, 권영필 역, 열화당, 2000], 및 *Painting in Particular* [1912], Michael Sadleir 역 (New York: Wittenborn, Schultz, 1947); Suzanne Langer, *Feeling and Form: A Theory of Art* (London: Routledge and Kegan Paul, 1953); Alan Tormey, *The Concept of Expression*(Princeton, NJ: Princeton University Press, 1971); Guy Sircello, *Mind and Art: An Essay on the Varieties of Expression* (Princeton, NJ: Princeton University Press, 1972); Malcolm Budd, *Music and the Emotions*(London: Routledge and Kegan Paul, 1985); Stephen Davies, *Musical Meaning and Expression*(Ithaca, NY: Cornell University Press, 1994)을 보라.

왜냐하면 종종 우리는 사상과 의도가 귀속될 수 있는 예술가의 신원을 알지 못하기 때문이다.

실상 예술적 표현이라는 개념 속에는 여성 예술가들이 편입되는 것을 명시적으로 차단하는 어떤 것도 존재하지 않는다. 이러한 이론 체제에서 젠더 비대칭을 무심코 드러내는 것은 바로 표현이 드러나기 쉬운 범위가 있다는 것이다. 예술가는 자신의 창조적 상상력의 깊이를 이해하기 위해 상당한 자유를 필요로 한다 — 전통으로부터의 자유, 사회적 기대와 강제라는 족쇄로부터의 자유, 심지어는 아마도 가족이나 다른 책임감들로부터의 자유 또한 필요로 할 것이다. 수많은 사회영역에서 여성들이 남성보다 자유를 적게 부여받았다는 사실은 차치하고라도, 특히 그러한 자유가 공공장소에서의 구속받지 않은 움직임을 포함한다면, 이러한 요건은 순수예술과 공예의 분리를 심화시킨다. 만약 순수예술이 예술적 전망을 표현하는 본래적으로 가치 있는 산물로 간주된다면, 그 경우에 불가피하게 실제적 차원을 지니는 예술들은 열등한 것으로 받아들여진다. 예를 들어 공예는 바느질, 목공일, 도기 제작, 재봉일 등등 여하간 제작되고 있는 것에 대한 요구사항에 항상 종속되기 쉽다. 담요는 침대를 덮을 정도로 충분히 따뜻하고 크지 않으면 좋지 않다; 컵은 액체를 담아내지 못한다면 아무 쓸모가 없다. 이것들은 그저 우발적인 필요성들이 아니다; 몇몇 헌신적인 표현 이론가들에 따르면, 이런 요구사항들은 그런 산물들이 예술의 지위를 획득하는 것을 방해하는 장애물이 된다.

이는 특히 20세기의 유력한 표현이론가였던 콜링우드R. G. Collingwood의 저작에서 명확히 나타난다. 특히 현대의 예술을 검토하면서 콜링우드는 종종 고유한 예술과 혼동된다고 믿었던 몇몇 유형의 산물들을 구분하는데, 오락과 공예가 여기에 포함된다.[31] 그는 공예란 제작자가 작업을 시작하기 전에 그 목적이 이미 알려져 있기 때문에 표현의 산물이 아니라고 주장한다. 다시 말해 바구니를 만들려고 착수할 경우에, 우리는 바구니가 해야만 하는 일이 무엇이고 어떻게 그 디자인이 목적을 충족시킬 수 있는지를 미리 안다. 디자인은 실제적인 목표에 봉사한다. 이와 비교하여 진정한 예술적 표현은 예술가의 정신 속에서 미성숙한 활동성[restlessness]으로 시작되는 어떤 이념이 명확하게 되는 바로 그런 행위이다. 고유한 예술에서는 — 공리적, 종교적, 시민적이건 간에 — 미리 설정된 어떠한 목적도 자유롭고 창조적인 표현을 방해하지 않는다. 이러한 조건을 요구하는 것이 인공품의 유형에 따라 차별을 두려는 의도는 아닌데, 왜냐하면 콜링우드는 예술가가 사용하는 매체보다는 그 또는 그녀의 정신활동에 의해서 예술을 식별해내기 때문이다. 그럼에도 콜링우드는 특별한 표현 행위에 초점을 맞춤으로써, 필요성이나 이해관계 면에서 일차적으로 실제적 목적을 갖고 있는 그런 사람들을 진정한 예술가 개념에서 배제시킨다. 주로 다른 목표를 만족시키기 위한 행위나 대상들과 작업하는 과정에서는 진정한 예술적 창조성은 절대 발휘될 수 없다. 그가 고유한 예술과 구분해낸 또 다른 종류의 산물들은 오락을 위해 만들어진 이벤트나 물품을 포함하는데, 왜냐하면 그것들의 목표는 이념을 표현한다기보다는 대중에게서 향락이나 정서적 상태를 불러일으키는 것이기 때문이다.

이러한 제한조건들은 또한 이야기나 노래와 같은 전통적인 지역사회의 예술 및 가혹한 노동이나 노역으로부터의 기분전환에 봉사하는 오락을 고유한 예술의 개념으로부터 배제한다. 그것은 아마도

31) R. G. Collingwood, *The Principles of Art* (Oxford: Clarendon Press, 1938), Book I.

비유럽 문화의 수많은 전통적 산물들, 이를테면 미술관과 자연사 박물관 사이에서 불안정하게 이동해야 했던 수집품들을 배제시킬 것이다. 즉 공예나 오락과 순수예술을 가르는 구별은 그 또는 그녀의 젠더와 마찬가지로 계급, 사회적 위치, 심지어 제작자의 국적에 대해서도 많은 함의를 지닌다.[32] 예술가의 젠더를 추정하는데 있어서 주목되어야할 함의는 순수예술의 고상한 범주에 포함된 *모든 것*의 제작자는 전형적으로 남성으로 상정되었다는 사실이다. 실제로 여성은 몇몇 예술 형태에서는 온전히 참여하는 것이 부적합하다고 여겨졌고 그다지 중요하지 않은 보조 역할로 전환되기까지 했다. (이에 대한 몇 가지 사례들이 3장에서 논의될 것이다.) 그래서 가정의 장식과 바느질같이 "여성의 일"이라 불리게 되었던 것들은 *모두* 공예라는 표지 하에 포함되어졌다.

확실히 수많은 영향력 있는 저술가들이 이론과 실천 모두에서 순수예술과 공예나 응용예술의 구분에 저항했다. 19세기와 20세기 초반에는 대서양의 양편에서 활발한 예술 공예 운동이 존재했는데, 이들은 효용과 미적 즐거움 둘 다를 위해 세심하게 가공되고 수공으로 제작된 물품들을 생산했다. (이중 가장 유명한 사례가 영국의 예술가이자 이론가인 모리스[William Morris]에 의해 지도되었다.) 생산된 물품들뿐 아니라 이 운동 배후에 놓인 철학을 조탁했던 저작들은 모두, 공장의 제조품에 의해 대체되고 있었던 수공예품의 소멸에 맞서 싸웠을 뿐 아니라 예술과 공예 사이의 구분 또한 막으려고 했다. 표현 이론가의 관점에서 훨씬 더 극단적인 비판은 톨스토이에 의해 분명

---

32) 쉬너가 지적했다시피, 문화 산물에 대한 이러한 서술은 일련의 사회적 구분들을 반영하고 영속시킨다. "격상되거나 강등되기 위해 선택된 장르와 행위들이 인종, 계급, 젠더 라인을 강화시키는 경우에, 이전에는 순수하게 개념적인 변화인 것처럼 보였던 것이 또한 권력관계를 보증하는 것으로 보이기 시작한다." *The Invention of Art*: 7. [래리 쉬너, 『예술의 탄생』, 김정란 역, 들녘, 2007]

하게 주장되었다. 그는 미와 순수예술에 대한 19세기 유럽인의 숭배를 혐오하게 되었고 러시아 농민문화의 예술을 장려했다. 그는 그러한 농민문화의 예술을 가장 순수하고 가장 적게 오염된 예술적 소통 형태라고 생각했다.[33] 이러한 류의 저항에도 불구하고, 순수예술과 공예의 구분 및 진정한 예술가와 기능공의 구분은 근대적인 미학과 예술철학에서 대체로 확고하게 정착되었다.

요약

요약하자면, 예술가 개념은 이론적 운동들과 역사적 실천이 협력해서 이뤄낸 것이며 이 두 가지 모두는 어느 정도 예술가가 서구문화의 담론에서 개념화된 방식의 결과이다. 이러한 맥락에서 "담론"이라는 용어는 예술가의 패러다임과 그들의 노력을 둘러싼 복잡하고 심오한 사상 체계를 요약한다. 이 요소들은 철학 논문, 비판적 주석, 역사적 저작에서 명백하게 드러나는데, 그 모두는 우리가 과거를 어떻게 이해하는지 알려줄 뿐만 아니라 현행하는 개념 지도 속에서 채택된 것이기도 하다. 비록 여성 예술가들이 역사적 기록에 남아있기는 할지라도, 그들은 소수에 불과할 뿐이다. 더우기 보다 중요한 사실은 그들의 존재가 예술가에 대한 담론에 별 영향을 끼치지 못했다는 것이다. 한 주석가가 말했듯이, "예술가는 '여성 예술가'라고 불리지 않을 경우에는 항시 젠더화된 남성이다."[34] 여성이란 모든 사

33) Tolstoy, *What Is Art*? [레오 톨스토이, 『예술이란 무엇인가』, 이철 역, 범우사, 1998]

34) Catherine M. Soussloff, *The Absolute Artist: The Historiography of a Concept* (Minneapolis: University of Minnesota Press, 1997): 4. 또한 Ernst Kris and Otto Kurz, *Legend, Myth, and Magic in the Image of the Artist* [1934], Alastair Lang 역, Lottie M. Newman 수정(New Haven, CT: Yale University Press, 1979)을 보라.

회계급의 남성들보다 더 많이 사회적인 제약에 구속되어 있기 때문에, 여성이 맡아왔던 전통적 역할들은 자유롭고 독립적인 창조정신을 가진 존재라는 예술가의 이미지에 적합하지 않다 — 개념적으로도, 또한 대부분의 역사에서 볼 때 경험적으로도.

역사적 태도들을 개관하는 것은 사회 상황들에 의해 초래되었던 지난 시대와 관련된 경험적 사실들의 집적으로만 보일지 모른다. 또한 그러한 사회 상황은 이후 아주 철저하게 변화되었기 때문에 과거는 현재의 문화 상태에 대해 별로 알려주는 것이 없는 것처럼 보일 수도 있다. 지금껏 주장되었던 사실은 젠더화된 의미들이 보다 심오한 원인과 보다 포괄적인 결과를 지닌다는 것인데, 그러한 젠더화된 의미 안에서 예술에 대한 관념들과 미학의 틀이 형성되는 것이다: 다시 말해 젠더란 체계적이고 때로는 음험한 현상이라는 가설이 주장되었는데, 이는 우리가 생각하고 세계를 바라보는 방식을 형성해내는 상당한 힘을 개념들에게 부여할 수 있다. 이후의 장들은 예술 및 예술가를 둘러싼 관념들을 우리 자신의 시대로 들어와서 살펴볼 것이다; 예술 세계와 사회 일반, 둘 다에서 여성의 지위에 근본적인 변화가 있었음에도 불구하고, 과거 수세기 동안 형성되었던 개념적 토대들은 여전히 집요하고 강력하다고 주장할 것이다. 남성과 여성 및 사회관계의 조직에 대한 관념들이 극적으로 변화해온 것이 사실이며, 우리는 낡은 관념들이 지닌 힘을 과장하지 말아야 한다. 그러나 동시에 무엇이 예술로서, 또한 누가 예술가로서 인정될지에 대한 젠더화된 기대는 종종 우리의 자의식적인 반성과 예상을 훨씬 넘어서까지 지속된다. 그래서 이는 비록 멀리 떨어진 역사적 시기의 무게조차 우리가 예상하는 것보다 더 무거울 수 있음을 의미할 수 있다.

그림 3. 유디트 레이스테르(Judith Leyster), <세레나데 Serenade>, 1629. ⓒ Rijksmuseum-stichting, Amsterdam.

아마도 하나의 일화를 가지고 내가 말하고자 하는 것을 예시할 수 있을 것이다. 다소간 페미니즘적인 문제는 안중에 없던 대학생 시절, 유럽으로 첫 번째 여행을 떠났다. 암스테르담의 릭스 미술관Rijksmuseum에서 나는 네덜란드 바로크 예술시대의 회화에 감탄하면서 특히 류트 연주자를 그린 작은 그림에서 쉽게 떠나지 못했다. 조명은 따스하고 강렬했으며 음악가의 얼굴은 도발적인 미소를 짓고 있고 그의 손은 섬세하게 그려져 있었다... 나는 누가 그 그림을 그렸는지를 알려고 좀 더 면밀하게 표제를 살펴보았다. 거기에는 *유디트 레이스테르Judith Leyster; 1609-1660* 라고 적혀 있었다. 나는 "아, 이것 참 재미있네"라고 생각했다. "네덜란드에서 '유디트'는 남자 이름임에 틀림없어."

2장 미적 즐거움

근대 초에 순수예술에 대한 관념들과 미적 가치의 특유한 영역을 발전시켰던 철학들은 오늘날의 미학이론에서 기초적인 텍스트들이 되었다. 이 장은 가장 영향력 있는 몇몇 철학들을 검토해볼 것이다. 그것들이 미, 숭고, 즐거움, 미적인 것 자체라는 개념들에 젠더 구별을 들여놓는 한, 이 이론들은 예술가 및 예술에 대한 최고의 비판적 심판자는 모두 이념적으로 남성이라는 생각을 강화하는데 일조했음이 확인될 수 있다. 나중에 3장에서는 또한 이 요소들 모두가 여성 예술가의 실천에서 상당히 중요했음을 보게 될 것이다. 왜냐하면 상대적으로 추상적인 철학적 미학의 담론들 내에는 여성들이 어떻게 행동해야 하고 또 어떻게 생각하고 느껴야만 하는가에 대한 경계들, 그리고 예술과 삶 속에서 계발해야만 하는 특질들을 서술하고 규정하는 개념들의 네트워크가 존재하기 때문이다. 다시 말해 추상적인 담론의 차원과 그것의 내재적인, 때로는 직접적으로 실천적인 세부들 사이에는 진동이 존재한다. 그럼 먼저 미학에서 중심적인 근대적 개념이 조탁되었던 철학적 상황과 관련된 일반적인 배경부터 살펴보기로 하자.

미적인 것

"미적"이란 말은 적절한 전문용어가 존재하지 않았던 경험의 한 유형을 가리키기 위해 철학자들이 고안해낸 단어이다.[1] "미적"이라는 용어가 18세기 독일 철학에서 처음 사용되었을 때, 그 말은 직접적인 감각 경험으로부터 얻어진 인식의 차원으로 간주되었던 것을 지칭하였다. 그런데 이러한 감각 경험은 일반적인 지식을 조직해내는 지적 추상에 선행하는 것이었다. 그러나 "미적"이란 말은 곧 *미*의 강력한 경험이 전해주는 특별한 통찰을 보다 폭넓게 지칭하는 것으로 수정되었다. 감각 경험과 미, 이 양자의 직접성, 단수성singularity, 친밀성은 일반적 지식보다는 특별한 직관을 가리킨다. 미적 즐거움이라는 특별한 영역의 관념을 설명하기 위해 이론들이 고안됨에 따라, 그 용어는 (19세기에) 점차적으로 독립된 영역의 철학적 연구를 지칭하는 명칭이 되었다: 이것이 바로 미학이다. 이렇듯 명명(命名)과 이론의 발전이 동시에 발생했기 때문에 몇몇 학자들은 미학을 18세기에 기원한 것으로 선언하기도 했지만, 그것은 어느 정도는 과장일지도 모른다. 그럼에도 이 시기는 즐거움과 즐거움의 대상에 대한 심도 깊은 논의를 엿볼 수 있는데, 이러한 논의야말로 예술 및 비평적 감상에 대한 수많은 근대적 접근방식의 토대가 되는 것이다.

미적 승인의 고전적 명칭인 미를 검토해보면, 즐거움이 미학이론에서 중심적인 역할을 수행한다는 것이 쉽게 이해될 수 있다. 미란 무엇인가? 어떤 대상을 아름답다고 부를 때, 우리는 무엇을 지칭하

---

1) 바움가르텐(Alexander Baumgarten)은 *Reflections on Poetry* [1735], Karl Aschenbrenner와 William B. Holther역 (Berkeley and Los Angeles: University of California Press, 1954)에서 이 말을 사용했다. "미적인"이란 말은 감각적 지각에 관련된 것으로, 그리스어로부터 유래한 것이다. 이 말은 19세기 초반 영어에 도입되었다.

는가? 이는 언제나 수수께끼 같은 문제를 던져주었는데, 왜냐하면 미의 대상은 너무나 다양해서 그것들이 공유하는 단일한 특질들을 지정하기 어렵기 때문이다. 어떤 노래와 태도와 사람이 아름다운 것처럼, 어떤 시가 아름답기도 하고 어떤 백조가 아름답기도 하다. 몇몇 철학자들, 특히 플라톤은 "미"가 그런 대상들 모두가 갖고 있는 특질을 지칭하는 것이고 바로 그 특질 때문에 그 대상들이 아름답다고 주장했다.[2] 그런 식의 분석에 따르면, 이 특질은 정확하게 딱 꼬집어 말하기 어렵고 신비스럽다 할지라도 객관적인 것인 바, 이는 대상 자체에 내재하며 그 존재가 감지자의 반응에 의존하지 않는다는 것을 의미한다. 다른 철학자들은 아름다운 대상에 내재하는 객관적인 특질이 현존한다는 것에 대해 보다 회의적이었다. 아름다운 것들이 공유하는 것은 특수한 속성이 아니라 주체 — 그것들을 아름답다고 느끼는 사람 — 내에 반응을 일으키는 능력이라고 추측되었다.

다양한 이유 때문에 후자의, 미에 대한 보다 주관적인 접근방식은 17세기 후반에 힘을 얻었고 18세기를 걸쳐서 집중적인 토론의 주제로 지속되었다. 이러한 상황을 낳았던 일반적인 촉매가 된 것은 경험주의의 성장이었는데, 경험주의란 우리의 모든 관념들이 궁극적으로는 감각 경험으로 추적될 수 있음을 주장하는 철학이었다. 경험주의자들의 주장에 따르면, 미의 단순한 지각적 특질은 존재하지 않는다. 따라서 미라는 가치는 대상의 다양한 감각적 성질의 지각에다 즐거움의 감정이 더해지는 일종의 복합 관념으로 가장 잘 이해될 수 있다.[3] 예컨대 일몰이 아름답다고 느끼는 것은 그것의 강렬한 붉음,

---

2) 플라톤의 가장 포괄적인 미에 대한 논의는 *Symposium*에서 나타나는데, 특히 1장에서 논의된 디오티마의 이야기에서 볼 수 있다.

3) John Locke, 예를 들자면 *Essay Concerning Human Understanding* [1690] (Freeport, NY: Books for Libraries Press, 1969) 2권, 12장, 5절: 281을 보라.

어두운 지평 위에 작열하는 태양의 햇살 등을 — 그것들이 불러일으키는 즐거움과 더불어 — 지각하는 것과 관련된다. "아름다운"이란 말이 그런 대상들 자체의 특질을 지칭하는 이름이라고 생각되기 위한 경험적이고 과학적인 근거는 존재하지 않는다; 그것은 감정의 환기와 관련된 주관적 효과에 지나지 않는다.

즐거움을 강조하는 것은 몇 가지 문제들을 제기한다. 왜냐하면 즐거움은 개인적이고 심지어 특이하기까지 한 반응이라는 것이 핵심인 듯하지만, 미란 순전히 주관적인 변덕의 문제 이상인 것처럼 보이기 때문이다. 더욱이 근대 초에는 어떤 욕구가 만족되었을 때 즐거움이 생겨난다는 사실, 그리고 그런 욕망들은 이기적이고 자기중심적인 경향이 있다는 사실이 폭넓게 인정되었다. 일반적으로 말해서 욕망은 신체적이건 사회적이건 간에 자기 자신의 개인적 상황을 유지하고 촉진시키는 것이다. 이러한 모델에 입각한 즐거움의 가장 단순한 사례는 먹는 것eating의 육체적 즐거움이다; 배가 고프고 먹고 싶은 욕망이 간절할 경우에 먹는 것은 매우 유쾌delightful하다. 젠더를 고려할 때 훨씬 더 적절한 것은 성적 욕망이 이러한 모델에 잘 들어맞는다는 사실이다: 즉 즐거움이 생겨나는 것은 욕망이 자극되고 그리고 나서 충족되었을 때이다. 미는 즐거움과 욕망의 결합에 연루되었을 뿐 아니라 선과 도덕적 덕과 같은 다른 가치 성질들과도 연루되었다. 왜냐하면 그것들은 선과 같은 객관적 특질을 지칭하기보다는 어떤 유형의 즐거움의 반응들과 관련되기 때문이다. 몇몇 철학자들(특히 홉스Thomas Hobbes)은 인간 행위가 자기중심적인 욕망에 의해 힘을 얻으며 모든 가치성질들은 자기중심적 욕망의 직접적이거나 간접적인 만족을 나타낸다는 사상을 발전시켰다. 반면에 대부분의 철학자들은 이것이 인간의 성격과 행위에 대한 위험하고도 부정확한 묘사라고 간주했다. 그들은 즐거움의 반응을 위한 공유된 기준들을 확충하고자 노력했는데, 이런 공유된 기준들은 개인적 욕망의 특이한 자기중심성을 벗어나는 것이었다. 미학에서 이러한 과제는 어떻게 "취미의 기준standard of taste"을 설정할 것인가 하는 문제와 관련된다.[4] 비록 이 문제를 다루는 매우 다른 이론들이 존재한다 할지라도, 대부분의 철학자들이 공유한 것은 미적 즐거움의 유형을 다른 종류의 가치평가들로부터 구분하려는 경향이었다. 감각적인 것, 실천적인 것, 또는 점차적으로는 도덕적인 것에 이르기까지 말이다.[5] (앞장에서 보았던 것처럼 미와 덕의 연관은 여전히 강력했고, 도덕적 성질들은 미적인 것과 구분되는 여타의 가치들 중에서 최후까지 남아 있었다.)

"취미"란 말은 예술과 자연에 대한 미적 반응과 관련된 이러한 논쟁에서 중심적인 자리를 차지한다. 취미라는 글자 그대로의 미각적 감각the gustatory sense은 결코 "미적 감각", 즉 미적 즐거움을 전달하는 감각이나 예술작품을 그 대상으로 여기는 감각으로 간주되지 않았었다. (이렇게 배제된 이유는 4장에서 탐구될 것인데, 이는 그 자체 젠더화된 의미로 뒤얽혀 있다.) 그럼에도 미각의 언어는 미적 감지와 감상을 이해하기 위해 중요한 은유를 제공함이 분명하다. 미각의 몇몇 특징들은 이러한 용법을 위해 그러한 은유를 배치한다. 미적 경험이라는 특유한 영역의 관념은 통찰과 즐거움을 가져오는 친밀하고 직접적인 만남이 존재한다는 인식에서 기원한 것이다; 미각의 감각 또한 친밀하고 직접적인 경험을 요구한다; 더욱이 미각은 감각

4) Peter Kivy, "Recent Scholarship and the British Tradition: A Logic of Taste - the First Fifty Years" in George Dickie and R. J. Sclafani (eds), *Aesthetics: A Critical Anthology* (New York: St Martin's Press, 1977): 626-42.

5) 몇몇 이론가들은 Francis Hutcheson, *An Inquiry into the Original of Our Ideas of Beauty and Virtue* (1725)처럼 미적 근거와 도덕적 근거를 결합시켜 탐색했다.

에 대한 쾌-불쾌의 요소가 없이는 거의 생겨나지 않는다. 나아가 시나 음악, 또는 다른 예술들의 감상에서와 마찬가지로, 우리는 음식의 선호가 보다 세련되고 섬세해져서 맛의 미묘함이나 복잡함에서 즐거움을 얻을 수 있도록 입맛the palate의 미각을 발전시킬 수 있다. 이것들은 미학적 맥락에서 사용하기에 적합한 미각의 특징들 가운데 하나다.

따라서 취미는 부정할 수 없이 "주관적"이다. 그래서 그것은 "취미에 대해서는 이유를 밝힐 수 없다"라는 오래된 표현이 지니는 정곡이기도 하다. 이 격언이 시사하는 바는 주관적 경험을 서로 다른 개인에 따른 *상대적* 경험, 즉 적절함이나 정확함이라는 공유된 기준을 갖지 않는 경험과 결합시키려는 경향이다. 18세기에 수많은 논자들이 연루되었던 이른바 취미의 문제는 어떻게 취미의 주관성을 인정하면서도 예술을 논의할 적에 취미의 기준을 위한 토대를 확보할 수 있는가 하는 것이었다. 왜냐하면 감상과 미적 판단에 중심적으로 관련되는 것이 즐거움이라 할지라도, 어떤 예술은 다른 예술보다 더 낫고 따라서 몇몇 취미는 다른 취미보다 더 우월하기 때문이다. 어떻게 해서 이렇게 되는가?

취미와 미

미는 이 이론들에서 논의된 유일한 특질은 아닌데, 왜냐하면 비평 언어는 보통 보다 정확하게 조화, 균형, 위트, 그리고 개별 예술작품의 훨씬 더 엄밀한 기술어들descriptors을 지칭하기 때문이다. 그러나 미는 가장 일반적인 미적 승인뿐만 아니라 특징적인 젠더 복합성을 나타내는 용어이기도 하며, 그래서 그것은 이 토론의 중심이 될 것이다. 미의 분석은 미를 식별하거나 감지하는 능력에 대한 추측들, 즉 취미와 협력한다. 때때로 사상가들은 미의 대상들 내에 존재하는 공통의 성질에 대해 숙고했다. 하지만 의심의 여지없이 미라고 식별될 수 있는 객관적 성질에 호소하지 않고서, 많은 철학자들은 취미의 기준을 설정하기 위해 공통의 인간본성에 호소하는 경향이 있었다.

취미의 선호와 그것의 토대를 이해하기 위하여 인간 본성을 분석했던 가장 유명한 이론가 중의 한 사람은 경험주의자 흄David Hume이다. "취미의 기준에 대하여"(1757)라는 논문에서 흄은 기준을 설정하기 위해 조심스럽게 접근했는데, 왜냐하면 많은 동시대인들과는 달리 그는 취미의 즐거움을 불러일으키는 대상들 내의 속성들을 거명하기를 주저했기 때문이었다. 그러한 속성들이 존재한다는 것은 명백한 것처럼 보인다; 그러나 흄은 버크Edmund Burke나 허치슨Francis Hutcheson, 호가트William Hogarth와는 달리, 그러한 속성들을 판별해내는 것을 단념했다. 허치슨은 자신이 "다양성 가운데의 통일성"이라고 부른 구성적 특질을 지각하는 것이 미를 야기한다고 주장했다; 화가이자 조각가이면서 이론가이기도 했던 호가트는 "우아한 선", 부드러움, 특정한 수학적 비례를 갖는 S-형태의 곡선에 집중했다.[6] 자연이건, 사람이건, 인공물이건 간에, 미의 모든 사례들은 어느 정도 곡선을 보여준다고 호가트는 주장했다.

흄이 분명하게 인정했던 것처럼, 오늘날 미적 즐거움이라 지칭되는 ("미적인 것"이라는 용어는 19세기 초반까지 영어에서 사용되지 않았다) 감정에 상관되는 그러한 객관적인 대상은 단지 특정한 범위

---

6) Francis Hutcheson, *An Inquiry concerning Beauty, Order, Harmony, Design* [1725], Peter Kivy 편 (The Hague: Martinus Nijhoff, 1973): 40; William Hogarth, *The Analysis of Beauty* [1753], Ronald Paulson 편 (New Haven, CT: Yale University Press, 1997).

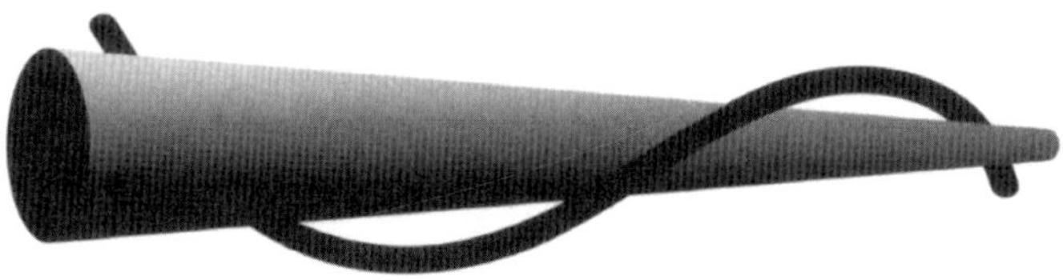

그림 4. 윌리엄 호가트(William Hogarth), "우아한 선". 『미의 분석』, 도판 I 의 세부, 1753.

의 즐거운 형태들을 기술할 뿐이고 따라서 취미의 문제를 해결하는 데는 제한적으로만 사용될 따름이다. 그것들은 음악이나 시의 향유를 설명하는 것은 고사하고, 모든 가시적인 미들을 설명하는 데도 적합하지 못하다. 따라서 흄은 시간이 흐르면서 취미의 문제에 동의할 수 있는 교육받고 훈련된 사람들 사이의 경향을 설명하기 위해서, 그가 인간 본성에 들어있다고 믿은 공통적인 성향들에 초점을 맞추었다. 그는 자신이 "섬세한" (또는 민감한) 취미라 불렀던 것을 포함하여, 평가 대상에 대한 안목 있는 판단을 교육하고 발전시킬 수 있는 인간 소질의 특질들을 상세히 기술했다.[역주*] 흄의 이론은 젠더의 존재가 다소 미묘하고 자제되었던 이 시기의 이론들 중 하나이다.[7] 그가 심판관의 모델을 남성으로 그리고 있음을 암시하는 우연

* 역주; 흄은 미란 대상 자체에 있는 성질이 아니라 대상들을 관조하는 정신 내에서만 존재한다는 것을 주장한다는 점에서 주관적인 미론을 주장한 취미론의 대표적 입장을 나타낸다. 그럼에도 모든 근대의 이론이 미란 개인적인 감정의 즐거움에 근거하지만 보편적인 미적 판단의 토대가 있다고 주장하고 이를 찾으려고 했던 것처럼, 흄 역시 "개인의 취미판단은 옳다"와 "취미의 기준 수립이 가능하다"는 두 명제를 양립시키려 한다. 흄이 말한 취미의 기준은 "진정한 판단자들의 연합된 판결"을 받아들이는 것인데, 이러한 진정한 판단자들은 섬세함, 연습, 비교, 선입견의 배제, 양식이라는 다섯 가지 자격조건을 만족시킴으로써 개인의 정감에서 발생할 수 있는 오류를 최대한 줄일 수 있어야 한다.

7) 흄은 주로 이성에 의존하지 않는다는 점에서 다소 특이한 셈인데, 이는 몇몇 페미니스트들이 같은 생각을 한다고 느껴왔던 입장이다. Anne Jaap Jacobson (ed.),

한 언급들에서 주로 그러한 젠더의 존재가 목격될 수 있다. 이는 그가 인간 본성 개념에 이미 존재하는 몇몇 젠더 편향들을 취미 개념에 끌어들였음을 시사하는 것이다. 젠더화된 취미가 어떻게 작동하는지는 이제 곧 더 상세하게 살펴볼 테지만, 우선 먼저 미적 가치가 젠더가gender valence를 지닌다는 사실에 대한 보다 명확한 증거를 검토해 보자.

미의 분석에서는 젠더뿐만 아니라 노골적인 성의 작동이 확인되는 이론들도 있다. 여기에는 흄의 논문과 같은 해에 나왔던 버크의 『숭고와 아름다움의 관념의 기원에 대한 철학적 탐구』(1757)가 포함된다. 버크는 미학이라는 신흥 영역에 있어서 가장 큰 영향력을 끼친 이론가는 아니었으며 그 영예는 (많은 사람들이 그렇게 하듯이) 칸트까지 가야만 한다. 그러나 칸트라는 관점에서 근대철학이 항상 논의되지 않는 데는 그럴만한 중요한 이유가 있으며, 여기에서 버크는 또 다른 장점을 가지고 있다: 그의 이론에서는 미에 대한 젠더화된 토대가 결코 감추어질 수 없다. 사실상 그는 미를 촉발시키는 계기가 성애적인 원천erotic origin에서 비롯된다고 설정했다.

미에 대한 버크

거의 전적으로 인간 본성에만 집중했던 흄과는 대조적으로, 버크

Feminist Interpretations of David Hume (University Park, PA: Pennsylvania State University Press, 2000)을 보라. "취미의 기준에 관하여"의 젠더에 관해서는 Carolyn Korsmeyer, "Gendered Concepts and Hume's Standard of Taste" in Peggy Zeglin Brand and Carolyn Korsmeyer (eds), *Feminism and Tradition in Aesthetics* (University Park, PA: Pennsylvania State University Press, 1995): 49-65를 참조하라; Marcia Lind, "Indians, Savages, Peasants, and Women: Hume's Aesthetics" in Bat-Ami Bar On (ed.), *Modern Engendering: Critical Feminist Readings in Modern Western Philosophy* (Albany: State University of NewYork Press, 1994): 51-67.

는 취미의 대상을 검토하는데 많은 시간을 소비했으며 미의 즐거움을 촉발하는 근본 원인을 분석했다. 『탐구』의 많은 부분은 세계의 어떤 특징들이 열정과 그것에 수반된 즐거움이나 고통을 일으키면서 규칙적이고 예측 가능한 방식으로 신체와 정신에 영향을 끼치는지를 발견하는데 바쳐진 것이다. 그는 정감적 반응들이 사람들 사이에서 유사하며 차이란 규범에서 비교적 미세하게 일탈한 것에 불과하다는 가정을 당대의 다른 이론가들과 공유한다. "만인에게는 즐거움의 원래 타고난 원인들에 대한 충분한 기억이 존재한다. 이는 감각에 제공된 모든 것들을 그 기준으로 가져가서 그것에 의해 그들의 감정과 의견을 조절할 수 있게 한다."[8] 버크에 의하면, 기본적인 정감적 반응들은 사실상 외적 자극들에 대한 자동 반응이다.

많은 그의 동시대인들처럼, 버크도 주요한 미적 반응을 두 종류, 즉 아름다운 것과 숭고한 것으로 구분한다. (우리는 6장에서 숭고에 대해 좀 더 배우게 될 것이다; 여기서 숭고는 미에 대한 비교지점으로 소개된다.) 미는 일종의 즐거움이다; 좀 더 난해한 숭고의 반응은 실제적으로 고통, 특히 공포의 심오한 정서적 고통에 근거하는데, 이는 특정한 조건들 하에서는 "환희[delight]"로 전환될 수 있다. 이 반응들은 사회 또는 자기보존에 대한 관심에 따라 좀 더 범주화될 수 있다.[역주*] 사회는 미의 영역이고 삶과 건강에 관심을 기울인다;

---

8) Edmund Burke, *A Philosophical Enquiry into the Origin of our Ideas of the Sublime and Beautiful* [1757], James T. Boulton 편 (Notre Dame, IL: University of Notre Dame Press, 1968): 15. [에드먼드 버크, 『숭고와 아름다움의 이념의 기원에 대한 철학적 탐구』, 김동훈 역, 마티]

* 역주; 버크는 사람의 마음에 강한 인상을 심어줄 수 있는 관념들 거의 대부분이 자기 보존과 사회라는 두 가지 항목 아래 분류될 수 있다고 설명한다. 모든 감정은 이 두 가지 목적 중 하나를 이루기 위해 존재하는데, 그중 자기보존과 관련된 감정들은 대부분 고통이나 위험이 있을 때 느끼게 되는 것이다. 다른 한편 사회의 항목은 다시 두 가지 감정으로 구분될 수 있는데, 첫째는 성과 관련된 감정으로 종족번식의 목적에 봉사하는 것이며 두 번째는 우리가 다른 사람이나 사물,

반면 자기보존(또는 자기보존에 대한 위협)은 숭고의 영역을 제공한다. 이러한 분류는 "사회"가 성들[sexes]과 일반 사회로 세분됨에 따라 더욱 진행된다. 처음부터 내포되어 있던 이성애적 함의는 성들 사이의 관계에 대한 논의에서 명확하게 나타나는데, 거기에서 버크는 미의 근본적인 원천을 발견한다.

버크에 따르면, 동물들은 단지 육욕의 열정만을 경험한다. 그러나 인간은 이를 사회적 성질들과 뒤섞는데, 이러한 사회적 성질들은 "그가 다른 모든 동물들과 공통으로 갖고 있는 욕구[the appetite]로 향해서 그것을 고상하게 만든다." 감지되는 성질들은 그가 아름답다고 느낀 것을 규정한다.[9] 이러한 원시적인 미적 반응은 이성이나 합리적 통제가 미치지 않는 영역이다. 어떤 사물들이 — 그리고 개인의 미는 그저 (미메시스를 포함한) 몇몇 중 하나에 불과한데 — 그저 기쁨을 주는 것은 우리가 다음과 같은 방식으로 되어있기 때문이다.

> 추론하는 능력의 개입 없이, 그저 오로지 우리의 타고난 기질 때문이며, 섭리는 우리 존재의 목적이 무엇이건 간에 대상의 본성에 따라 즐거움이나 유쾌함을 느낄 수 있도록 그렇게 우리의 기질을 만들어 왔다.[10]

또한 플라톤 이래의 이론가들과 마찬가지로, 버크도 미가 즐거움뿐만 아니라 사랑을 불러일으킨다고 믿는다.

우리가 아름답다고 느끼는 대상의 유형은 작고 제한적이며 곡선이고 부드러우며 윤곽이 완만하고 섬세하게 채색된 것이라고 버크는 말한다. 이는 꽃이나 추상적 형상, 또는 인간의 몸에 대해서 타당하다. 이와 대조적으로, 숭고한 대상은 거칠고 들쑥날쑥하며 무제한

무생물과도 함께 구성하는 더 일반적인 의미의 사회와 관련된 감정이다.

9) Ibid.: 42.

10) Ibid.: 49. 또한 92-107을 보라.

적이고 강력하며 또한 공포스럽고 어두운 것이다; 그것은 생명의 영속을 나타내기 보다는 생명을 위협한다. 아름다운 대상의 일반적이고 추상적인 특성들은 여성적 신체의 미로부터 추출된 것이다. 버크는 여성의 목과 가슴에서 분명하게 드러나는 것으로 이러한 미를 부각시켰다. "부드러움; 유연함; 편안하고 눈에 띄지 않는 융기; 가장 작은 공간에서도 결코 동일하지 않은 표면의 다채로움; 동요하는 눈이 아찔하게 미끄러져 내리는 기만적인 미로..."[11] 마치 자신의 글뿐만 아니라 열정도 식히려는 듯이 그는 호가트가 주장한 우아함의 형식적인 선을 확실한 증거로 호소했지만, 이는 수학적으로 꾸불꾸불한 선 자체 속에 젠더를 함의하는 것으로 똑같이 잘 읽혀질 수 있다.

미적 즐거움이 성애적인 욕망 및 (그가 거무스름한 피부를 아름다운 것에서 배제하기 때문에 가정되는 인종적이고 문화적인 편견은 말할 것도 없고) 미에 대한 버크의 설명의 명백한 젠더 토대와 관련된다는 사실은 충분히 노골적이기 때문에, 페미니즘적 비판은 아마도 거의 핵심을 벗어난 것처럼 보인다. 그러나 버크의 이론은 근대 미학의 너무나 중심적인 범례라서, 보다 미묘한 형태로 미학 분야 도처에서 나타나는 사유방식들의 패러다임으로 간주될 수 있다. 그러한 사유방식에는 남성 중심적이고 유럽 중심적인 태도가 보다 은밀하게 숨겨져 있다. 심지어 칸트의 순수하고 무관심적인 미조차도 배후에서 작동하는 이성애적인 원천을 가리는 베일로 이해되어야 한다고 주장하는 사람들의 논거도 그러한 것이었다. 또한 버크의 분석은 왜 페미니즘 이론이 종종 미의 개념들과 적대적 관계를 맺어왔는지를 보여주는데, 다시 말해 그 이유는 여성의 외모를 대상화시키는데 초점을 맞추는 경향이 있기 때문이었다.[12]

---

11) Ibid.: 115.

12) 시몬느 드 보봐르의 *The Second Sex* [1949], H. M. Parshley역 (New York: Vintage

미학이론들이 모두 버크의 이론과 닮았다면, 그 경우에 미가 지니는 기본적인 미적 가치의 젠더가에 대해서는 거의 논쟁할 것이 없게 될지도 모른다. 그러나 동일한 문화적 시대의 산물인 경우조차 이론들은 서로 간에 상당히 다르며, 많은 이론들이 진정한 미적 반응의 범주로부터 즐거움의 에로틱한 가능성들을 현실적으로 제외시켰다. 나중에 19세기와 20세기에 폭넓게 지지되었던 미적 관조의 이념을 가장 영향력 있게 창시한 자들이 바로 이들이다. 논쟁의 여지없이 18세기 계몽주의의 가장 주요한 이론가는 칸트였다.

취미판단에 대한 칸트

사실상 칸트도 미적 즐거움의 기원이 에로틱한 매력에 있다고 생각했다. 그러나 이런 애초의 원천은 문명에 의해 보다 세련되고 초연한 미적 즐거움이 발전됨에 따라 인간의 역사에서 일찌감치 폐기되었다. 마치 프로이트를 예견하듯이, 칸트는 무화과 나뭇잎은 감각들의 통제를 시작했던 이성의 표명이며 이런 감각의 통제야말로 순수한 미적 즐거움을 가능케 한다고 말했다.[13)] 이런 유별난 진술은 가장 중요한 칸트의 글이라고 간주되지는 않는 논문에서 나타나며, 보다 중요한 『판단력 비판』(1790)에서 나타난 미의 분석은 훨씬 더 중립

Books, 1989)[시몬느 드 보봐르, 『제2의 성』, 조홍식 역, 을유문화사]: 729-30을 보라. 페미니즘과 모더니즘 양 편에서의 미의 거부에 대한 비판은 Wendy Steiner, *Venus in Exile: The Rejection of Beauty in Twentieth-century Art*(New York: The Free Press, 2001)를 보라. 인간의 미와 페미니즘의 가치에 대해서는 Peg Zeglin Brand (ed.), *Beauty Matters*(Bloomington: Indiana University Press, 2000); Diana Tietjens Meyers, *Gender in the Mirror: Cultural Imagery and Woman's Agency*(New York: Oxford University Press, 2002)를 참조하라.

13) Kant, "Conjectural Beginning of Human History" [1786], Emil L. Fackenheim 역, in *Kant on History*, Lewis White Beck 편집(Indianapolis: Hackett, 1963): 57.

적이다.

칸트는 미적 즐거움을 묘사하게 되었던 수식어를 채택하는데 특별한 영향력을 끼쳤는데, 그것이 바로 *무관심적* *disinterested* 이라는 말이다. 주로 문학과 예술에 대한 취미의 기준에 관심이 있었던 흄과는 달리, 칸트는 미 — 특수하게 "절대" 미라고 불렀던 것인데, 이는 "순수한" 취미판단의 대상이다 — 의 범례적 대상들로서 자연의 대상들과 추상적 형태들을 가지고 미적인 즐거움에 대한 논의로 들어갔다. 취미의 기준을 정립하려는 그의 시도는 욕구의 만족이나 목적의 성취와 관련된 즐거움을 순수하게 미적인 경험으로부터 배제시키려는 것이었다. 따라서 미와 선이라는 가치들 사이의 오래된 연관관계는 상당히 느슨해졌다. 왜냐하면 칸트의 분석은 이제까지 표명되어왔던 것보다 더 강력한 용어로 도덕적 찬동과 미적 즐거움을 구분하기 때문이다. 비록 칸트가 다소 모호하게 미를 "도덕성의 상징"이라 부른다 할지라도, 『판단력 비판』에서 미를 구성하는 즐거움은 독특하고 *독자적인* *sui generis* 것이다.[14] (도덕 판단의 영역에서 칸트는 강력한 보편적 도덕법칙을 정식화함으로써 윤리학에서의 주관적 상대주의의 충동을 완전히 진압해버렸다.)[15]

---

14) Kant, *Critique of Judgment* [1790], Werner Pluhar역 (Indianapolis: Hackett, 1987) [임마누엘 칸트, 『판단력 비판』, 백종현 역, 아카넷], §59. Ted Cohen, "Why Beauty is a Symbol of Morality" in Ted Cohen and Paul Guyer (eds), *Essays in Kant's Aesthetics* (Chicago: University of Chicago Press, 1982): 221-36을 보라; 이러한 주장에 대한 페미니스트의 분석에 대해서는 Jane Kneller, "The Aesthetic Dimension of Kantian Autonomy"; Marcia Moen, "Feminist Themes in Unlikely Places: Re-reading Kant's *Critique of Judgment*"; Kim Hall, "*Sensus Communis* and Violence: A Feminist Reading of Kant's *Critique of Judgment*"; 이 모두는 Robin May Schott (ed.), *Feminist Interpretations of Immanuel Kant* (University Park, PA: Pennsylvania State University Press, 1997): 173-89, 213-55, 257-72를 보라.

15) Kant, *Grounding for the Metaphysics of Morals* [1785], James W. Ellington역 (Indianapolis: Hackett, 1993) [임마누엘 칸트, 『도덕 형이상학을 위한 기초 놓기』, 이원봉 역, 책세상].

게다가 그는 미적 즐거움을 감각의 즐거움들과 구분함으로써, 신체적 감각의 즐거움과 미적 즐거움의 (고대 이래 존재했던) 구분을 확장시켰다.[16] 감각의 즐거움은 에로틱한 향유를 포함하는데, 그것은 분명 성적 욕망이 — 실제적이건 상상적이건 간에 — 충족된 결과이다. 음식이나 음료에 대한 글자 그대로의 미각은 단순히 감각적일 뿐이라고 칸트는 지적했다; 이러한 향유들은 어떠한 신체적 필요가 충족된 결과이다. 그러나 미적 즐거움은 신체와는 아무 관계가 없으며, 사실상 어떠한 개인적 이해관계 자체의 충족과도 아무런 관련이 없다. 미적 판단들은 이해가 결여된 것이며, 달리 말해 오늘날 보다 통상적인 용어로 말하자면 "무관심적인"[17] 것이다. "무관심적"이라는 말은 그것들에 대해 전혀 관심을 갖지 않는다는 것을 의미하지 않는다; 그것은 우리의 즐거움이 개인적인 발전이나 충족에, 말하자면 우리가 지닌 욕망의 만족에 근거하지 않는다는 것을 의미한다. 순수한 취미판단에 대한 칸트의 설명에서 이 용어가 의미하는 바는 또한 우리가 어떤 것을 아름답다고 판정할 때에 어떠한 대상의 개념도 사용하지 않는다는 것이다; 다시 말해 우리는 그것을 그러한 유형의 탁월한 사례로 평가하고 있는 것이 아니라, 그것이 상상력과 오성의 조화를 촉진할 때 그 뛰어난 형식을 감상하고 있는 것이다.[18]

---

16) 이 점은 4장에서 전개될 것이다. Carolyn Korsmeyer, *Making Sense of Taste: Food and Philosophy* (Ithaca, NY: Cornell University Press, 1999) 2장을 보라. 또한 Carolyn Korsmeyer, "Perceptions, Pleasures, Arts: Considering Aesthetics" in Janet Kourany (ed.), *Philosophy in a Feminist Voice* (Princeton, NJ: Princeton University Press, 1998): 145-72. 이 장의 생각 중 일부는 이 논문에서 처음으로 개진되었다.

17) Kant, *Critique of Judgment*[임마누엘 칸트, 『판단력 비판』, 백종현 역, 아카넷]: 53. 이 용어의 역사에 대해서는 Jerome Stolnitz, "On the Origin of 'Aesthetic Disinterestedness'", *Journal of Aesthetics and Art Criticism*, Winter, 1961: 131-43을 보라.

18) 칸트 특유의 용어로 말하면, 취미 판단은 목적의 개념이 없는 합목적성의 형식에 근거한다. *Critique of Judgment,* §11.

(칸트에 따르면, 대부분의 예술작품이 "절대"미나 "자유"미보다는 "의존"미나 "부수"미[역주*]를 갖는 한 이유는 우리가 예술을 평가할 때 특정한 개념들을 사용해야만 하기 때문이다. 다시 말해 어떻게 하나의 대상, 사건, 인간이 재현되어야만 하는가에 대한 관념들이 사용되어야만 한다.)

칸트가 미적 즐거움과 감각적 즐거움을 구분할 때, 그는 그저 "보다 고급한" 즐거움과 "보다 저급한" 즐거움의 차이를 규정하고 있는 것만은 아니다. 비록 그것이 그의 분석에서 나온 추가적인 결과일지라도 말이다. 오히려 그의 추론은 취미의 문제를 해결하려는 노력으로 추진된다. 칸트는 일종의 보편성과 필연성의 근거들을 미와 미적 즐거움의 감정에 대해서도 찾아내고자 했는데, 이는 그가 이전에 경험적 지식과 도덕적 명령을 위해 설정했었던 토대들과 유사한 것이다. 그의 기준은 가장 강력하고 확고한 취미의 기준이며 흄의 기준보다 훨씬 더 강력하다. 왜냐하면 흄은 대략 취미의 문제에 관해 동의할 수 있는 경향을 나타내는 일반원리들을 찾는데 만족했기 때문이다. 칸트는 미적 반응의 진정한 보편성을 주장할 수 있는 근거들을 알아내고자 했다. 이는 그가 신체적 즐거움들을 배제시킨 한 이유다; 그는 그것들이 동의를 요구하기에는 지나치게 특이하고 개인적이라고 믿었다.

최소한 어느 정도까지는, 즐거움이 미적 특질을 확인하는 수단이라는 칸트의 설명은 친숙한 체험들과 일치하는 것처럼 보인다. 예컨대 비록 다른 사람이 우리가 받고 싶었던 연주 상을 수상했다할지라

---

* 역주; 칸트의 자유미와 부수미의 구분은 개념과 무관한 순수한 취미판단과 특정한 개념이나 이념이 전제된 순수하지 않은 취미판단을 구분한 것이다. 즉 대상의 합목적성의 형식에 대한 오성과 상상력의 자유로운 유희에서 나오는 무관심적인 쾌감을 불러일으키는 것을 자유미라고 한다면, 어떠한 완전성의 개념이나 이념과의 관련성에 입각한 것을 부수미라고 한다.

도, 우리는 그 사람의 피아노 연주가 자신의 연주보다 더 아름답다고 인정할 수 있다. 그러한 아름다움이 즐거움을 통해 인식된다면, 그 경우에 이런 즐거움의 사례는 분명 누군가의 욕망의 만족과는 아무런 관계가 없다. 상을 타려는 관심을 제쳐놓음으로써 비로소 우리는 다른 경쟁자의 연주에서 미적 즐거움을 얻을 수 있게 된다. 여기서는 칸트 이론의 작은 부분만이 검토되고 있지만 이 점에서조차 그의 입장의 많은 부분이 드러나는 것을 볼 수 있다. 즉 모든 개인적 욕망과 이해관계가 깨끗이 사라져버린다면 미적 즐거움을 설명하기 위해 남는 것은 우리 모두가 갖고 있는 정신의 요소들이라는 것이다. *주관적인* 즐거움은 *보편적으로* 획득 가능해진다.

만약 우리가 미적 즐거움과 취미판단을 순수하게 만드는 칸트의 논의에 찬성하고 그것들이 욕구로부터 자유로워야 한다고 규정한다면, 그 경우에 젠더는 이러한 논쟁으로부터 사라져버리는 것처럼 보일 수도 있다. 왜냐하면 미에 대한 에로틱한 근원의 모든 흔적이 삭제된 것처럼 보이기 때문이다. 따라서 우리는 취미판단 능력의 보편성에 대한 주장이야말로 진정으로 젠더 중립적이라고 확신할런지도 모른다. 최소한 이런 표지를 단 철학에 의해서는 말이다. 그러나 아마도 다들 예상하다시피, 젠더는 그렇게 쉽게 잊히는 것이 아니다. 이러한 문제를 다루기 위해서 보다 폭넓은 맥락에서 취미의 개념을 살펴보기로 하자.

누구의 취미인가?

취미의 이상적인 기준은 18세기 말솜씨speech에 대한 흔한 비유였던 "취미를 가진 인간homme de goût"으로 인격화되는데, 이 말은 프랑스에서는 대중적인 관용어였다. 그런데 어떻게 이 말에서 문자 그대로 "남성homme"이 상정되었는지에 대해 의아해할 수도 있다; 취미는 단지 남성만의 성취물로 간주되었는가? 실재로는 그렇지 않은데, 왜냐하면 취미는 여성에 의해 접대되고 감독되었던 프랑스의 살롱을 포함하여, 상류사회 도처에서 찬미되고 훈련되었기 때문이다. 나아가 취미는 중산계급이 성장하고 사회적으로 부상함에 따라 대중적인 이상으로 확산되었다. 게다가 취미는 세련됨을 내포하는데, 취미를 가진 사람의 감수성의 발전은 그의 거친 모서리를 부드럽게 하고 "여성적" 특질들과 좀 더 조화될 수 있는 기질을 만드는 것으로 이해되었다. 취미 또는 미적 감식discernment의 개념은 아마도 젠더보다 훨씬 더 공공연하게 사회적 지위, 계급 및 교육의 차이에 부합되었다. 물론 저술가들의 언급이 보통 동료 유럽인에 한정되어 있긴 했지만, 그럼에도 또한 그 용어의 적용범위에 대해서는 암묵적이고도 매우 심오한 인종적 가정이 존재한다.[19] 어느 정도 피비린내 나는 경쟁도 있었지만, 그럼에도 "흑인Negro", "아메리카 인디언", "동양인"은 미적 판단의 연마에 참여할 가망이 없는 것으로 이따금씩 일축되는 것을 볼 수 있다; 초창기 영국의 한 이론가는 건축에서의 잘못된 취향 때문에 "고트족"(독일인)을 비판했다.[20]

다른 한편 여성들은 세련된 취미를 개발시킬 수 있다고 간주되었지만, 이상적인 미적 판단의 모델, 즉 취미의 심판자는 논란의 여지없이 암묵적으로 남성이었다. 왜냐하면 남성의 정신과 정감sentiment은 여성의 것보다 훨씬 더 폭넓은 능력으로 간주되었기 때문이다. 여기

19) David Bindman, *Ape to Apollo: Aesthetics and the Idea of Race in the 18th Century* (Ithaca, NY: Cornell University Press, 2002); Lind, "Indians, Savages, Peasants, and Women"; Adrian M. S. Piper, "Xenophobia and Kantian Rationalism" in Schott, *Feminist Interpretations*, 21-73; Hall, "*Sensus Communis* and Violence."
20) Hutcheson, *An Inquiry*: 77.

에서 다시 한 번 이론적 가정과 사회적 규범이 결합되는 것을 볼 수 있다. 이는 고차적인 정신 능력이 남성과 여성에게서 불균등하게 발휘된다는 의견을 낳았다. 철학적 전통에 의거해서, 남성은 보다 위대한 정신 능력을 지녔기 때문에 까다로운 주제들에 대해 취미판단을 더 잘할 수 있다고 가정된다; 또한 여성의 경험이 남성의 경험보다 상당히 빈약하다는, 사회적으로 설정된 가정이 의미하는 바는, 여성이란 남성처럼 통찰력 있게 보다 어려운 주제에 대한 취미를 표현할 수 있을 만큼 폭넓은 전문지식을 갖고 있을 것 같지 않다는 것이다. 예쁘고 매력적인 것에 대한 "여성적" 취미와 보다 심오하고 난해한 예술에 대한 "남성적" 취미의 구별은 이 시기의 문헌에서 흔히 언급된다. 한편으로 작고 곡선이며 여성적인 미의 매력과 다른 한편 버거운 주제나 숭고에 대한 거칠고 남성적인 성향들에 대한 버크의 구별은 대중적인 사고를 반영했다. 칸트가 초기 저작 『미와 숭고의 감정에 관한 고찰』(1763)에서 말했던 것처럼, 아름다운 것의 협소한 영역이 여성의 감수성을 특징짓는 반면에 남성은 숭고에 대한 보다 깊은 이해를 추구해야만 한다.[21)] 둘 다 긍정적인 능력들이지만, 그러나 보다 심오하고 위엄 있는 시야를 — 미적, 예술적, 인식적, 도덕적으로 — 성취하는 것은 바로 후자다.

21) Kant, *Observations on the Feeling of the Beautiful and Sublime* [1763], John T. Goldthwaite역 (Berkeley and Los Angeles: University of California Press, 1960) [임마누엘 칸트, 『아름다움과 숭고함의 감정에 대한 고찰』, 이재준 역, 책세상]: 78-9. Mary Bittner Wiseman, "Beautiful Exiles"와 Jane Kneller, "Discipline and Silence: Women and Imagination in Kant's Theory of Taste"를 보라. 두 논문은 Hilde Hein and Carolyn Korsmeyer (eds), *Aesthetics in Feminist Perspective* (Bloomington: Indiana University Press, 1993):169-78과 179-92에서 볼 수 있다; Paul Mattick, Jr., "Beautiful and Sublime: 'Gender Totemism' in the Constitution of Art" in Brand and Korsmeyer, *Feminism and Tradition in Aesthetics*: 27-48; Cornelia Klinger, "The Concept of the Sublime and the Beautiful in Kant and Lyotard" in Schott, *Feminist Interpretations*: 191-211. 몇몇 학자들은 숭고로부터 여성을 배제시킨 것을 거부하며 여성적 숭고를 주장한다.

남성적 취미와 여성적 취미라는 관념의 이면에는, 후자의 열등한 지위를 좀 더 노골적으로 드러내는 것이 있다. 예술작품의 평가에 통상 사용되는 비평용어 가운데서 가장 부끄러운 말 중의 하나는 "계집애 같은effeminate"이다. 이런 부정적인 말이 적용될 가능성이 있는 사람들은 남성 예술가들이었다. 왜냐하면 여성이 만든 유사한 특질을 가진 작품은 단순히 여성적이고 그럼으로써 매력적이고 대수롭지 않은 것이 될 것이기 때문이었다. "계집애 같은"의 상대짝으로 기능하기 위한, "남성적인"의 부정적인 변화형에 해당되는 말은 존재하지 않는다. "계집애 같은"이라는 말은 충분히 치욕스럽게 사용되었던 경멸적인 용어로서, 여성과 달리 남성 창조자에 대한 기대가 분명 어떠했는지를 깨닫게 해준다. (신필드Alan Sinfield는 "계집애 같은"이란 말을 남성성의 경계를 순찰하기 위해 기획된 "성차별주의적 구성물"이라고 지칭하기까지 한다.)[22] 이를테면 "사내다운virile"이라는 표지는 칭찬의 말이었지, 과장된 남성성을 내포하지 않았다. 다음 장에서는 여성적 취미와 남성적 취미의 양극성들이 어떻게 취미의 설정자로서의 여성의 지위를 격하시킬 뿐만 아니라 여성의 예술 참여 기회를 잘라버리고 비판하는 데 기여했는지를 살펴볼 것이다.

취미, 기준, 무관심적 즐거움을 포함하는 개념 다발은 최근 많은 비판적 분석의 주제가 되어왔다. 공유되고 보편적이기까지 한 취미의 기준은 그것이 규정될 당시에는 공통의 인간 본성에 기초하고 있는 것으로 간주되었다; 미적 즐거움의 초점을 개인적 욕망이 부재한

---

22) "계집애 같음이란... 남성다움을 구성한다고 여겨진 합목적적인 합리성으로부터 벗어나서 관습적으로 여성에게 귀속된 느슨함과 나약함으로 미끄러지는 것을 비난함으로써 남성의 섹슈얼리티를 단속하려는 성차별적인 구축물이다." Alan Sinfield, *Cultural Politics — Queer Reading* (Philadelphia: University of Pennsylvania Press, 1994): 32. 이 말에 대한 보다 역사적인 연구에 대해서는 신필드의 *The Wilde Century: Effeminacy, Oscar Wilde, and the Queer Moment* (New York: Columbia University Press, 1994): 2장을 보라.

영역으로 좁히는 것은 공통의 즐거움이 연습될 수 있도록 사람들 사이의 차이를 제거하는 방식으로 발전되었다. 이러한 점에서 계몽주의 미학은 다소 민주적인 철학으로 간주될 수 있을지 모른다. 왜냐하면 정의상 인간 본성이란 우리 모두에게 있어 동일한 것임에 틀림없기 때문이다. 하지만 분명 모든 사람이 다 취미의 심판자가 되거나 최고의 미적 즐거움에 참여할 수 있는 후보자로 간주되지는 않았다. 인간 본성에 내재하는 공통의 능력들은 최고의 문화 산물에 민감할 수 있도록 개발되고 정련될 필요가 있으며, 나아가 어느 정도의 재산과 교육, 그리고 특권을 요청한다. 그러한 행복한 속성들은 이제까지 사회에서 결코 공평하게 분배되지 않았다. 민주적인 정치이념의 인기에도 불구하고 18세기 유럽에서 교육의 수혜정도와 경제적 이동성은 현저한 격차가 있었는데, 이러한 것들이야말로 세련된 취미의 발전을 위해 근본적인 것으로 인정되었다. 몇몇 비평가들이 지적했듯이 예술적 향유의 기준을 세우려고 노력하는 것은 즐거움을 규제하고 동질화시키려는 시도로 파악될 수 있는데, 이는 민족적 인종적 선호는 물론이고 뚜렷한 계급 편향을 반영하는 척도에 의한 것이다.[23] 주관적 즐거움의 기준이 존재한다는 것을 공표하는 경우에, 이미 문화적으로 승인되었던 사람들의 선호가 말하자면 우열을 다루는 기준이 되었다. 기준을 보편화하고 그것을 편향과 선입견이 없도록 "순수화시키려는" 시도가 아무리 주도면밀한 것이라 할지

23) Paul Mattick, Jr. (ed.), *Eighteenth-century Aesthetics and the Reconstruction of Art* (Cambridge: Cambridge University Press, 1993); Terry Eagleton, *The Ideology of the Aesthetic* (Cambridge, MA: Blackwell, 1990)[테리 이글튼, 『미학사상』, 방대원 역, 한신문화사]; Luc Ferry, *Homo Aestheticus: The Invention of Taste in the Democratic Age*, Robert de Loaiza역 (Chicago: University of Chicago Press, 1993) [뤽 페리, 『미학적 인간』, 방미경 역, 고려원]; Pierre Bourdieu, *Distinction: A Social Critique of the Judgment of Taste,* Richard Nice역 (London Routledge, 1994 [1979])[피에르 부르디외, 『구별짓기』, 최종철 역, 새물결].

라도, 취미와 미에 관한 관념들은 불가피하게 지배적인 사회가치들을 흡수하는 것처럼 보인다.

미적 태도론

보편적 취미의 토대를 설정하는 것은 그런 탐색이 기준을 찾기 보다는 강요하는 것이라는 비판에 직면해야 하는 반면에, 이 시도들의 다른 양상들은 미적 장점을 가진다고 간주될 수 있는 대상의 영역을 확장시킨다. 때때로 "미적 태도"론이라고 불렸던 포스트칸트적인 접근방식은 무관심적 즐거움에 대한 칸트의 규정을 확장시켜서 그가 그것을 고안했던 순수한 영역 너머까지 확대시켰다. 또한 예술이건 자연이건 간에 모든 그리고 오직 그러한 미적 특질들이 파악될 수 있는 하나의 태도를 규정했다. 미적 태도론의 제안에 따르면 미적 향유를 달성하는 가장 좋은 방법은 무관심적이고 관조적인 입장을 취하는 것이다. 이러한 태도는 편견과 개인적 선입견으로 가득 찬 우리의 정신을 깨끗이 하고자 하며 주의 깊은 관조자, 독자, 청취자가 얻을 수 있는—형식적, 표현적, 상상적—미적 특질들에 대해 우리의 감수성을 열어놓는다. 교육을 통해서 얻는 예술에 대한 친숙함이 섬세한 감상을 가능케 하는 지식의 자원을 제공한다면, 감상을 위한 직접적인 전제는 거리를 취해서 조용하게 숙고하는 자세이다.

19세기의 철학자 쇼펜하우어Arthur Schopenhauer는—그의 이론은 미적 태도라는 접근방식의 선구였는데—개인적 의지의 압력으로부터 벗어나서 위안을 얻을 수 있는 흔치 않는 원천으로 미적 관조를 간주하는 데까지 나아갔다; 그는 미의 경험들이 온갖 문제들로 가득 찬 존재의 의식을 밝혀준다고 생각했다. 순수한 미적 관조는 그 대상을 역사뿐 아니라 그 밖의 사물과 맺고 있는 모든 관계들로부터 떼어놓는다. 쇼펜하우어에 따르면, 이상적인 미적 경험이란 미적 몰입의 행위 속에서 심지어 개인적 정체성의 의식조차 퇴각하는 경험이다. (이러한 생각에는 고전적인 인도 불교철학과의 친화성이 분명히 드러난다.) 개별적인 자아의식의 소멸은 우리가 상상할 수 있는 일반적이고 무관심적인 감지자에 대한 설명을 극단적인 버전으로 표현한다. 쇼펜하우어는 이러한 상태를 다음과 같이 기술한다;

> 따라서 예컨대 내가 나무를 미적으로, 즉 예술적인 눈으로 관조하고 따라서 나무가 아니라 그것의 이념(Idea)을 인식한다면, 그것이 이 나무인지 아니면 수천 년 전에 우거졌던 그것의 조상인지, 또한 관조자가 이 개인인지 아니면 언제 어딘가에 살고 있는 다른 생물체인지는 직접적으로 전혀 중요하지 않다.[24)]

쇼펜하우어는 성적 관심이란 관조가 중단되고 쉼 없는 의지가 경험으로 끼어드는 태도들 가운데 존재한다는 점을 분명히 한다. 최소한 그에게 있어서 욕망이 작동하는 쾌락과 미적 관조 사이에는 확실한 간극이 있다. (쇼펜하우어의 여성차별주의는 몇몇 그의 언급들 속에서도 작동하고 있다. 그는 여성을 "미적이지 않은" 성이라고 지칭한다.)[25)]

미적 가치에 대한 이러한 접근방식은 덜 극단적인 (그리고 형이상학적으로 덜 사로잡힌) 용어로 번안되어, 한 세기를 훨씬 넘어 발전되었다. 몇몇 철학자들에게서 "미적 태도"란 예술의 독특하고 본래적인 속성들을 식별하고 그것들을 다른 관심과 가치들의 당혹스런

---

24) Arthur Schopenhauer, *The World as Will and Representation* [third edition 1859], vol. I, E. F. J. Payne역 (New York: Dover, 1969)[아르투르 쇼펜하우어, 『의지와 표상으로서의 세계』, 곽복록 역, 을유문화사]: 209.

25) Schopenhauer, "The Weakness of Woman" in Rosemary Agonito (ed.), *History of Ideas on Women* (New York: G. P Putnam's Sons, 1977): 199.

영향과 구분할 수 있게 해주는 핵심적 요소였다. 20세기 중반의 영향력 있는 텍스트에서 스톨니츠Jerome Stolnitz는 우리 자신으로부터 실천적, 사회학적, 역사적 관심들을 제거함으로써만이 — 예술을 포함하여 — 무엇이든 그 본래적 가치가 감상될 수 있다고 주장한다. 그는 미적인 태도를 "어떠한 인식대상이든 그 자신만을 위하여, 무관심적이고 공감적으로 주목하고 관조하는 것"이라고 규정한다.[26)]

여기서 추천된 태도는 예술가가 성취한 것을 감상하기 위해서는 심적인 불편함이나 도덕적 반감을 무시하라고 설득함으로써 난해한 예술의 수용을 가능하게 한다. 이런 식으로 그것은 또한 예술가가 독특한 어떤 것을 표현해왔을 것이라는 기대를 인정하는데, 그런 독특한 것을 찾아내고 감상하기 위해서는 열려진 정신과 가슴을 필요로 한다. 이 접근방식은 사회적인 도덕관과 동일하거나 아니면 이보다 훨씬 높은 지위로 미적 가치를 고양시킴으로써 경험의 구역을 옹호할 수 있다. 예컨대 19세기 중엽 보들레르Charles Baudelaire는 아름답지만 익숙한 도덕적 기대를 위반했던 시(『악의 꽃』)를 쓰기 시작했으며, 도덕과 미적 규범의 구분을 강요했다. 5장에서 보게 되다시피, 회화와 조각에서 비재현적 양식들이 논쟁적인 주도적 혁신 가운데 하나가 되었을 때, 이런 비재현적 양식을 형식주의적으로 옹호하는데 기여했던 것도 또한 예술의 내용과는 무관한 순수한 미적 가치라는 관념이었다. 보다 최근에 우리는 예술작품에서 도덕적 규범이 극단적으로 위반되는 것을 목격해왔다. 그러나 그런 예술작품들도 아름다움, 다시 말해 우리가 무관심적인 미적 태도를 취하는 경우에만

---

26) Jerome Stolnitz, *Aesthetics and the Philosophy of Art Criticism* (1960)[제롬 스톨니츠, 『미학과 비평철학』, 오병남 역, 이론과 실천]. 이 인용문은 Philip Alperson (ed.), *The Philosophy of the Visual Arts* (New York: Oxford University Press, 1992): 10에서 재인용된 부분으로부터 가져왔다.

감상될 수 있는 아름다움 때문에 옹호된다. (이는 1990년 매이플소프Robert Mapplethorpe의 전시회를 둘러싼 법적 공방 와중에 많은 논쟁을 불러일으켰던 그의 동성애 사진들에 대한 통상적인 — 그리고 성공적인 — 옹호였다.)[27] 다시 말해 예술의 형식적 솜씨와 아름다움은 그 내용의 도덕적 반가치disvalue를 무효화시키는 미적 가치를 제공할 수 있으며, 이러한 구별에 호소하는 것은 때에 따라서는 비합법적인 예술작품의 사회적 정당화 및 법적 정당화에 있어서 결정적으로 중요한 것이 되어왔다. 그러나 이러한 전략적 장점은 의심스러운 이면 또한 지니고 있다. 바로 이는 무관심적 관조 개념에 대한 페미니즘적 비판과 밀접히 관련되는 지점이다.

스톨니츠는 미적 태도를 규정할 때, "당연히 대상 그 자체에로 지각이 향해져서, 관조자는 대상을 분석하거나 그것에 대해 의문을 제기하는데 관심이 없다"[28]고 규정한다. 그럼에도 많은 페미니스트 비평가들이 미학의 이러한 전통을 거부하도록 촉구해왔던 것은 정확히 말해 미적 태도론이 문제 제기를 금지하기 때문이다. 그것은 감지자를 특정하게 침묵하는 것으로 묘사할 뿐만 아니라, 예술의 의미를 제공하는 많은 양상들을 비미적인non-aesthetic 속성들의 범주에 집어넣는다. 누드를 재현하는 경우처럼 문제되는 예술작품이 성적 혐의를 가지고 있을 때, 미적 속성들과 비미적인 속성들을 구분하는 것은 이제 곧 살펴보게 될 것처럼 사회적 역할, 권력, 성적 통제에 대한 문제들을 짓눌러버린다. 더욱이 내용(예술의 주제)에 대하여 형식(선, 구성, 요소들의 결합)의 가치를 강조하는 비평적 접근은 특히

---

27) Rebecca Schneider, *The Explicit Body in Performance* (London: Routledge, 1997): 14.

28) Stolnitz, *Aesthetics*[제롬 스톨니츠, 『미학과 비평철학』, 오병남 역, 이론과 실천]: 12.

20세기의 수많은 예술분야들에 널리 퍼져있다. 음악학자 맥클래리 Susan McClary가 그녀의 분야에 관해 진술했다시피, “음악학은 정당한 연구와 관련된 문제에서 음악적 의미작용signification의 문제를 제외시킨다고 괴팍스럽게 선언한다. 그것은 음악연구에 대해 규율적 통제를 장악해왔으며 의미에 관한 가장 근본적인 문제들조차 물어보는 것을 금지해왔다.”[29] 미적인 것을 이러한 고립적 관계에서 해석하는 것은 음악의 사회적 의미와 힘을 무시하는 것이다. 클링거Kornelia Klinger가 사회적 종속 및 여성의 착취와 화합하는 “미적 이데올로기”라 부른 것에 여성의 재현을 속박시키려는 음악의 힘도 포함해서 말이다.[30] 예술작품이 의미를 획득하는 방법을 가장 잘 이해하기 위해서는 예술작품 및 그것을 감상하는 개인 둘 다를 특수하게 역사적인 관계 전체 속에서 고려해야만 한다. 이러한 보다 폭넓은 예술 이해의 토대를 회복하는 것은 미적 감상의 무관심성과 보편성 두 가지 전부를 약화시키는 위험이 있다. 그러나 이는 또한 때로는 미적 전통 속에서 침묵하게 되지만 플라톤 이래로 몇몇 이론가들이 언급해왔던 예술의 양상을 재설정하는 것이기도 하다: 그것은 바로 예술의 권력이다.

---

29) Susan McClary, *Feminine Endings: Music, Gender, and Sexuality* (Minneapolis: University of Minnesota Press, 1991): 4.

30) “예술의 주제와 철학적 미학의 개념은 서구 철학전통의 동일한 형이상학적, 보편주의적, 본질주의적 가정들에 밀접하게 결부되어 있는데, 이 전통은 남성 지배적인 이론 구성의 다른 분야들과 관련된 페미니스트적 시각에서 볼 때 아주 의심스럽게 여겨진다.” Cornelia Klinger, "Aesthetics" in Alison M. Jaggar and Iris Marion Young (eds), *A Companion to Feminist Philosophy* (Malden, MA: Blackwell, 1998)[앨리슨 재거와 아이리스 영 편, 『여성주의 철학』, 여성철학회 역, 서광사]: 344.

미적 지각에 대한 페미니즘적 비판

아마도 극단적인 무관심적 관조의 이데올로기가 여성 누드 그림에 적용되었을 때보다 더 의심스럽게 여겨지는 곳은 없을 것이다. 그래서 한 페미니스트 학자는 사실상 근대적인 순수예술의 회화를 규정하는 것이 바로 그러한 여성누드 그림이라고 주장한다.[31] 세계와의 관계로부터 예술을 떼어놓으려 하는 미적 이데올로기는 권력관계를 각인시키고 강화하는 예술의 능력을 숨기려든다. 시각예술에서 그러한 관계들은 시각 자체에서 드러난다: 다시 말해 시각이 작품 속에서 묘사되는 방식 및 작품 바깥에 있는 관찰자에게 그것이 야기되고 지시되는 방식 말이다.

예를 들어 제롬[Jean-Léon Gérôme]의 *<로마 노예시장>*[*A Roman Slave Market*(c. 1884)]이라는 제목의 그림을 살펴보자. 취약한 여성의 육체와 이국적인 무대배경이 특징적인 이 주제는 당시의 화가들에게 인기 있는 것이었다. 제롬 자신은 이 주제를 6가지 버전으로 그렸다.[32] 그림은 유

---

31) Lynda Nead, *The Female Nude: Art, Obscenity and Sexuality* (London: Routledge, 1992), I 부. Nead는 *The Nude: A Study of Ideal Art* (London: John Murray, 1956) [케네스 클라크, 『누드의 미술사: 이상적인 형태에 대한 연구』, 이재호 역, 열화당]에서의 클라크(Kenneth Clark)의 영향력 있는 누드 분석을 비판한다. 20세기 예술의 영향력 있는 누드의 전시에 대한 분석으로는 Carol Duncan, "The MoMA's Hot Mamas" in Carolyn Korsmeyer (ed.), *Aesthetics: The Big Questions* (Malden, MA: Blackwell, 1998): 115-27을 보라.

32) 노클린(Linda Nochlin)은 *Women, Art, and Power and Other Essays* (NEw York: Harper and Row, 1988)[린다 노클린; 『페미니즘 미술사』, 오진경 역, 예경]: 1-36의 "Women, Art, and Power"에서 성적 권력을 주제로 다른 제롬의 노예시장과 다른 그림들을 검토한다. 또한 Rosemary Geisdorfer Feal and Carlos Feal, *Painting on the Page: Interartistic Approaches to Modern Hispanic Texts* (Albany: State University of New York Press, 1995): 202-5에서의 회화와 문학에서의 다층적인 "보기"에 대한 논의를 참조하라.

그림 5. 장 레옹 제롬(Jean-Léon Gérôme), <로마 노예 시장 A Roman Slave Market>, c. 1884. The Walters Art Museum, Baltimore 37.885.

심히 바라보는 한 무리의 잠재적인 남성 고객 앞에 경매에 붙여진 노예 소녀를 묘사한다. 이 작품의 관람자는 상이한 반응을 가질 수 있을 것이다; 그들은 그 주제 때문에 분개하고 격노하며 당황하거나 아니면 기분 좋게 자극될 수도 있으며, 동시에 그것이 아름답게 비례 잡혀지고 섬세하게 그려졌다고 생각할 수도 있다. 최소한 그러한 반응들 몇몇은 미적 지각을 방해하는 부적절한 도덕적 태도라고 스톨니츠가 간주하게 될 것으로부터 나온다. 고유한 미적 태도는 우리가 도덕적 불쾌함을 초월해서, 그러한 형식적 성질들을 시장의 어두운 배경과 대비된 여성신체의 감각적 곡선으로서 감상할 수 있게 허용한다. 그러나 설령 우리가 그런 초연한 감상을 통해서 여성의 맨몸에 대한 남성고객의 음미를 불쾌하다고 인식하는 것을 어느 정도 억누를 수 있다고 인정한다손 치더라도, 그것은 이 작품에 존재하는 젠더와 에로티시즘에 대한 비판적 고려를 깡그리 없애버리도록 정신을 마비시키는 맹목적인 행위를 요구하게 될지도 모른다. 다시 말해 무관심성은 편견과 도덕적 해석의 개입을 배제시킬 수 있을지 모르지만, 그러나 그것은 우리가 그림 속에서 명백히 진행되고 있는 것을 간과하게 만들지 않으며 또한 그러지 않아야만 한다. 또한 무관심성은 화가가 (혹은 그 문제에 대해 철학자 자신이) 아마도 고심해서 묘사했을 법한 것에 관해 그렇듯 자의적으로 무시하는 것을 승인해서도 안 될 것이다. "보기[Looking]"가 이와 같은 회화에서 작동될 때, 그러한 보기의 현상들이 얼마나 복잡한지를 고려해보라 — 우리, 즉 관객이 그것을 주목하는 방식뿐만 아니라 보는 시점이 어떻게 회화 안에서 재현되는지 말이다.

경매에 세워진 소녀의 값을 흥정하고 있는 묘사된 인물들의 눈의 방향은 게걸스러운 음미를 보여주는 특히나 분명한 사례이다. 응시하는 남자들의 무리는 소녀를 가장 노출된 상태로 보는데, 왜냐하면 우리는 단지 그녀의 등만을 보기 때문이다. 이 그림이 주는 경험의 일부는 우리가 그들이 무엇을 하는지 볼 수 없다는 것, 또한 소녀가 그저 팔리기 좋은 재산으로서뿐 아니라 그녀를 주시하는 모든 이들의 자극적인 쾌락을 위해서도 고통스럽게 포즈를 취하고 있다는 사실을 깨닫는 것과 관련된다. 우리는 그녀가 자신이 보여지고 있음을 느낀다고 감지한다. 그녀는 얼굴을 가리고 있어서 그들의 응시를 되돌려줄 수 없다. 그녀의 약하고 창백한 피부는 어둠에 쌓인 군중과 대비되어 눈에 띄는데, 대조적으로 군중은 어둡고 약탈적으로 나타난다. 몇몇 관객에게 이 그림은 지나치게 불편해서 조금도 즐겨질 수 없는 것일 수 있다; 미적 태도의 용어로 말하자면, 그들은 그림의 예술적 특질을 감상하기 위해 필수적인 도덕적 초연함을 달성할 수 없다. 또는 아마도 소녀의 보호받지 않은 아름다움과 그녀의 비참한 상태에서 관객이 느끼는 즐거움은 내밀하고 내키지 않으며 심지어는 약간 부끄러울 수도 있으며 그 에로틱한 힘을 억누르기 어려울 수도 있다. 어쨌든 시각의 작동을 충분히 고려하려면 그것이 욕망과 맺는 관계를 반드시 고려해야만 하며, 어느 정도 그 관계는 이미지의 에로티시즘과 음란한 새디즘에 대한 우리 자신의 반응으로써 파악된다. 이 그림에 대한 완전히 정치적이거나 도덕적인 태도가 사실상 예술성의 감상을 무디게 할지도 모르지만, 반면 완전히 "무관심적인" 주목이라는 관념은 이런 유형의 예술작품에 대해서는 지탱되기가 무척 어렵거나 아니면 약간의 사기처럼 들린다. 왜냐하면 일종의 전위되고 추상적인 — 하지만 여전히 에로틱한 — 미의 음미 속에 관심이 존재하고 있기 때문이다. 그려진 인물들과 관객은 모두 역동적 관계들 속에 있으며, 더욱이 시각 자체의 권위의 차원을 예시하는 것은 바로 이러한 것들이다. 이 사례에서 드러나는 공공연한 권력은 취약한 여성에 대한 남성관객의 다소 관습적인 지배라고 할 수 있다. 미의 경험은 무관심적인 것으로 가정되는데, 비록 여성누드의 재현이 종종 성적 매력을 강조하고 또한 성적 욕망은 명백한 "관심"임에도 불구하고 그러하다. 따라서 추천된 무관심적 태도야말로 회화, 조각, 풍경과 더불어 여성을 미적 판단의 고유한 대상으로 붙들어 두기 위해 욕망, 특수하게 이성애적인 남성 욕망에 대한 안전장치로 기능하는 것은 아닌지 의심해볼 수도 있다.

시각 및 이제까지 "남성적 응시"로 알려져 왔던 것에 대한 분석은 타인을 바라보는 능력이 성적이고 사회적인 권력의 표시라고 가정한다.[33] 응시의 이론들은 시각의 행위, 그것의 지배 및 미적 대상의 통제를 강조한다. 이 이론들은 즐거움과 욕망의 구분을 거부하고 에로틱하고 탐욕스런 응시를 미의 핵심으로 복권시킨다. (제롬의 작품 같은 회화의 관객에 의해 설정된) 상상적인 관람 위치는 의심할 여지없이 남성적이고 또한 이성애적이다. 멀비Laura Mulvey가 지적했듯이, 여성에게는 보여지는 수동적 지위가 할당되는 반면에 남성은 보는 능동적 주체가 된다.[34] 상상적인 관람 위치가 관객들로 하여금 필수적인 관람태도를 취하도록 공공연하게 설득하는 한, 예술은 주제를 제시함으로써 권위를 행사하고 나아가 우리가 자신과 세계에 대해 생각하는 방식을 뒤흔들어 놓는다. 쉐만Naomi Scheman이 말했듯이,

> 시각은 ...탈인간화를 표현하는데 가장 적합한 감각이다. 그것은

33) 응시의 이론은 페미니즘 영화이론에서 가장 집중적으로 발전하였다. 이러한 시각에 자극을 주었던 논문은 Laura Mulvey, "Visual Pleasure and Narrative Cinema," *Screen* 16: 3 (autumn, 1975)[로라 멀비, "시각적 쾌락과 서사 영화", 『모더니즘 이후 미술의 회두 I』, 윤난지 역, 눈빛]: 6-18이다. 이 논문과 그녀의 원 논문의 수정을 보려면, Mulvey, *Visual and Other Pleasures* (London: Macmillan, 1989)를 참조하라. 페미니즘 영화이론 선집은 Mary Ann Doane, *The Desire to Desire* (Bloomington: Indiana University Press, 1987)와 *Femmes Fatales: Feminism, Film Theory, Psychoanalysis* (New York: Routledge, 1991); E. Ann Kaplan (ed.), *Psychoanalysis and Cinema* (New York: Routledge, 1990); Constance Penley (ed.), *Feminism and Film Theory* (New York: Routledge, 1988)가 있다. 회화에 대해서는 Griselda Pollock, *Vision and Difference: Femininity, Feminism and the Histories of Art* (London: Routledge, 1988)을 참조하라.

34) Mulvey, "Visual Pleasure and Narrative Cinema."[로라 멀비, "시각적 쾌락과 서사 영화", 『모더니즘 이후 미술의 회두 I』, 눈빛]

떨어져서 작동하고 상호작용할 필요가 없으며 쉽사리 범주화된 많은 양의 정보를 제공한다. 그것은 감지자가 대상을 정확하게 찾아낼(분명히 파악할) 수 있게 한다. 또한 시각은 응시, 즉 시각 대상이 그녀가 시각 대상이라는 것을 알게 만드는 방식을 제공한다. 시각예술이 그러하듯이 시각은 무엇에 대한 것이건 간에 정치적이다.[35)]

아르테미시아 젠틸레스키Artemisia Gentileschi의 <*수잔나와 노인들*>*Susanna and Elders* (1610)보다 시각의 권력을 더욱 날카롭게 예시하는 회화는 어디에도 없다. 이 그림은 남성적 응시에 대한 비판적 표상emblem으로 상징될 수 있는 주제를 가지고 있다. 수잔나의 이야기는 『구약 경외서』에서 나온 것으로, 목욕하는 동안에 그 지방의 권력자였던 남성 장로 두 사람의 눈요기 거리가 되었던 아름다운 여인에 대한 이야기이다. 그들은 성적 관계를 요구했고 만약 그녀가 순순히 따르지 않는다면 그녀의 남편에게 간통을 했다고 일러바치겠다고 위협했다. 그녀는 그렇게 하지 않았고 다니엘에 의해 구원받게 되었다. 그럼에도 불구하고 르네상스와 바로크 회화에서 인기 있는 주제가 되었던 것은 그녀의 구원이 아니라 그녀가 목욕할 때 몰래 엿보여지는 순간이었다. 이야기 속의 이 지점은 내러티브에서 극적일 뿐만 아니라, 그림의 감상자들이 장로들을 따라서 순진하게 목욕하는 수잔나를 응시할 수 있도록 미리 준비된다. 이 주제를 그린 다른 많은 버전들이 사생활이 침해된 것을 알아차리기 이전의 수잔나를 그린 것과는 달리, 같은 주제를 다룬 젠틸레스키의 그림은 수잔나의 실질적인 무력함과 노출 앞에서의 공포를 극적으로 그려낸다. 그녀의 벌거벗은 몸은 유혹적이기 보다는 경악스럽고 고통스러운 것이다. (나는 시선의 권력이 이 그림 속에서 그려지고 야기되는 방식에 대해 예술가

35) Naomi Scheman, "Thinking about Quality in Women's Visual Art" in *Engenderings: Constructions of Knowledge, Authority, and Privilege* (New York: Routledge, 1993): 159.

그림 6. 아르테미시아 젠텔레스키(Artemisia Gentileschi), <수잔나와 노인들 Susanna and the Elders>, 1610. Schonborn Collection, Schloss Weissenstein, Pommersfelden, Germany (Foto Marburg / Art Resource, NY).

젠더가 맺는 관련성을 독자들이 자유롭게 숙고하도록 맡겨둘 것이다.)

또한 응시의 이론은 예술 관중의 모델이 보편적, 일반적인 관객이라는 가정에 도전하면서, 대상에 의해 지시된prescribed 시점이 관람자의 주체위치와 일치하지 않는 그런 경우에는 감상을 방해할 가능성이 있음을 지적한다. "상상적 위치"가 지시된다고 말하는 것은 예술작품이 특정한 방식으로, 다시 말해 예술의 권위 있는 관람자이자 그 특질의 심판자로서 남성관객에게 특권을 주는 방식으로 관람자가 특수하게 작품을 보도록 명령한다는 것을 의미한다.[36] 묘사의 복합성에 주목하는 것은 사회비판 이상의 것이다; 그것은 예술작품에 대한 우리의 감상을 고양시키는데, 왜냐하면 시각의 권력을 파악함으로써만이 우리는 다른 관점의 "보기"를 위한 가능성을 찾아낼 것 같기 때문이다. 사실상 남성적 관점이 다소간 누드 장르의 기준이라는 것을 인식하는 것은 수잔나가 알아챈 순간을 재현했던 젠틸레스키의 방식에서 드러나는 차이에 주목하게 만든다. 왜냐하면 이 그림은 제롬 회화의 경우처럼 명백하게 관음증 남성에게 말을 건네지 않기 때문이다. 또한 그것은 동성애적인 욕망의 가능성과 같은 그러한 또 다른 보는 방식의 존재에 주목하게 한다. 이는 미켈란젤로Michelangelo와 카라밧지오Caravaggio, 그리고 시각적 즐거움을 위해 남성의 몸으로 포즈를 취하게 한 다른 이들의 작품 속에서 확인될 수 있다.

이러한 모든 것을 인정하는 것이 필연적으로 이전의 미학 전통을 완전히 거부할 것을 요구하지는 않는다. 심지어 성공적인 무관심적

36) 또한 John Berger, *Ways of Seeing* (New York: Penguin, 1972)[존 버거, 『영상 커뮤니케이션과 사회』, 강명구 역, 나남출판]; James Elkins, *The Object Stares Back: On the Nature of Seeing* (San Diego, CA: Harcourt Brace, 1996); Nead, *The Female Nude*; Norman Bryson, Michael Ann Holly, and Keith Moxey (eds), *Visual Theory: Painting and Interpretation* (Cambridge: Polity Press, 1991).

입장조차도 만약 내용 때문에 섣부르게 예술을 비난하지 않는다는 것을 뜻한다면, 서로 다른 감지자들이 예술작품에 대해 취하게 되는 시각의 편차를 필연적으로 지우지는 않는다. 다시 말해 작품에 대한 다양한 시각이 존재할 수 있으며, 그들 모두는 작품의 본래적인 표상적 특질들을 감상하기 위해 어떠한 실천적 관계나 도덕적 평가를 중지한다는 점에서 무관심적이라고 인정된다. 기민한 관람자는 작품이 어떤 식으로 감상의 관점을 요청하는지 알고 있지만, 그러한 관점이 필연적으로 채택되는 것은 아니다.[37] 이것이야말로 예술을 위해 지시되는 단일한 "남성 응시"가 존재할 수 있다는 섣부른 가정에 대한 중요한 제한조건이다. 그러나 "보기"가 시각예술에서 어떻게 작동하는지를 알아차림으로써, 능동적인 관객이 수많은 변종들에 들어와서 다층적인 시각에서 예술 및 그 가치들을 해석한다는 사실을 극적으로 표현할 수 있다.

미적 즐거움의 이론 속에 욕망을 다시 들여놓는 것은 이제는 아마도 비평 담론을 지배하고 있는 것 같다. 계몽의 유산에 대해 쏟아진 비난들 가운데는 반보편주의적인[anti-universalist] 결론 또한 강력하다. 예술이 주목되는 방식을 이해하기 위해서는 단지 "이상적인 관람자"의 설정이 아니라 보다 특수한 사회적 위치들에 주목해야 한다는 사실에 대해서는 많은 이들이 동의하고 있다. 이러한 가정은 인문학과 사회과학에 나타난 훨씬 최근의 비판적 연구를 설명해준다. 이러한 연구는 바로 중립적이고 보편적인 관점이란 불가능할 뿐더러 그것

---

37) 질버만(Kaja Silverman)은 *Male Subjectivity at the Margins* (New York: Routledge, 1992)에서 응시의 이론을 복잡하게 만들었다. 또한 Bell Hooks, "The Oppositional Gaze" in *Black Looks* (Boston: South End Press, 1992): 115-31를 보라. Cynthia Freeland, "Film Theory" in *A Companion to Feminist Philosophy* (Malden, MA: Blackwell, 1998): 35장. Mary Devereaux, "Oppressive Texts, Resisting Readers, and the Gendered Spectator" in Brand and Korsmeyer, *Feminism and Tradition in Aesthetics:* 121-41을 보라.

을 정식화하려는 시도 또한 규정하는 사람의 계급, 젠더, 민족적 역사적 시각에 의해 왜곡될 거라고 결론지었던 학자들 사이에서 등장했다. 보편주의적 이상들은, 보편성을 가장하지 않은 채 사회와 역사에서 자신의 상황에 유념하는 *특수한* 관점의 가치에 의해 대체되어 왔다.[38)]

이제까지 시각과 응시에 대해 명확히 표현된 것은 미적 감상 자체의 구조나 이러한 감상 이론들의 구조에 대해서 시사하는 바가 많다. 미적 대상들은 '능동적인 보기'보다는 '보여지기'라는 수동적 역할이 할당된다; 그것들은 감지자의 안목 있는 검토를 위해 제시된 대상들이다. 보다 추상적 차원에서, 우리는 수동적인 지각 대상과 능동적인 감지자의 차이에서 구조적으로 젠더가 작동하고 있다고 단정할 수 있다. 이러한 구조적 관계는 18세기의 미에 대한 설명에 퍼져있던 젠더화된 사유와 결합되어, 주체와 대상의 관계에서 젠더 형태라 불릴 수 있는 것을 드러낼 수 있다. 다시 말해 이는 좀 더 문자 그대로 기술된, 남성적 위치와 여성적 위치 사이에서 획득되는 것들과 유사한 특성들을 지니는 구조이다.[39)]

---

38) 상황성 또는 위치성이란 많은 포스트모던 철학의 구성요소이다. 중요한 영향을 끼친 페미니즘적인 진술은 Donna Haraway, "Situated Knowledges: The Science Question in Feminism and the Privilege of Partial Perspective", *Feminist Studies* 14:3 (Fall, 1988) 575-96에서 볼 수 있다.

39) 몇몇 페미니스트들은 시각의 거리가 지배의 이상을 영속화한다고 주장한다. 시각에 대한 다양한 관점에 대해서는 Barb Bolt, "Shedding Light for the Matter", *Hypatia* 15:2 (Spring, 2000): 202-16; Luce Irigaray, *An Ethics of Sexual Difference*, Carolyn Burke와 Gillian C. Gill 역 (London: Athlone Press, 1993); Martin Jay, *Downcast Eyes: The Denigration of Vision in Twentieth-century French Thought* (Berkeley and Los Angeles: University of California Press, 1993); Evelyn Fox Keller and Christine R. Grontkowski, "The Mind's Eye" in Sandra Harding and Merrill B. Hintikka (eds), *Discovering Reality: Feminist Perspectives on Epistemology Metaphysics, Methodology, and Philosophy of Science* (Boston: D. Reidel, 1983): 207-24; Cathryn Vasseleu, *Textures of Light: Vision and Touch in Irigaray, Levinas, and Merleau-Ponty* (London: Routledge, 1998)을 보라.

확실히 이러한 의미로 이해된 미적 감상의 구조는 특정한 종류의 예술에 훨씬 적합할 수 있다. 그것은 예컨대 군무나 합창과 같은 참여 예술에는 적합하지 않는 관객/예술의 분리를 설정한다. 순수예술의 전통과 그것을 뒷받침하는 미학이론은 이러한 종류의 예술들을 완전히 무시하지는 않는다. 하지만 취미의 이론들은 참여보다는 감식의 이론이며 그래서 또한 여기에서 어떤 종류의 예술이 미학이론에서 중심적인 모델인지에 관한 가정들이 반복되는 것을 확인할 수 있다.

요약

18세기 계몽주의의 유산은 강력하고 집요한 것이었다. 이 시기는 미적 가치란 도덕적 평가와는 무관하고 때로는 그것을 능가한다는 논쟁적인 사상을 포함하여 오늘날에도 여전히 사용되는 미학 내의 수많은 발전들을 주조해냈다. 동시에 보편적인 미적 규범들의 추구에서도 젠더와 문화적 편견들이 작동하고 있음이 발견될 수 있다. 이러한 편견들에서는, "보편적" 취향이란 특정한 문화적 규범체제들을 필연적으로 강요하고 다른 것을 억압한다고 의심해볼 수 있는 타당한 근거들이 존재하는 것이다. 이는 "고급" 문화와 "대중" 문화의 구별을 해석하는 분명한 방식이다.

계몽주의 사상가들은 욕구가 모든 즐거움의 토대라는 것을 거부하고 특유한 미적 가치의 영역을 보호하기 위한 몇 가지 정당한 이유들을 가지고 있었다. 미적인 특질들을 사회적 차원으로부터 고립시키는 것은 이후에 등장한 이론가들 사이의 한 경향이 되었지만, 그럼에도 이는 예술의 힘을 약화시킨다. 페미니스트 비평가들이 주목해왔듯이, 무관심적 지각에 대한 사상들은 내용이나 사회적 의미보다는 형식적 성질들을 부각시키는 경향이 있다. 순수하게 미적인 지각 및 "응시"의 이론들에 대한 비판은 지각의 기능에다 욕망과 만족을 다시금 도입하는 것일 뿐만 아니라 권력관계를 영속화하는 예술의 문화적 권위를 인정하는 것이기도 하다.

동시대 예술과 이론에서 페미니즘적 통찰들을 이용하는 것은 5장과 6장에서 다시 다루게 될 것이지만, 다음 장에서는 18세기와 19세기 미학의 고도로 젠더화된 상황, 즉 남성 예술가의 행위에 해당되는 여성적인 짝으로서 수동적이고 아름다운 대상이 설정되는 상황을 상기해야할 필요가 있다. 앞으로 보게 될 것처럼, 이런 식의 설명은 이론의 영역 내에 탈 없이 남아있는 것이 아니라 여성이 실제로 무엇을 할 수 있는지에 대해 실천적인 영향력을 끼친다. 1장에서 논의되었던 순수예술에 대한 관념들의 출현과 결부되어, 근대의 미적 이상들은 여성의 예술 참여가 위험스럽고 어려웠던 상황을 만드는데 기여하였다. 그럼 이제 미학이론이 어떻게 예술 실천을 뒷받침하는지를 검토해보자.

3장 아마추어와 전문가

앞의 두 장에서는 예술가, 예술, 미적 반응에 대한 관념들을 둘러싼 젠더화된 개념들이 어떠한 철학적 뿌리를 지니는지를 보여주었다; 이 장은 그러한 개념들이 몇몇 예술에서 여성 숙련자들practitioners의 기회에 어떠한 영향을 끼쳐왔는지 살펴볼 것이다. 계속해서 분석하고 있는 것이 순수예술 전통이기 때문에, 이 논의의 역사적 위치는 18세기부터 20세기 초반까지가 될 것이다. 이렇게 초점을 맞춤으로써, 우리는 근대에 순수예술들이 발전하게 되었을 때 종종 그 속에서 여성 숙련자와 남성 숙련자를 갈라놓았던 중요한 요인을 검토하게 될 것이다: 이는 바로 예술가의 정체성을 "아마추어"와 "전문가"로 식별해내는 것이다. 앞으로 살펴보겠지만, 전문가나 아마추어라는 지위는 단지 개인적인 선택이나 편의의 문제만이 아니다. 그것은 예술가들이 그들의 예술에 어떠한 기여를 할 수 있는지에 대해 본질적인 영향을 끼친다. 왜냐하면 아마추어는 예술의 패러다임을 제공하는 예술 규범의 형성에 있어서는 주변적인 위성과도 같은 존재이기 때문이다.

교육과 훈련 : 누가 배우는가?

앞서 살펴보았듯이 천재의 개념은 특히 천부적인 재능을 가진 사람들의 재주를 찬양하고 평범한 일을 하도록 운명지워진 사람들보다 그들을 치켜세우기 위해 구성된 논쟁적인 범주이다. 페미니스트 학자들이 의심스럽게 주목해왔던 사실은, 천재의 반열에 서있는 예술가들 대부분이 남성이며 이들을 선별할 때는 사회적 요인들이 타고난 재능만큼이나 강력한 역할을 한다는 것이다. 이는 결코 새로운 생각이 아니다; 1929년에 울프Virginia Woolf는 역사적으로 여성은 그들의 재능이 시험에 들거나 개발될 수 있는 지위에 있었던 적이 한 번도 없었다고 지적했다.[1] 아무리 자연이 예술가에게 재능을 선사했다 할지라도, 그들은 훈련되어야만 한다; 교육이 없다면, 천재성은 단지 잠재성에 불과하다. 어떤 예술형태들은 가공할 만한 장벽을 드러내는데, 이는 능력을 인정받기 위한 기회에서 뿐만 아니라 재능을 발견하고 예술을 생산하는데 필요한 기본적인 훈련에 있어서도 그러하다.

천재의 작품은 그의 창조적 노력의 특수한 산물인데, 이러한 개인적 천재에 대한 지적 철학적 이념들은 근대 유럽의 특정한 사회 경제적 맥락에서 발전되었다. 또한 예술 실천과 소비에서 일어난 변화들은 예술가 관념이 젠더화되는 데 더욱 기여했다. 그러나 여성이 예술에 참여하거나 배제되는 것은 결코 획일적인 동일한 과정이 아니었다. 그것은 우리가 어떤 예술형식을 주목 대상으로 선택하느냐에 따라 상당히 달라진다. 이 장에서는 여성의 온전한 예술 참여를 허용하거나 방해해왔던 사례들을 알아보기 위해 세 가지 예술 장르—음악, 문학, 회화—를 간략히 검토해볼 것이다. 특히 이 세 장르가 선택된 것은 예술 및 예술가 관념을 지배하는 개념틀에서 각 장르가 서로 다른 특징들을 보여주기 때문이다. 음악은 여성 참여자에

---

1) Virginia Woolf, *A Room of One's Own* [1929] (New York: Harcourt, Brace, Jovanovich, 1981).[버지니아 울프, 『자기만의 방』, 이미애 역, 민음사]

대한 가장 완강한 장벽을 나타냈는데, 예술적 감수성, 정서, 주관성과 같은 개념들에 관하여 미묘한 점들을 명료하게 보여준다. 음악은 또한 예술가의 공연이나 공적인 참석을 둘러싼 제한들을 논의하기 위한 현장이기도 하다. 산문문학, 특수하게 소설은 기회의 스펙트럼에 있어서 다른 쪽 끝을 대변하는데, 그 이유는 소설 쓰기가 사실상 여성의 장르로 시작되었기 때문이다. 여성은 이 예술형식에서 항상 주요한 참여자가 되어 왔다. 물론 여성 소설에 대한 비판적 수용은 여성의 예술적 감수성이 지닌 탁월함과 대중성에 대해 얼마간의 공포감을 표시하기도 하지만 말이다. 여전히 여성은 남성이 겪지 않았던 특정한 장벽들에 직면하긴 했지만, 그렇다고 해서 소설 쓰기의 역사가 그저 배제의 역사인 것만은 아니다. 실제로 성공적인 여성 예술가들은 견고하게 보호되었던 창조성의 경계를 어느 정도 깨뜨렸다고 추측될 수 있을지 모른다. 회화는 시각예술 창조자의 정신성에 관한 이론들을 명확히 보여주는데, 시각의 범위와 힘, 그리고 시각과 지성의 결합에 초점을 맞춘다. 세계를 정확히 그리기 위해 무엇이 요구되는지를 다루는 이론들은 1장에서 논의되었던 인간 본성, 지식, 성취에 대한 유서 깊은 철학 사상들에 확실하게 근거하고 있다.

어떤 분야의 근본 개념과 실천에서 나타나는 젠더의 반향을 철저히 이해하기 위해서는 여기서 소개될 수 있는 것보다 훨씬 더 상세하고 깊이 있는 연구가 필요할 것이다. 다시 말하지만 이 연구의 목적은 회화, 음악, 건축, 무용이나 문학의 비판적 역사를 개관하는 것이 아니라, 미학적 문제와 관련된 젠더화된 사유 패턴을 약술하고 어떠한 근본적인 철학 틀의 완고함이 예술실천을 통해 어떻게 드러나는지를 스케치하는 데 있다.

내가 주창하고자 하는 일반 테제는 다음과 같다. 여성의 예술 참여에 대한 관념은 여성적 성향과 능력이라는 개념 및 개인의 기술적descriptive 정체성을 구성하는 것에 관한 관념, 둘 다와 중심적으로 관련된다. 예술사의 형성 시점에서 지배적이었던 사회 환경으로 들어가 본다면, 여성의 정체성에 대한 기대와 여성이 스스로를 규정했던 관계들은 그들이 순수예술이라는 전문직으로 들어가는 것을 특히 방해했다. 다음과 같은 몇 가지 분석의 접점들이 유용하게 고려될 수 있다: 1)어떤 예술형태가 예술가의 공적인 참석을 요구하는지의 문제. 이를테면 여성이 관중에게 전시되어 있게 되는 식으로 말이다. 특히 적합성의 문제에 민감한 사회계급과 환경에서 여성이 대중 앞에 나타나야 하는지, 또는 어떻게 나타날 것인지는 여성 공연자를 — 음악가건, 무용가건, 배우이건 — 다소간 무력하게 만들 수 있다. 2)어떤 예술형태가 수학처럼 여성의 창조정신에서는 통상 위축된다고 간주된 기술skill을 요구하는지의 문제. 만약 그렇다면, 그 예술의 교육과 훈련은 차단되거나 생략되기 쉽다. 3)어떤 예술형태가 여성이 획득하기에는 부적절하다고 간주된 경험의 폭을 요구하는지의 문제. 이 문제는 종종 여성의 글쓰기 같은 작품의 생산보다는 수용을 제한하는데, 흔히 여성의 작품은 향유되긴 하지만 제한된 시야와 편협한 상상력 때문에 비판받았다. 또한 이는 여성들의 역작이 "여성적 취향"을 드러내는 이류적인 것으로 간주되도록 했다. 모든 예술형태가 숙련자에 대해 동일한 요구를 하지는 않으며, 그래서 포섭과 배제의 패턴들이 장르나 시간과 장소에 따라 변화한다는 것을 알 수 있다.

음악

음악 제작은 삶의 많은 국면들, 말하자면 가정적, 공공적, 종교적, 의례적 국면들에서 넘쳐나는 흔한 여흥이다. 노동요는 힘든 노동으로부터 정신을 위로하며 신체적인 작업에 리듬을 제공한다; 자장가는 아기가 잠들 수 있도록 낮은 음성으로 불려진다; 아무 생각 없이 흥얼거리는 것은 시간을 때우기에 좋다. 사실상 모든 문화가 음악을 만드는데, 여성과 남성이 노래하고 춤추고 악기를 연주하는 방식은 수많은 문화에서 다양하게 나타난다.[2)] 대부분의 전통음악은 미적 기능과 실용적 기능을 둘 다 가지고 있다; 즉 음악은 그 자체를 위해서뿐만 아니라 기분전환, 오락, 또는 그것이 달성하려는 도시나 종교의 목적들을 위해서도 향유된다. 역사의 특정한 시대와 장소에서 여성은 음악의 연주 및 작곡에서도 중요한 참여자가 된 적이 있었다. 예를 들면 이러한 사례는 중세 유럽의 궁정이나 수녀단과 같은 종교단체에서 볼 수 있다.[3)] 그러나 르네상스에서 시작해서 규범적인 예술음악 작품 대부분을 생산해왔던 근대를 거치면서, 여성이 음악교육에 접근하고 연주할 수 있는 기회는 완전히 제한되어졌다.

순수예술 전통과 동일시되었던 음악의 유형은 점차로 전문가들의 작업이 되었다. 그들의 임무는 최고의 작곡가들의 작품을 통해 미적

---

2) 전 세계 전통문화에서 나타나는 젠더와 음악에 대해서는 Marcia Herndon and Susanne Ziegler (eds), *Music, Gender, and Culture* (Wilhelmshaven: Florian Noetzel Verlag, 1990)을 보라.

3) Jane Bowers and Judith Tick (eds), *Women Making Music: The Western Art Tradition, 1150–1950* (Urbana: University of Illinois Press, 1986)은 유럽사의 800년 동안 여성의 음악적 기여를 연구하는 논문들을 담고 있다. 중세의 가장 많은 작품을 생산했던 여성 작가 중 한 사람은 베네딕트 수도회의 수녀이자 대수녀원장이었던 빙엔의 힐데가르트(Hildegard of Bingen)(1098–1179)였는데, 그녀는 또한 자신의 신비스런 시각을 담은 많은 드로잉을 남겼다. *Illuminations of Hildegard of Bingen* (Santa Fe: Bear and Company, 1985)를 보라.

즐거움과 문화적 이해의 확장을 추구했던 청중을 위해서 솜씨 있게 연주하는 것이었다. 최고의 음악적 성취로 찬미되었던, 전통적인 서구의 몇몇 작품들은 예술음악으로서가 아니라 종교적 제의나 성찬식을 위해 작곡된 것이지만, 그러나 순수예술 체계 속에서 음악 작곡의 패러다임은 아름다움, 복잡함intricacy, 새로움, 복합성을 위해—즉 오로지 미적 특질만을 위해서 청취되어야 하는 작품이다. 시각예술에서 공예와 예술의 구분에 해당되는 것이 음악계에서는 미적 향유를 위해 창조된 "예술음악"과 (공공 의식, 종교적 숭배, 오락에 수반되는) 그 이상의 목적에 봉사하는 음악의 차이로 나타난다.[4] 이는 특히 중상류층의 계급 취미를 반영하는 전통인데, 여성의 음악활동을 제한했던 여성다움에 대한 생각들도 이와 비슷하게 이 계급들 속에 자리 잡았다.

공연

근대의 젊은 숙녀들은 (회화나 스케치를 포함하는) 어느 정도의 미술적 재능이나 피아노, 하프시코드, 하프와 같은 악기를 연주하고 노래하는 기술을 개발하도록 장려되었다. 때때로 그들은 상당한 조예를 갖추기도 했는데, 음악적 재능을 지닌 딸은 오락과 사교적인 유희를 제공할 수 있었기에 가족에게는 상당한 자산이 될 수 있었다. (오스틴Jane Austin 소설의 독자들은 여성 등장인물들이 손님을 위해 얼마나 여러 번 노래나 연주를 부탁받았는지 기억할 것이다.) 확실히 가정이라는 무대에서 음악 연주는 가족과 교육적 관행에 의해, 그리고 예절, 품행, 가계 경영에 관해 발간된 수많은 책들에 의해 장

4) Marcia J. Citron, *Gender and the Musical Canon* (Cambridge: Cambridge University Press, 1993): 1장.

려되었다.

공적인 연주는 또 다른 문제이다. 수세기 동안 여성이 무대에 등장하는 것은 어떤 역할이건 간에 눈살이 찌푸려졌을 뿐만 아니라 수많은 지역에서 법적으로 금지되었다. 공개적으로 자신을 드러내는 것은 이에 못지않게 강력한 사회적 제재를 받았는데, 그것은 적합성과 겸양의 규범을 위반하는 것이었다. (스스로를 이런 식으로 주시되게 하는 것이 상스럽다는 것은 앞 장에서 논의된 시각의 힘에 대해 민감했음을 시사한다.) 실제로 여성 연주자들이 보다 흔하게 무대 위에 서게 되었을 때, 그들은 종종 사회의 하층 계급 출신이었다.[5] 대개 음악적 성취는 가정의 재원revenue으로 간주되었지만, 전문적으로 참여하는데 이르지는 결코 않았다. 적합성의 제한은 음악 공연을 넘어서 악곡을 발간하는 데까지 영향을 끼쳤는데, 이는 또한 문학에서도 통상적이었던 상황이었다. 이러한 이유 때문에 파니 멘델스존 헨젤Fanny Mendelssohn Hensel의 몇몇 작품은 분명 오빠 펠릭스 멘델스존Felix Mendelssohn의 이름으로 발간되기도 했다.[6]

오늘날에는 전문 음악가란 재능 있고 상대적으로 높은 사회적 지위를 가진 사람이라고 생각하지만, 그러나 이전 시대에서 "전문 음악가"는 반드시 최고의 찬사를 나타내는 표지가 아니었다. 왜냐하면 그것은 (귀족 출신의 음악계 일원과는 대조적으로) 그 또는 그녀의 예술을 통해 생계비를 벌 필요가 있는 사람을 가리켰기 때문이었다. 그러나 보다 중요하게 전문 음악가란 또한 예술형태에서 형식적으

5) Sally Banes, *Dancing Women: Female Bodies on Stage* (London: Routledge, 1998): 64. 무대 위의 여성들은 전문가들이었으며 배인즈(Banes)의 무용 연구는 비록 여성 무용수들이 차지했던 사회적 역할이나 그들이 공연했던 무용 줄거리의 성적 이데올로기들에도 불구하고 여성 무용수들이 항상 그들의 직업과 무대 위의 존재에서 행위자 역할을 해왔음을 강조한다.

6) Carol Neuls-Bates (ed.), *Women in Music: An Anthology of Source Readings from the Middle Ages to the Present* (New York: Harper and Row, 1982): 143.

로 훈련 받은 사람을 지칭한다. 여성의 접근을 최대한으로 막았던 것도 바로 이러한 예술의 전문적 양상이다. 예컨대 중세 다성 음악의 복잡한 형식들은 성당의 학교에서 가르쳐졌다. 여성들은 종종 음악을 연주하긴 했지만 좀처럼 작곡하는 방법을 배울 수 없었는데, 그 이유는 학교가 남성 성직자에게만 개방되어 있었기 때문이었다. 수많은 다른 전통들 속에서도 비슷한 상황이 벌어졌다; 즉 여성의 참여는 남성보다 훨씬 국한되었기 때문에, 여성들은 재능을 개발하려는 의욕에도 불구하고 같은 신분의 남성들과 동일한 정도로 자신의 재능을 추구할 수 없었다. 근대가 중산계급 예술을 소비하는 대중의 성장 및 음악(또는 회화나 글쓰기)을 통해 생계를 꾸리도록 예술가를 유혹하는 예술시장의 성장을 목도하였을 때, 전문적인 기회가 부재했던 여성들은 연주자나 작곡가로서 두 경우 모두 다 대개 아마추어 신분으로 남아있었다.

더욱이 당대에 널리 퍼져있던 여성성 개념들은 공적인 연주와 관련해서 더 많은 난점들을 제기했는데, 그중 일부는 이제는 기묘해 보이거나 거의 우스꽝스럽게 보일 지경이다. 최소한 르네상스 이래로 여성들은 "여성적" 악기에 관심을 기울였는데, 이는 얼굴을 찌푸리지 않거나 버릇없는 자세를 취하지 않고도 연주될 수 있는 그런 악기들을 의미했다. 연주자의 무릎 사이로 잡는 베이스 비올bass viol역주*이나 첼로를 연주하는 것은 많은 사람들에게 지각없는 포즈를 요구하는 것으로 간주되었다. 비록 플루트는 그 감미로운 음색 때문에 여성 연주자에게 배치되었지만, 그럼에도 많은 취주(吹奏) 악기들은 볼을 일그러뜨려서 얼굴을 붉어지게 만든다. 몇몇 유형의 관악기는

* 역주; 비올은 중세에 사용되었던 6현의 현악기로 바이올린의 전신이라고 할 수 있다. 그 성능과 역할에 따라 트레블 비올, 테너 비올, 베이스 비올의 세 종류로 분류된다.

점잖지 않게 침을 흘러 넘치게 만든다. 20세기 초반에 한 음악감독은 예술가들이 노조에 가입함으로써 오케스트라가 여성 연주자를 받아들이게 되고 그럼으로써 오케스트라와 무대 위의 여성 모두에게 해를 입혔다고 한탄했다.

> 여성 하프연주자들은 남성보다 더 바람직하다고 인정되는데, 하프는 본질적으로 여성의 악기이다. 그것은 그렇듯 유쾌한 손놀림을 요청하며, 당신은 도처에서 여성들이 이 일을 요청받는 것을 보게 될 것이다. 그러나... 자연은 결코 여성(fair sex)을 코넷이나 트롬본, 그리고 취주 악기의 연주자로 만들 작정이 아니었다. 우선 여성은 그것을 남성처럼 연주할 수 있을 만큼 충분히 힘이 세지 않다. 여성에 반대하는 또 다른 지점은 아마도 여성이 브라스를 연주할 수 없으며 아름답게 보일 수도 없을 것 같다는 점이다. 왜 그들이 아름다운 모습을 망쳐야만 하는가?[7]

여성 예술가는 그녀가 다른 미적 대상의 생산에 능동적으로 참여하고 있는 동안에조차 미적 대상으로 주시되는 것을 피할 길이 없는 것처럼 보인다.

하프라는 악기와 연주자의 섬세함이 잘 어울리기 때문에 여성 하프 연주자들이 환영받게 될 것이라는 생각은 여성 오케스트라 연주의 개척자 중의 한 사람인 스미스[Ethel Smyth]에 의해 다소 넌더리나는 관점으로 파악되었는데, 그녀는 하프와 여성성의 연결이 수상스러운 혜택이라고 생각했다.

> 하프는 거추장스럽고 별로 돈벌이가 안 되는 악기이기 때문에, 고대 전통에 따라 여성이 그것을 연주하는 것이 허용되어졌다. 실제로 나는 그녀의 동료들이 그들 사이에 이런 외로운 하얀 팔을 가진 존재가 있음을 오히려 소중히 여긴다고 생각한다. 웨일즈 연대의 남자들이 연대에 배속된 양을 소중히 기르는 것만큼이나 말이다.[8]

---

7) Gustave Kerker, from "the Musical Standard" (1904), 앞의 책: 202-3.

심포니 오케스트라에서 여성 음악가들이 남성들과 나란히 연주해야만 한다는 생각은 애초에는 당혹감을 불러일으켰을 테지만, 아마도 이제 그런 당혹감은 시대에 뒤떨어진 것으로 이상하게 보일지 모른다. 하지만 우리는 연주 활동으로부터 여성을 금지시켰던 수많은 관습들이 단지 최근에 들어서야 비로소 폐기되었다는 사실에 주목해야만 한다. 예를 들면 유명한 비엔나 필하모닉 오케스트라는 겨우 1997년에서야 여성에게 그 대열을 개방했다.[9)]

적합성으로 인한 금지 조항들이 강요되었음에도 불구하고, 18세기와 19세기의 유럽에서는 눈부시게 뛰어난 재주를 가진 여성 음악가들이 일부 존재했다. 종종 여성이 전문가의 반열에 들어갔던 때는 음악 가족의 일원들인 경우였는데, 그들의 부모는 딸들의 재능을 발전시켰고 다른 이들이 쉽게 받을 수 있는 교육보다 훨씬 더 많이 그들을 훈련시켰다. 이는 유명한 피아니스트였던 클라라 슈만Clara Schumann(1819-96)과 파니 멘델스존 헨젤(1805-47)의 사례에서 확인될 수 있다. 두 사람 모두, 그들의 가족에는 작곡가이자 연주자였던 훨씬 더 유명한 남성 구성원이 포함되어 있었다. (클라라는 로베르트 슈만Robert Schumann과 결혼했고 파니의 오빠는 펠릭스 멘델스존이었다.) 그러나 한 세기 앞선 모차르트의 누이처럼, 그들의 경우에도 결혼을 해야 한다는 압력이나 가족의 요구에 부합해야 한다는 압력은 점차 그들의 진로를 어두워지게 만들었다. (비록 슈만이 놀랄 만한 대중적 명성과 풍모를 용케도 유지했음에도 불구하고 말이다.) 이는 그

---

8) Ethel Smyth, from "Female Pipings in Eden", 앞의 책: 285. 스미스는 버지니아 울프가 『자기만의 방』에서 여성과 문학을 개관한 것처럼 여성과 음악을 평가한다. 울프와 스미스는 동시대인이었고 친구 사이였다.

9) *The New Grove Dictionary of Music and Musicians,* 2판, Stanley Sadie ed. (London: Macmillan, 2001), 26권: 577.

들이 자신들의 의지에 반해서 가정의 의무를 수행하도록 강요되었다는 말이 아니라, 그러한 역할들이 그들 자신의 기대와 욕망을 형성하는데 영향을 끼쳤음을 말하는 것이다. 이렇듯 재능 있고 좋은 신분을 가진 여성들의 경우조차 여성이라는 최초의 정체성이 남성 및 가족과의 관계에서 규정되면서 전문 음악가로서의 정체성을 무색케 만들도록 위협했다면, 얼마나 많은 다른 여성들은 실내를 벗어나서는 결코 성공할 수 없었는지 그저 추측만 할 수 있을 따름이다.

작곡

여성 음악가가 대개 아마추어 신분에 속했던 것은 당연히 연주자로서 뿐만 아니라 작곡가로서의 작업에도 영향을 끼쳤다. 더욱이 *위대한* 예술가 개념에서 가장 중요한 함의를 갖는 사실은 아마추어라는 지위로 인해 역사적으로 중요한 음악을 작곡하는 능력이 심각한 해를 입었다는 것이다. 한 음악사가가 관찰했듯이;

> 음악학자들은 한 시기의 가장 진보적인 작품들과 장르들을 통해서 음악 양식의 발전을 강조해왔다. 이에 반해 대부분의 여성 작곡가들은 양식 변화의 주도자가 아니었다. 최소한 부분적으로 그 이유는 그들이 새로운 발전을 산출했던 전문적 위치로부터 배제되었기 때문이다.[10)]

전문적인 훈련을 받을 수 없다는 것은, 지금은 이미 상당히 의심스럽게 간주되어야만 하는 표지인 "천재" 개념의 젠더에 직접적인 영향을 끼친다. 의심할 여지없이 어떤 사람들은 다른 이들보다 더 많은 재능을 갖고 있으며 어떤 이는 비범할 정도로 천부적이다. 그

---

10) Bowers and Tick, "Introduction", *Women Making Music*: 3.

러나 훈련의 규율, 전통에 대한 친숙함, 그리고 승인된 양식의 한계에 대해 실험할 자유가 없이는 어떠한 재능도 그것만으로는 아무것도 이룰 수 없다. 아마추어 신분은 사람들이 전통에 주요한 변화를 만들지 못한 채 전통에 참여하도록 만든다; 따라서 아마추어들은 선구적이고 정전적인 형식으로 역사에 기록되는, 장르에서의 혁신을 도입하기 어려운 것 같다. 시트론Marcia Citron은 음악의 정전cannon, 다시 말해 예술전통의 가장 중요한 산물들을 대표한다고 합의된 작품을 형성하는데 있어서 전문성professionalism에 관해 이 점을 지적한 바 있다.

> 전문성은... 누군가의 음악이 발간되고 연주되고 그에 관해 기술되는 것과 관련된다. 이러한 것들은 작곡이 대중의 관심을 받게 하는 명백한 방식이다. 그러한 실제성들은 전문성이 정전성의 이데올로기와 불화한다는 사실을 시사할 수 있을지 모른다. 왜냐하면 정전성은 초월성, 무관심성, 미적 거리와 같은 고상한(high-minded) 특성들을 함의하기 때문이다. 그러나 이것들은 정전성의 현실들이 아니라 이데올로기를 기술하는 것이다.[11]

예술적 특질들을 여성적인 것과 남성적인 것으로 나누는 대중적인 구별은 더 나아가 여성이 편안하게 참여할 수 있었던 음악의 종류를 제한하는데 한몫했다. 마지막 장에서는 이러한 대중적 구분이 미와 숭고의 젠더화된 구별 및 취미라는 견지에서 논의될 것이다. 음악사가 뉠스 베이츠Carol Neuls-Bates는 다음과 같이 고찰했다.

> 19세기 후반의 비평가들은 성적인 미학 체계를 발전시켰는데, 그것은 여성적 특성과 남성적 특성이라는 견지에서 음악을 분석했다. 여성적 음악은 전적으로 여성이 계발할 것이라고 기대되었는데, 이는 정의상 우아하고 미묘하며 멜로디로 가득 찬 것이었고 소형식의 노래와 피아노 음악에 제한되었다. 이와 대조적으로 남성적 음악은 강력한 효과를 지니며 조화, 대립, 그리고 다른 구조적 논리에서 지

11) Citron, *Gender and the Musical Canon*: 80.

적으로 견고한 것이었다.[12)]

따라서 베토벤과 브람스의 음악과 같은 거대한 교향곡은 음악적 성취의 절정에 도달한 것으로 우뚝 선다. 여성이 작곡했을 때, 그들의 노력은 보다 작은 스케일의 (그리고 돈벌이가 덜 되는) 실내음악 쪽으로 향해졌다.

천재와 주관성

남성과 같은 뛰어난 예술적 명성을 얻었다고 기록된 여성들이 소수에 불과했다는 사실은 여성의 정신이 천재적일 수 없다는 가정을 강화시켰다. 반(反)페미니스트 — 여성차별주의자라고 말할 수도 있을텐데 — 철학자였던 루소Jean-Jacques Rousseau는 여성에겐 예술적 감수성이 없으며 천재가 될 수 없다고 선언했다.[13)] 그는 여성들이 이렇게 무능력하기 때문에 남성에게 종속된 존재로 여성을 교육시켜야할 필요가 있다고 주장했고 남성 동반자의 안정을 해치지 않을 정도로 충분히 구속되는 한에서만 가정 내의 여성의 예술적 성취를 인정했다. 다음 세기에 쇼펜하우어는 이에 동의를 표하면서 루소를 인용하였고 여성이 남성에 비해 체계적으로 열등하다고 주장하는 자신의 확장된 견해를 덧붙였다.

> 전체의 성 가운데 가장 특출한 지성인들은 정말로 위대하고 진정하며 독창적인 순수예술 속에서 단 하나의 업적도 생산해오지 못했다; 또한 그들은 어떤 영역에서 영원한 가치를 지니는 작품을 세상에 내놓지도 않았다... 조물주(Nature)가 인류를 두 부분으로 나누었

---

12) Neuls-Bates, *Women in Music*: 223.

13) Jean Jacques Rousseau, *Lettre à M. d'Alembert*. 이는 Citron, *Gender and the Musical Canon*: 262에서 언급되었다.

> 을 때, 그 분은 정확히 중간을 갈라서 선을 긋지 않았다. 이 구분들이 양극적이고 서로에 대립적이라는 것, 그것은 참이다; 그러나 그들 사이의 차이는 그저 질적인 것만이 아니라 또한 양적이기도 하다.[14)]

비록 루소와 쇼펜하우어의 태도가 특히 신랄한 독설로 표현되었을지라도, 그러한 태도는 결코 보기 드문 것은 아니었다. 심지어 여성 교육을 주장했던 사람들조차 여성의 성취가 아내와 어머니로서 그들의 주요한 역할에 방해가 되지 않도록 절제될 필요가 있다고 경고했다. 이러한 태도는 남성뿐만 아니라 여성에 의해서도 표현되었는데, 왜냐하면 당시에는 두 성이 동일한 영역의 재능과 능력을 똑같이 부여받았다거나 여성이 가장 어려운 예술적 시도들에서 남성과 성공적으로 경쟁할 수 있다고 진정으로 믿은 사람은 거의 없었기 때문이다.

이 책의 첫머리에서는 예술이 정서나 그것의 표현과 그렇게 밀접하게 결부되어 있는데도 어째서 과학 같은 기획처럼 남성적인 것으로 간주되어야 하는지 하는 문제가 제기된 바 있다. 우리는 천재와 예술적 창조성이 여성에게는 부재하다는 이론들 속에서 그 대답의 일부를 볼 수 있다: 즉 여성의 정서적 표현은 너무나 지나칠 정도로 그들의 ***천성***의 일부라는 것이다. 여성이 정서를 가져서 그것을 드러낼 때 그들의 감정은 그렇게 하도록 만들어진 어떤 것을 표명하는 것이지, 자연이 명한 것을 넘어서 나아가는 성취가 아니다. 19세기의 영향력 있는 논문에서 음악 비평가 업튼George Upton은 "여성"이란 천성적으로 정서적이라고 단언했다. 그럼에도 불구하고

---

14) Arthur Schopenhauer, "Of Women" in Rosemary Agonito (ed.), *History of Ideas on Women* (New York: G. P. Putnam's Sons, 1977): 200-1.

> 정서는 그녀의 일부이며, 숨쉬기만큼이나 그녀에게 자연스런 것이다. 그녀는 정서 속에서 살며 정서에 따라 행위한다. 그녀는 정서의 영향, 그 통제와 힘을 느끼지만, 남성이 이 결과들을 바라보는 것처럼 그것들을 보지 않는다. 그는 이 결과들의 충실한 연주 속에서 그것들을 보며, 화가가 그 앞에 있는 풍경을 모방하듯이 음악적 기보로 그것을 재생산할 수 있다... 마치 정서가 수학인 것처럼 정서를 취급하는 것, 즉 조화와 대립의 엄격한 법칙 속에서 그것을 결합하고 측정하고 제한하는 것, 또한 자의적인 기호로 그것을 표현하는 것은 냉혹한 수행과정인 바, 이는 보다 엄격하고 완고한 남성의 천성에 있어서만 가능하다.[15]

합리적 규율과 수학적 재능, 그리고 정서를 음악적 창조성으로 나르기 위해 필요한 것들인 합리적 규율과 수학적 재능, 그리고 미적 거리 사이의 이러한 연결은 정서가 지니는 "여성적" 특성조차 그것이 예술적으로 전유될 때에는 사실상 남성의 특권으로 만들어 버렸다. 이러한 구별들에서 우리는 아마도 남성 예술가들 사이에 어떤 불안이 도사리고 있음을 감지할 수 있다. 남성 예술가들은 (2장에서 논의되었던) 공포스런 비평 용어인 "계집애 같은"으로 묘사되지 않은 채 그들의 예술적 감수성이 온전히 지켜질 수 있기를 희망했다. 맥클레리의 주장에 따르면, 때때로 음악은 여성적 경향을 지닌다고 의심되었지만 수학과 연관됨으로써 세심하게 옹호되었다.[16]

당시 유행했던, 여성의 재능에 대한 경고는 의심의 여지없이 (때때로 그들 자신의 편지나 일기에서 알 수 있듯이) 도전을 꿈꾸었던 사람들의 발전을 심리적으로 가로막는 효과를 끼쳤다. 취미와 능력에 있어 여성적 활동반경을 제한하는 취지의 논의가 널리 확산됨에 따라, 최소한 이 가치들 중 일부를 스스로 내면화시키지 않기란 거

15) George Upton (1880) in Neuls-Bates, *Women in Music*: 207.
16) Susan McClary, *Feminine Endings: Music, Gender, and Sexuality* (Minneapolis: University of Minnesota Press, 1991): 17.

의 불가능했을 것이다. 이데올로기, 기대, 교육은 사람들의 창작 기회에 대해서뿐만 아니라 그들의 주관적 선호, 즉 그들의 취향에 대해서도 영향을 끼친다.[17] 맥클래리가 언급했듯이, "각 개인들이 음악 같은 문화 담론과 상호작용함으로써 젠더화된 존재가 되는 법을 배우는 한, 음악에서 젠더 차이를 특징짓는 코드들은... 그 자체가 사회적 구성에 참여한다."[18] 예술 영역을 제한하고 감정과 사상의 폭을 표현할 수 있는 능력을 제한하는 것은 더 나아가 개성의 발전에까지도 확장되는 함의를 지닐 수 있다. 켐벨Sue Campbell은 표현을 정신생활 자체의 비축물들과 연관시킨다. "우리가 느끼는 것이 대개 우리가 표현하는 것이라고 한다면, 그 경우에 사람들은 우리의 표현방식을 통제함으로써 감정을 통제할 수 있다. 안전하게 보호된 사적 생활로서의 감정이라는 그러한 것은 존재하지 않는다."[19]

여기에서는 교육과 심리학, 태도와 자아확신 그 이상이 작동하고 있다. 그런 식으로 훈계되고 있는 인간 유형이라는 바로 그 개념이 시사하는 것은 보다 자율적인 남성의 정체성과는 달리 여성의 정체성은 가족과의 관계에서 사고된다는 사실이다. 이미 살펴본 바대로, 젠더화된 개념들은 짝을 지어 작동한다: 남성적/여성적; 공적/사적; 정신/몸; 이성/정서 등등으로 말이다. 전문가/아마추어라는 이원성이 사회적이고 역사적인 현상인 반면, 그 의미는 이러한 유서 깊은 대립체계 속으로 들어가 확고하게 고정된다. 아마추어 예술가는 사적인, 흔히 집안의 환경에서 연주하고 창조하는 사람이며, 보수는 조금밖에 또는 전혀 받지 못한다. 아마추어의 공연은 아무리 완성된 것

---

17) Citron, *Gender and the Musical Canon*: 4장.
18) McClary, *Feminine Endings*: 7-8.
19) Sue Campbell, *Interpreting the Personal: Expression and the Formation of Feelings* (Ithaca, NY: Cornell University Press, 1997): 135.

이라 할지라도, 친지와 같은 상대적으로 작은 수의 관중을 위한 것이다; 그 목적은 기분전환과 오락이며 음악적 형태의 장식이다. 실상 아무것도 남성이 아마추어가 되는 것을 방해하지 않으며, 많은 남성들이 실제로 아마추어다. 그러나 아마추어 신분은 여성 자신들이 그러했듯이 사적 생활의 활동들과 연관된다. 전문가/아마추어라는 이원성의 실제적 효과는 천재, 예술적 지위, 여성이 문화에 끼치는 기여도의 평가와 관련된 관념들을 복잡하게 만든다.[20)]

문학

산문문학과 대중적 예술형태로서 소설의 성장에 관심을 돌려본다면, 여성의 전문성에 또 다른 뒤틀림[twist]이 있음을 발견할 수 있다. 여성은 다수가 산문문학에 참여했는데, 때로는 순수예술의 지위에 관심이 있던 사람들을 당혹스럽게 만들 정도였다. 후자의 염려는 여성이 고상하고 심오한 산문을 쓸 수 있을 것 같지 않다는 의심뿐 아니라 장르 그 자체에 대한 것이기도 했다. 소설은 18세기 유럽에서 발전했던 상대적으로 새로운 예술형태였고, 초창기 소설은 시라는 보다 중요한 형식으로부터 이어져 내려온 기나긴 걸음을 대표하는 것으로 보였다. 소설 읽기는 정신을 타락시키기 쉬운 위험한 오락으로 간주되었는데, 이는 낭만적이고 모험적인 생각들로 가득 차 있을 뿐 아니라 실제적인 의무나 현실생활의 요구로부터 관심을 벗어나게 했던 상상력의 비상을 가지고 있기 때문이었다.[21)] 그러나 소설은

20) 르도외프(Michelle LeDoeuff)는 *The Philosophical Imaginary,* Colin Gordon역 (London: Athlone Press, 1989): 105에서 어떻게 항상 여성이 철학에서 영구적인 아마추어였는지를 고찰한다.

21) Dorothy Mermin, *Godiva's Ride: Women of Letters in England, 1830-1880* (Bloomington, Indiana University Press, 1993): 13-16.

매우 인기가 있었으며, 또한 18세기와 19세기에 거대한 중산계급의 성장을 목격했던 유럽과 미국의 많은 지역에서는 문학의 전환을 열망하는 독자층이 출현했다.[22] 읽고 쓰는 능력을 널리 보급시켰던 교육의 확장, 대여 도서관과 대중적인 정간물의 성장, 염가 도서의 발행 등은 독서하는 대중의 수와 다양성을 증가시켰다. 많은 수의 여성들이 열성적인 독자가 되었고 문학 시장의 실질적인 몫을 차지했다. 이 모든 것은 취향의 "여성화"에 대한 관심을 불러일으켰는데, 이 말은 정감적이고 낭만적인 상상력에 탐닉하는 것과 무형식적인 정서적 글쓰기를 향유하는 것을 의미했다.[23] 시간이 지나 소설이 자신의 고유한 전통으로 정착되고 확실하게 인기를 얻음에 따라, 소설의 위상 또한 높아졌다.[24]

문학적 기회들은 여성에게 열려 있었는데, 부분적으로 그 이유는 소설이 자국어로 쓰인 새롭고 대중적인 예술형태였기 때문이다. 여전히 고등교육은 사회의 좁은 부문, 주로 남성이자 종종 성직자에게만 열려있었다. 라틴어, 그리스어, 유태어와 같은 학술 언어에 대한 연구는 대개 남성들의 시도였다. 문자어가 라틴어로 여겨졌던 초창기에는, 비록 여성들이 자국어로 쓴 시 예술의 최초의 공헌자 가운데 속해 있던 것처럼 보이지만 그럼에도 여성들이 쓴 글의 양은 조금밖에 없었다.[25] 그러나 특히 산문소설이 대중적으로 되었던 시기 동안에 대체로 시는 고전적 전통에 확고하게 뿌리 내렸다. 그 형식

22) Martha Woodmansee, *The Author, Art, and the Market: Reading the History of Aesthetics* (New York: Columbia University Press, 1994). 우드만시의 연구는 특히 독일과 영국에서의 문학시장에 관해 조명하고 있다.

23) 캠벨(Sue Campbell)은 *Interpreting the Personal*: 172-80에서 감상성을 옹호하였다.

24) Mermin, *Godiva's Ride*: 43.

25) Maria V. Coldwell, "Jougleresses and Trobairitz: Secular Musicians in Medieval France" in Bowers and Tick, *Women Making Music*: 47.

들 및 시인이 유창하리라 기대되었던 문학적 수사나 주제 둘 다 모두에서 말이다.[26)]

여성이 학술 언어를 교육받지 못했다는 사실은 문학사에서 여성에게 아이러니한 혜택을 가져다주었는데, 이는 유럽에서만 그런 것은 아니었다. 소설은 유럽보다 일본에서 훨씬 더 일찍 생겨난 예술 형태로, 11세기에 처음 출현했다. 최초의 범례적인 사례는 제국주의 왕정의 궁녀였던 무라사키 시키부Murasaki Shikibu가 쓴 거대한 『겐지 이야기』다. 무라사키는 당시의 거의 모든 일본 여성이 그러했듯이 그저 제한적으로만 공식적인 교육을 받을 수 있었다. 그녀는 문화와 학문의 언어인 중국어를 교육받지 못했는데, 그 교육은 특권적인 남성에게만 제한되어 있었다. (물론 많은 영리한 자매들처럼 그녀도 분명 그녀의 오빠가 받았던 수업으로부터 언어에 대한 약간의 지식을 주워들었겠지만 말이다.) 그래서 오락을 위해 이야기를 적었을 때, 그녀는 당연히 자신이 알았던 언어인 자국의 일본어로 글을 썼다. 이 경우에 그녀가 배우지 못했다는 사실은 불리하게 작용하기는커녕 일본 산문문학의 탄생에 그녀를 정당하게 자리매김하도록 했다.

물론 문어의 관습이 변화하기를 기다린다고 해서 우리가 기대할 수 있는 명예를 얻기 위한 기회가 제공되지는 않는다. 그럼에도 교육이나 기회로부터 집단을 배제시켜온 때로는 억압적인 역사에도 불구하고, 인간 존재는 그저 상황의 수동적인 희생자에 불과한 것은 결코 아니다. 그들은 쓸 수 있는 어떤 수단이든 사용하여 이용할 수 있는 공간 내에서 그들이 할 수 있는 것을 창조한다. 때때로 그렇게 하는 가운데 그들은 확립된 전통 내에서 훌륭한 작품을 생산하기도

26) Mermin, *Godiva's Ride*: 53.

한다; 다른 경우에 그들은 새로운 장르들을 창조한다. 어떤 시도에서든 그렇듯이, 역사가 점차로 제공하는 판단은 변하기 쉽고 예측할 수 없다.

간단히 말해 소설은 회화나 음악, 건축이나 시와는 달리, 여성이 자신을 끼워 넣어야 하는 남성지배적 전통이 전혀 없었던 예술형태를 대표한다. 왜냐하면 그 장르는 별다른 선례나 명성이 없이 시작되었기 때문이다. 울프가 주목했듯이,

> 서사시나 시적 희곡의 형태가 여성에게 적합하다고 생각하는 것은 문장이 여성에게 적합하다는 생각만큼이나 아무런 근거가 없다. 그러나 여성이 작가가 되었던 시절에 이르게 되면, 다른 모든 오래된 문학 형식들은 견고하게 굳어지고 확정되었다. 오로지 소설만이 충분히 젊었기 때문에 그녀의 손에서 부드러워질 수 있다.[27)]

이러한 상황은 여성이 남성지배적 전통이나 시장에서 경쟁하고 있지 않았다는 점에서 유리한 점이 되었다. 이에 반해 불리한 점은 전체 장르가 (정치경제학, 종교, 과학에 대한 시론 같은) 다른 산문 형식뿐 아니라 보다 엄격하고 까다롭고 심오한 시의 장르에 비해 열등한 것으로 간주되었다는 사실이었다. 더욱이 여성 저자들은 그들 자신의 특수하고 격하된 범주에서 "여류" 작가로 평가되는 경향이 있었다.

여성이 작가의 진로를 추구하는 과정에서 장벽과 좌절에 부딪혔지만, 그렇다고 해서 글을 쓰기 위해 필요한 수단을 배우는 것은 음악이나 회화의 경우처럼 그렇게 전문적인 형태의 교육에만 제한되지는 않는다. 독서, 글쓰기, 동화구연은 사적으로도 성공적으로 수행될 수 있다. 디킨슨[Emily Dickinson]과 오스틴[Jane Austin]은 집안에서, 심지어

---

27) Woolf, *A Room of One's Own*: 77. [버지니아 울프, 『자기만의 방』, 이미애 역, 민음사]

가족들과도 고립되어 창작했던 그저 유명한 두 사례의 여성들일 뿐이다. 그들은 다양한 동기로 인해 글을 쓰도록 고무되었다. 예를 들어 오스틴의 아버지는 향락과 가족의 오락을 위해 그녀가 글을 쓰도록 격려했지만, 나이가 들어감에 따라 그녀 또한 자신의 작품이 점차 벌어들였던 돈이 필요했다. 어린 아이들이 딸린 과부였던 트롤로페Frances Trollope(좀 더 유명한 안토니 트롤로페Anthony Trollope의 어머니)의 경우처럼 많은 여성들이 가족을 부양하기 위해 글쓰기를 시작했다. 비록 집중할 시간과 공간을 찾기는 어려울지라도 글쓰기는 가사를 돌보는 틈틈이 집안에서 행해질 수 있기 때문이었다.

여성 작가들은 음악가들을 괴롭혀왔던 분열된 정신의 한 유형을 경험했다. 그들의 문학적 성과는 종종 칭찬을 받았음에도 불구하고, 그와 동시에 출간을 하는 것은 자신을 공개적으로 선언하는 것을 수반했고 많은 사람들에게 그것은 부적절한 노출 행위로 여겨졌기 때문이었다. 이는 특히 19세기 중반 그렇듯 많은 여성들이 남성적인 가명으로 출판하기를 선택했거나 어느 정도의 익명성을 주장했던 하나의 이유였다. 그럼에도 여성들은 아주 다른 방식으로 이러한 상황에 적응했다. 남성의 이름뿐 아니라 남성의 옷을 입고 다녔던 불꽃같은 프랑스 작가 상드George Sand(1804-76)로부터, 익명으로 출간했던 첫 번째 소설이 성공한 이후에야 비로소 자신의 이름을 사용했던 가정적인 가스킬Elizabeth Gaskell(1810-65)에 이르기까지 말이다. 조지 엘리어트George Eliot라는 가명으로 글을 썼던 에반스Mary Ann Evans(1819-80)는 이전에는 공적인 삶을 살았지만, 유부남과의 관계가 그것을 신중하게 만들었고 결국 친구들의 감정을 존중해서 그녀는 다소간 사회와의 관계를 끊어버렸다. 적합성과 사리분별을 요구했던 사회적 압력은 전문가의 정체성을 용감하게 받아들이는 것뿐 아니라 많은 이들이 갖고 있었던 명예욕과도 투쟁을 했던 것이다.

글쓰기와 판매

문학에 대한 시장의 요구가 생겨나고 작품 판매로 생계비를 벌려고 하는 작가가 증가함에 따라, 순수예술의 글쓰기에 대한 생각에는 몇 가지 역설적인 변화가 생겨나게 되었다. 18세기까지도 펜으로 먹고 살려고 하는 사람들은 저작권 규제와 같은 것에 의해 보호되지 않았으며 그래서 해적판은 그들의 노동의 성과를 빼앗아 가버렸다. 이 문제를 처리하기 위해 작가들은 "저자[author]"로 간주될 수 있도록 그들이 창조한 작품의 소유권을 인정해줄 것을 요구하기 시작했다. 작품이란 그들의 소유물이 되어야만 하는 소득원이었던 것이다. 저작권과 같은 법적 개념은 예술적 천재라는 관념에서 멀리 떨어진 것으로 보일 수도 있지만, 우드만시[Martha Woodmansee]가 주장했듯이 지불을 보증하기 위해 처해졌던 규제들은 또한 예술가 개념과 특히 저자 개념 — 다시 말해 오로지 그의 소유물인 작품의 권위 있는 창조자라는 개념이 발전하는데 공헌했다.[28)] 우리는 천재에 대한 이전의 개념들이 창조자를 종종 신과 같은 원천에서 나온 이념의 도랑으로 그려냈음을 살펴보았다; 또한 뮤즈의 이미지는 시인의 정신을 접수해서 영감을 불어넣는 신비스런 음성으로 그려졌다. 그러나 근대에 들어와 저자들이 그 자체로 인정받고자 투쟁하고 있었을 때, 예술적 영감의 원천은 신의 주변에서 떨어져 나와 예술가에게 내면화되었다.

---

28) Woodmansee, *The Author, Art, and the Market*: 2장. 저자의 기원에 대한 또 다른 분석에 대해서는 Michel Foucault, "What is an Author?"[미쉘 푸코, "저자란 무엇인가", 윤난지 편역, 『모더니즘 이후 미술의 화두』, 눈빛] in Paul Rabinow (ed.), *The Foucault Reader* (New York: Pantheon Books, 1984)를 보라.

창조적인 예술가 자신이야말로 표현된 이념의 기원이며, 그의 펜에서 나온 산물은 오로지 그의 소유인 것이다. 그러한 가치들이 부상함에 따라, 저작권법은 저작을 재산으로 인정하고 판매로부터 나온 이윤을 작가에게 돌아가야 하는 것으로 승인하였다. 저작권과 수입은 전문 작가라는 관념 속에서 수렴되었다.

글쓰기에서 시장의 고려와 소유권의 확립은 문학 예술가 개념이 진화하는데 하나의 요소가 되었다. 둘째로, 또한 완전히 일관되진 않았지만, 이 시기에 대량으로 생산된 대중예술은 많은 작가들과 비평가들에게 진정한 예술의 이상을 흐리게 하고 타락시키는 것으로 여겨졌는데, 특히 정서적인 연약함과 정돈되지 않은 형태에서 나오는 "여성적" 특질들이 감지되었기 때문이었다. 이 문제를 해결하기 위하여 많은 이론가들은 참된 예술True Art을 단순한 대중오락과 구분하기 시작했으며, 여기서 다시 한 번 순수한 미적 향유의 이상이 호소되어졌다. 진정한 예술가의 작품은 소수의 사람들, 다시 말해 순수한 미적 향유를 할 수 있는 "취미"를 가진 사람들만이 접근할 수 있는 바, 따라서 대중성이란 수상쩍은 특성이라는 것이다.[29] 단지 진정한 예술만이 근대적 미학이론이 그렇게 장려했던 무관심적 관조에 의해 획득될 수 있는 그러한 류의 감상을 생산한다. 이러한 고상한 미학적 고려는 작가적인 보상을 얻기 위한 노력과는 어쨌든 불화할 수 밖에 없었다. 왜냐하면 참된 예술가는 작품의 성공적 완성에 전적으로 만족해야만 하며 그 이상의 어떠한 인정도 필요치 않아야만 하기 때문이다; 달리 말해 그는 대다수 대중을 즐겁게 하거나 재미있게 만들려고 노력하지 않는다. 그는 단지 자기 자신과 전문적인 감식가,

29) 톰킨스(Jane Tompkins)는 *Sensational Designs: The Cultural Work of American Fiction 1790-1860* (New York: Oxford University Press, 1985)에서 미국 문학시장에서 대중성 대 특질이라는 평가의 변화를 분석한다.

즉 "취미를 가진 사람"을 위해서만 창조한다. 참된 예술가라는 이러한 개념은 예술의 실천 및 이 시기의 예술철학과 손을 맞잡고 발전하게 된다. 이론과 실천은 — 그것을 감상할 수 있는 소수의 사람들을 위한 — "고급" 예술과 대중을 위한 "저급" 혹은 "대중" 예술을 강력하게 구별하는 데에 기여했다.[30)]

이러한 가치들은 예술 및 예술가 개념에 영향을 끼쳤다. 물론 그것들이 필연적으로 실제의 예술시장을 기술한 것은 아니었지만 말이다. 특히 산문문학에 있어서는 그러했다. 집단적이고 경멸적으로 (호손[Nathaniel Hawthorne]의 표현대로 하자면) "갈겨쓰는 여성들[scribbling women]"이라 알려진 일군의 여성 작가들을 포함하여 대중적인 소설가들의 작품은 잘 팔렸지만, 그러나 대부분 참된 예술가로 간주되지 않았다. 따라서 일부 매우 성공한 여성작가들조차 근대 문학의 기록에서 멀어지게 되었다. 그러나 그들 자신의 시대에서도 뛰어난 예술가로 인정받고 찬사를 받았던 여성 소설가들도 상당수 존재했다. 사실상 조지 엘리어트나 샬롯 브론테[Charlotte Brontë] 같은 그중 일부의 작가는 명석함 때문에, 심지어는 — 그렇듯 논쟁적인 용어에 호소하자면 — 천재성 때문에 그들 자신의 시대에서 찬양받았다.

또 다시 주관성

음악의 사례에서 보았다시피, 주관성은 종종 여성을 섬세한 연주자로 만들지만 위대한 작곡가가 되는 것은 방해한다고 널리 믿어졌다. 이 주제에 관한 변주는 소설 쓰기에 관한 비판적 논평에서 나타난다. 여성이 쓴 많은 대중소설의 낭만적이고 내밀한 구성은 관계들

30) Woodmansee, *The Author, Art, and the Market*: 1장.

에 대한 감상적 묘사들, 가정생활, 영적 투쟁, 그림 같은 경관에 대한 토로들로 넘쳐나는 것이었는데, 그것은 예술적 규율의 산물인 만큼이나 여성적 정신의 분출로 이해되었다. 그러한 글쓰기는 종종 여성들의 주관적 본성을 나타내는 것, 따라서 예술이라기보다는 기질을 전시하는 것으로 파악되었다. 이는 여성의 타고난 주관성이 예술적 창조성을 부추김과 동시에 그것의 특질을 제한한다는 생각을 보여주는 한 형태이다.

객관적/주관적이라는 구분은 명확하게 승인된 젠더화된 의미를 갖는 대립쌍들 중의 하나이다. 왜냐하면 객관적이고 공평무사한 판단을 할 수 있는 능력은 오직 남성에게 귀속되는 유서 깊은 역사를 지니기 때문이다. 예술적 선호나 취미의 문제는 즐거움의 반응에 근거한 감상적 평가에 의존하는 것이라서 그 자체 다소 "주관적"인 것으로 보이기 때문에, 우리는 주관성이 미적 영역에서 특별히 장애가 된다고 생각하지 않을지도 모른다. 그러나 이제 살펴보려는 것처럼, 이는 결단코 그렇지 않다. 여성 창조자에게 해당되는 "주관성"의 의미는 규율이나 무관심적 평가보다는 감정에 기초하여 글을 쓰는 (혹은 작곡하거나 그림을 그리는) 경향을 지칭한다. 그러한 창조성의 산물들은 개인적으로는 의미심장할지 모르지만, 너무 특이해서 보다 엄격한 비판적 비교 평가의 시험을 통과할 수 없다. 이런 식으로 단정된 여성의 주관성에 대한 비판은 이미 천재에 대한 생각에도 존재한다고 보았던 테마를 징후적으로 드러낸다. 즉 정서, 감정, 감수성이 지지되는 경우는 대부분 남성예술가에 의해 구현되는 한에서만 고려된다는 것이다.

회화

회화사에서 아마추어와 전문가라는 지위의 구별은 또한 여성의 성취에 영향을 끼쳤던, 그리고 종종 그것을 방해했던 요인들의 한 부분이다. 여성이 전문적 지위를 갖지 못했다는 사실은 예술사가 노클린의 유명한 물음, "왜 위대한 여성 미술가들이 존재하지 않았는가?"에 대한 대답의 일부로 간주될 수 있다.[31)]

그려진 이미지들을 제작하는 것은 (가정적인 것을 포함하는) 수많은 맥락에서 발생한다. 벽의 테두리 장식, 수를 놓은 쿠션, 아이들의 옆얼굴 등은 가난한 가정에 놓이든 부유한 가정에 놓이든 간에 흔히 가정을 위해 만들어진 이미지들 중 단지 소수의 사례에 불과하다. 과거뿐 아니라 현재에도 대부분의 경우에 (벽화나 프레스코화 같은 보다 거대하고 보다 성가신 예술은 좀 더 흔하게 남성의 과업이었음에도 불구하고) 그런 장식적인 일은 여성과 소녀들의 작업이었다. 그러므로 회화나 장식적 도안 일반은 여성의 접근이 차단되었던 과정은 분명 아니었다. 그러나 또 다시 그러한 작업들은 그저 가정적인 것만이 아니라—따라서 다소간 사적이며—주로 아마추어적이다. 그것들은 우리가 재미를 위해서나 주변을 보다 쾌적하게 만들기 위해서 하는 일을 대표한다. 그러나 이 산물들은 필생의 걸작, 즉 전문 직업이나 경력, 혹은 소명에 이바지하지는 않는다. 그런 류의 헌신은 아마추어와는 전적으로 다른 삶의 행로를 보여주는데, 현대 회화의 전개에서 중요한 시기들마다 그러한 구별은 결정적이었다.

---

31) Linda Nochlin, "Why Have there Been No Great Women Artists?" in *Women, Art and Power and Other Essays* (New York: Harper and Row, 1988)[린다 노클린, 『페미니즘 미술사』, 오진경 역, 예경]: 145-78. 1971년에 처음 발간된 이 논문은 페미니스트 예술사를 출범시킨 것으로 인정된다.

시각예술에서 전문적인 지위를 얻으려면, 집중적인 교육과 훈련이 제공해주는 전문기술을 필요로 한다. 이 기회들은 상대적으로 독립되고 자유롭게 돌아다닐 수 있는 사람들, 또한 경제적 수단을 제공받거나 벌어들인 사람들에게 주어진다. 이러한 제한요소들이 보통 의미해왔던 바는, 어떤 예술형태를 배우기 위한 기회를 얻을 수 있는 사람들은 바로 남성이라는 사실이다. 물론 기회라는 것은 역경을 딛고 낚아채거나 뒤틀려질 수 있으며, 그래서 여성도 또한 화가가 되어왔다. 그러나 여기서 우리의 관심은 특별한 예술형태에서 세련되고 어려운 테크닉을 배울 수 있는 가능성이 얼마나 되는지를 단순히 추산해보려는 것은 아니다. 보다 중요한 것은 서양 예술사의 많은 시기를 통틀어 여성들은 두 가지 유형의 이유 때문에 교육 스튜디오에 접근하는 것이 엄격하게 거부되었다는 점이다: 하나의 이유는 그들이 무엇을 *볼* 수 있는 지에 대한 생각과 관련이 있고 다른 하나는 그들이 무엇을 *알* 수 있는 지와 관련이 있다.

보기

회화는 예술가 개념 및 시각 개념의 젠더화가 어떻게 작동하는지를 탐구할 수 있는 특히 드라마틱한 장르이다. 왜냐하면 묘사적인 예술로서 회화는 예술가 관념과 *보이는* 대상 둘 다에 관여하기 때문인데, 예술가란 눈으로 *봐서* 그가 본 것을 묘사하는 존재이다. 서구 전통에서 가장 심오한 주제를 다룬다고 생각되었던 회화는 — 그것이 성서의 이야기와 고전 신화뿐 아니라 중요한 서사를 다루기 때문에 전통적으로 "역사화"라 불렸는데 — 인간 형상을 묘사할 것을 요청한다. 르네상스 이래로 종종 그러한 인체는 옷을 입지 않은 모습으로 그려졌다. 심지어 옷이 입혀졌을 때조차도, 의상과 천의 주름이 적절하게 떨어지도록 배열하기 위해서는 인간 해부학에 대한 정통한 지식의 도움이 필요했다. 정확히 그리는 것을 배우기 위해서는 누드모델이 고용되는 교육 스튜디오에 들어가는 것이 전형적으로 요구된다.

19세기 후반에 이르기까지 스튜디오는 여성에게 부적절한 장소로 여겨졌는데, 부분적으로 그 이유는 고용된 모델이 누드일 수도 있었기 때문이었다. 이 누드모델들 중 일부가 여성이었다는 사실이 이 공식적인 견해를 위반하는 것은 아니었다. 왜냐하면 그들의 역할은 주체보다는 대상으로 간주되었고 그들은 관찰하는 능동적 주체라기보다는 스튜디오의 소품 같은 그런 존재였기 때문이었다. (18세기 후반에 이르기까지 대부분의 스튜디오 모델들은 남성이었지만, 그 이후에는 여성모델이 이상적인 미의 대상이자 예술의 주제라는 역할을 떠맡았다.)[32] 미국 화가인 애킨스Thomas Eakins(1844-1916)는 ― 필라델피아 순수예술 아카데미에서 교육받았고 여성에게 예술교육이 확장되어야 한다고 믿었는데 ― 잡다한 계급들로 뒤섞인 누드모델들을 고용했다는 이유 때문에 1886년 자리를 사퇴하라는 강요를 받았다. 모델의 역할은 특히 수동적이다. 모델은 ― 옷을 입었건 입지 않았건 간에 ― 예술가의 명령으로 포즈를 잡고 오랫동안 불편하게 정지된 자세를 취해야만 하며 그려지는 과정에서 연구되는 고정된 대상으로 그 또는 그녀 자신을 전화시킨다. 모델은 심지어 은유적으로 해부될 수도 있는데, 더 좋은 모델의 역할을 하는 한 사람의 손이 다른 사람의 팔, 다른 사람의 얼굴과 함께 그려지듯이 말이다. (고전주의 시대 이래 이는 가장 아름다운 인간의 이미지를 한데 조합하는 방식

---

32) Lynda Nead, *The Female Nude: Art, Obscenity and Sexuality* (London: Routledge, 1992): 47.

으로서 추천되었다. 왜냐하면 살아있는 실제의 사람들이 모든 부분에서 미를 구현하는 경우는 거의 드물기 때문이다.) 때때로 모델의 신원이 알려지는 경우도 있는데, 이는 특히 예술가의 작품에 반복적으로 등장하는 모델에서 그러했다.[33] 그러나 종종 그들은 한 장면의 다른 대상들처럼 익명적으로 존재한다. 세심한 보기는 능동적이며 보이는 몸을 조사되는 대상으로 만든다. 비록 남성모델과 여성모델이 모두 존재했을지라도, 예술가들이 남성이었던 (그리고 사실상 모든 스튜디오 선생 또한 남성이었던) 상황에서 우리는 보는 자/보이는 자의 구분이 어떻게 오래된 남성적/여성적 이원성을 띄게 되는지 확인할 수 있다. 다시 말해 이는 남성 응시라는 견지에서 이론화되어왔던 것의 실천적 버전이기도 하다.

모델들은 회화 작업의 중요한 측면들이었다. (그리고 지금도 그러하다.) 때때로 스튜디오의 실내 자체가 회화의 주제가 되기도 했는데, 이는 예술 제작이 진보하고 있음을 시사한다. 여성이 스튜디오 안에 있는 것이 부적합하다는 인식은 화가 조파니Johann Zoffany가 1768년 영국 왕립 미술아카데미의 설립을 기념하는 작품에서 보여준 놀랄만한 장치에서 정점에 달한다. <왕립 아카데미 회원들>The Academicians of the Royal Academy이라는 그림에서 조파니는 미술가의 스튜디오 안에 모인 아카데미 회원들을 전부 묘사했는데, 여기에는 집중적인 관심을 받으며 누드로 포즈를 취한 한 남성모델과 옷을 벗고 있는 다른 모델이 함께 자리했다. 그러나 조파니는 미묘한 문제에 직면했다: 왕립 아카데미의 창립 멤버에는 두 사람의 여성, 즉 고전주의적인 "장엄한" 양식의 탁월한 역사화가 카우프만Angelica Kauffmann(1741-1807)과 꽃그림 화가 모제르Mary Moser(1744-1819)가 포함되어 있었다.[34] 완성도를

33) Eunice Lipton, *Alias Olympia: A Woman's Search for Manet's Notorious Model and Her Own Desire* (New York: Charles Scribner's Sons, 1992).

위해 그는 그림 속에 그들을 포함시켜야만 했지만, 스튜디오의 다른 미술가들 사이에 그들을 등장시키는 것은 적합성의 규범을 위반하는 것이 될 수도 있었다. 이러한 난관을 해결하기 위해 그는 그들을 벽에 걸린 초상화로 그려냈다. 방 안에서 벌어지는 어떤 일에도 참여하지 않도록 확실하게 시선을 피하는 초상화로 말이다. 카우프만과 모제르는 이중적으로 틀에 넣어져서, 스튜디오 자체로부터 멀어지도록 둘러막혀졌다.[역주*]

그들이 이처럼 괴상하게 묘사되었다는 사실은 "여성 미술가" 관념이 갖는 이례적 성격을 폭로해준다. 분명 여성 화가들이 존재했고, 또한 카우프만과 같은 몇몇 여성들은 상당한 영향력과 명성을 얻었다는 것도 똑같이 분명한 사실이다. 그러므로 예술가 개념이 남성 젠더를 갖는다고 해서 그것이 여성이 화가가 되거나 그 작업에서 성공하는 것을 방해했다고 선언하는 것은 정확하지 않을 지도 모른다. 하지만 그려진 스튜디오의 벽 위에다 카우프만과 모제르를 문자 그대로 — 그림 속의 그림으로 — 주변화시킨 것은 그들의 예술 참여가 비정상적이며 보다 심원한 사회질서를 뒤흔들지 않도록 주의 깊게 다뤄져야만 한다는 사실에 주목한다. 그것이 마치 실재라도 되는 것처럼 당혹스럽고 불쾌하게 만드는 힘을 갖는 재현의 흥미로운 사례

---

34) 채드윅(Whitney Chadwick)은 카우프만과 모제르 이후에 1922년까지 왕립 아카데미에 어떠한 여성도 가입이 허가되지 않았다고 적고 있다. *Women, Art, and Society* (London: Thames and Hudson, 1990)[휘트니 채드윅, 『여성 미술 사회』, 김이순 역, 시공사]: 7. 아마추어와 전문가의 지위에 대해서는 또한 채드윅 5장을 보라; Germaine Greer, *The Obstacle Race: The Fortunes of Women Painters and their Work* (New York: Farrar, Strauss, Giroux, 1979): 14장.

* 역주; 18-19세기까지만 하더라도 여성 미술가들이 여성 누드모델을 보는 것은 법적으로 금지되어 있었다. 조파니는 이 그림에서 누드모델을 등장시켰기 때문에 카우프만과 모제르가 그 자리에 존재하는 것으로 그릴 수 없었고 따라서 이들의 모습을 벽 위에 걸린 액자 안의 모습으로 대체할 수밖에 없었다. 여기에서 여성 미술가는 그림을 그리는 능동적인 주체가 아닌 액자 속의 그림, 다시 말해 보이는 수동적 대상으로 전화되어 버린다.

그림 7. 요한 조파니(Johann Zoffany), <왕립 아카데미 회원들 The Academicians of the Royal Academy>, 1771-2. The Royal Collection ⓒ HM Queen Elizabeth Ⅱ.

일지라도, 조파니의 해결책은 적합성을 준수하는 것 이상을 한다. 그것은 실제 미술가의 젠더뿐만 아니라 바로 그러한 미술가 개념의 젠더 또한 재현한다. 왜냐하면 그 기념 회화는 참석한 아카데미 성원들만큼이나 아카데미의 창설과 회화 자체의 규율에 대해서도 똑같이 경의를 표하기 때문이다.

선 원근법

젠더 불균형의 또 다른 차원은 회화와 드로잉의 중심 기술 가운데 하나인 선 원근법을 둘러싼 담론에서 발견될 수 있다. 선 원근법이란 이차원적인 회화 평면 위에 삼차원적 공간을 묘사할 수 있게 하는 전문기술이었다. 유럽에서 선 원근법의 발전은 14세기와 15세기 이탈리아에서 시작되었다. 시간이 지나면서 원근법 드로잉의 기초는 유럽의 여러 지역으로 보급되었으며, 소실점을 위치시키는 방법 및 평행선들이 먼 곳에서 수렴하는 것처럼 보이게 배열하는 방법을 설명했던 책들도 발간되었다. 원근법의 수학적 엄밀성은 상호 관계에서 비례하는 대상의 크기뿐만 아니라 대상의 외관에 대한 과학적 묘사도 가능하게 해주었다. 기하학뿐만 아니라 광학 또한 작용하기 시작했는데, 원근법은 알베르티의 비유처럼 회화가 세계에 대한 창이 되도록 만든다고 널리 믿어졌기 때문이다. 마치 관객이 자연의 광경을 실제로 내다보고 있는 것처럼 말이다. 수세기 동안 원근법은 눈의 작용을 드러내는 것으로, 또한 시각이 최고의 인지 감각이기 때문에 정신의 작용 또한 드러내는 것으로 선전되었다. 원근법의 정교함을 통해서 회화와 드로잉의 예술들은 자연의 진리를 발견하는 수단으로 과학과 어깨를 나란히 하게 되었다. 사실상 르네상스부터 20

세기 초반에 이르기까지 드로잉에 관한 논문들의 주요한 신조는 다른 어떤 활동도 필적할 수 없을 만큼 드로잉이 시각의 인지적 감각과 지적 감각을 자극시키고 발전시킨다는 주장이었다.

수학이나 광학에 대해서는 육체적이고 부적절하거나 사회적으로 의심스런 것은 하나도 없기 때문에, 원근법의 훈련은 이 예술을 배우고자 원했던 여성들에게 어떠한 장벽도 내놓지 않아야만 한다고 여겨질지 모른다. (사실상 그들이 성공하고자 했다면, 어떤 점에서 이 테크닉을 배우는 수밖에 없었다. 후기 인상주의가 의도적으로 왜곡된 그림을 그리기 이전에, 원근법 없이 그려진 회화는 아마추어적이고 서투르게 그려졌다고 간주되었다. 그런 회화는 오늘날에는 보통 "민속예술"의 범주로 편제된다.) 그럼에도 여기서 우리는 한 번 더 인간 본성론에 존재하는 합리성의 역할과 맞부딪히게 되는데, 왜냐하면 수학은 인간이 이룬 성과 가운데 가장 지성적인 것 중 하나이기 때문이다. 여성들은 회화를 훈련받을 기회가 거의 없었다. 부분적으로 그 이유는 그들의 학교 교육이 제한되어 있었을 뿐만 아니라 종종 그들이 수학에 근거한 선 원근법과 같은 섬세한 테크닉을 지적으로 배울 수 없다고 간주되었기 때문이었다.[35)]

이러한 주장을 둘러싼 담론은 흥미를 자아내는 난문을 포함하는데, 왜냐하면 여성들이란 (1)선 원근법을 배울 수 있을 만큼 충분히 수학적인 두뇌를 갖고 있지 않으며; (2)여성들의 타고난 좋은 취미란 규칙 없이도 아름다운 그림을 창조할 수 있음을 의미하기 때문에 원근법과 같은 테크닉을 배울 필요가 없다고 주장되었기 때문이다. 그

---

35) Chadwick, *Women, Art, and Society*[휘트니 채드윅, 『여성 미술 사회』, 김이순 역, 시공사]: 64-8. 또한 Susan L. Feagin, "Feminist Art History and de facto Significance" in Peggy Zeglin Brand and Carolyn Korsmeyer (eds), *Feminism and Tradition in Aesthetics* (University Park, PA, Pennsylvania State University Press, 1995): 305-25를 보라.

런데 이제 실재로 여성이 원근법을 배우기 위해 필요한 계산을 해낼 수 없다면, 그들이 그것을 배우려고 하는 것을 막을 필요가 별로 없었을 것이다. 그러나 물론 그들은 배울 능력이 있었고 또한 실제로 배우기도 했다; (종종 예술가 아버지의 스튜디오에서) 교육을 받았던 그러한 여성들은 원근법이나 다른 섬세한 아카데미의 테크닉에 완전히 정통했음을 보여주는 기록을 남겨주고 있다.[36)]

훨씬 더 이상한 생각은 원근법과 같은 테크니컬한 기술의 훈련이 여성들에게는 필요하지 않다는 것인데, 천성상 그들은 아름다운 것을 창조할 수 있고 따분하게 규칙에 마음을 쓸 필요가 없다는 이유 때문이었다. 이러한 입장은 북미에서 유통되었던 19세기 드로잉 입문서 같은, 유럽 예술론의 영향을 받은 저작들 속에서 발견될 수 있다. 이러한 대중 서적들은 지역의 선구적인 여성이 유럽 선조들의 양식을 열심히 배움으로써 어떻게 집을 아름답게 꾸미고 지역사회의 취향을 향상시킬 것인지를 가르쳤다. 이렇듯 거대한 대중에게 말을 건네기 위해 많은 드로잉 책의 저자들은 아마추어를 위해서, 심지어 어린 학생들을 위해서도 종종 기획되었던 입문서들에서 복잡한 예술의 지침을 추출해냈다. 그들은 이런 수단을 통해 유럽 미학 이론의 전통을 보급했으며 새로운 미국 국민의 취미와 예술적 기준을 개선시킬 수 있기를 희망했다. 그러한 지침에 열심이었던 아마추어 화가들은 대중문학에 열광했던 거대한 여성독자 대중과 다소 비슷하다. 후자가 그랬던 것처럼 아마추어 화가들도 몇몇 비평가와 예술 전문가들에게 근심을 끼쳤는데, 그 이유는 미국인의 취미가 아마추어 여성화가의 유입으로 질이 떨어지고 여성화될 것이라는 염려

---

36) 노클린(Linda Nochlin)은 과거의 여성 미술가들이 그들을 개인적으로 가르쳤던 화가의 딸들인 경우가 얼마나 흔했는지를 지적한다: "Why Have There Been No Great Women Artists."[린다 노클린, 『페미니즘 미술사』, 오진경 역, 예경]

때문이었다. (19세기 대중적인 드로잉 입문서를 썼던 한 예술가-저자는 남성들에게 화가의 반열에 들어오라는 호소로 책의 서문을 시작했다. 그는 자신의 계급에서 여성 예술가들이 어림잡아 20대 1로 남성의 수를 능가한다고 추산했다.)[37)]

대중을 겨냥한 이러한 입문서들 중 몇몇은 원근법의 기본원리들을 가르쳤다.[38)] 다른 책들은 이 테크닉의 수학을 우회하는 지름길을 제안했고 여전히 다른 이들은 여성화가란 남성화가가 가진 전략들을 필요로 하지 않는다고 선언했다. "*남성*에게 필요한 심도 깊은 연마 과정이 *여성 학습자*에게는 요청되지 않는다 — 그녀의 재빠른 직관적 이해는 그런 도구 없이도 잘 해낼 수 있다"라고 드로잉 책의 한 저자는 선언했다.[39)] 그러나 여성의 작업이 교육이나 노력을 필요치 않는다는 근거에서 화가를 칭찬하는 것은 사실상 마음에 없는 빈말에 불과하며, 다른 교사들은 여성이 남성처럼 원근법의 수학을 확고하게 파악할 필요가 있다고 주장했다.[40)]

어떠한 성취가 인간의 기본 천성의 결과라는 생각이 그 성취물의 지위를 현실적으로 얼마나 추락시키는지는 이미 살펴본 바 있는데, 그러한 생각은 그것이 성취라기보다는 타고난 성향의 확장이라고 해석한다. (때때로 유선형의 배, 무기, 의약, 도자기 등의 디자인 같은, 이른바 원시인의 테크놀로지들을 서술하는 경우에도 유사한 현상이 확인될 수 있다; 이러한 발전은 통찰력 있는 개인의 혁신에 기인하기보다는, 흔히 집단의 직관적이거나 진화적인 발전으로 취급된

---

37) John Rubens Smith, *Juvenile Drawing Book No.1* (New York, 1822): 서문.

38) Carolyn Korsmeyer, "Instruments of the Eye: Shortcuts to Perspective," *Journal of Aesthetics and Art Criticism* 47:2 (Spring, 1989) 139-46.

39) Simeon DeWitt, *The Elements of Perspective* (Albany: Southwick, 1813): xxii.

40) Maria Turner, *The Young Ladies' Assistant in Drawing and Painting* (Cincinnati: Corey and Fairbank, 1833)을 참조하라.

다.) "타고난" 능력이 그 능력의 연마를 위한 실재의 훈련이 필요 없다고 여겨진 사람들 집단에 귀속될 때, 그 경우에 그들의 산물들은 훈련된 전문가들의 산물들과 경쟁조차 하지 않기 때문에 찬사 또한 철회되고 만다. 바로 그러한 경쟁에서만 비로소 가장 가혹한 비판적 평가가 내려지며 개인적 취미들이 최고 기준에 이르는지를 보기 위해 테스트되기 때문이다.

당대의 비평 기준에 따른 평가는 오직 전문가라는 자격으로 예술 분야에 들어가는 경우에만 얻을 수 있다. 시각 예술에서 여성이 아마추어로 남아있도록 촉구했던 모든 요소들에도 불구하고, 일부의 여성들은 전문가로 전환하는데 성공했다. 예를 들면 화가 모리조Berthe Morisot는 19세기 중산 계급 소녀들에게 승인된 표준적인 드로잉 훈련들로부터 벗어나서 그녀가 인상주의 운동의 주요 인물이 되는 과정에서 받았던 전문적인 훈련으로 들어가기 위하여 몇 가지 어려운 결정을 해야만 했다.[41] (모리조가 전문적인 회화세계에서 성공했던 한 이유는, 인상주의자들이 역사화의 전통을 거부해서 일상적인 현대생활에 초점을 맞추었으며 거기서는 옷을 입은 인물들이 주역이 될 가능성이 더 많았기 때문이었다.)

전문 화가들에게 주어진 공적인 노출은 우리가 분석해야할 의미들의 목록에다 "주관적"이라는 말의 또 다른 의미를 추가하게 한다. 예술적 산물들이 가족과 친구들의 친밀한 감상에서 벗어나는 것은 전문적 지위에 있는 다른 이들의 작품과 나란히 공적인 검토를 받기 위해 그것을 내놓는 것이기 때문이다. 모리조의 이력의 발전에 대한, 예술사가 히고넷Anne Higgonet의 이러한 언급을 주목해보라.

> 모리조가 아마추어에서 전문적인 화가로 전환할 때 그녀의 전시

41) Anne Higgonet, *Berthe Morisot* (New York: Harper and Row, 1990).

> 가 지니는 중요성을 과대평가하기는 어려울 지도 모른다. 전시한다는 것은 공적인 노출을 감행하는 것, 즉 전문적인 비교나 판단을 받으려 하는 것이며 그래서 그녀가 자신의 작업에 대해 대가를 받을 수 있음을 주장하는 것이었다. 그녀가 회화에 헌신했던 시간이 아무리 많을지라도, 또한 그녀의 타고난 재능이나 수행이 아무리 위대할지라도, 모리조의 작품이 공적인 검토를 받지 않았다면 그녀는 항상 아마추어로 남아있었을지도 모른다. 그것은 이윤의 문제나 비판적 합의의 문제가 아니라 초연한 거리 설정의 문제였다. 전문적이라는 것은 부분적으로는 몰개인적이라는 것을 의미한다—즉 주관적 만족을 넘어서 나아간다는 것을 의미한다.[42]

아마추어의 지위에 대한 이러한 논의는 몇 가지 맥락에서 주관성 관념을 부각시켜왔는데, 이 모두는 여성 예술가에게 해가 되는 것이었다. 상대적으로 보다 정서적이라고 간주된 여성 예술가의 기질은 특정한 유형의 예술에 참여하는 데는 적합한 것처럼 보였지만, 그러나 정서와 주관성 양자에 대해 이렇듯 다소 무시하는 태도를 따를 경우에는 여성이 최고의 예술적 성취에 이르는 것을 방해했다. 이는 미학사에서 이성 이상으로 혹은 이성과 나란히 정서와 감정을 장려하는 운동에 견주어 평가될 필요가 있는데, 창조성에 관한 주장이 지닌 젠더 함의에 주목해보면 그러한 장려가 실재로 얼마나 조율되고 조심스런 것이었는지를 보여주기 때문이다.

과거를 재평가하기

이 장에서는 근대에 널리 퍼져있던 미학적 개념이 여성에게 주어진 기회를 어떻게 제한했는지 강조해왔다; 이는 창조성과 예술의 철학들이 야기한 실천적인 영향을 도식화하는 하나의 방법이기도 하

42) Ibid.: 29.

다. 그러나 이야기는 여기서 끝나지 않는다. 여성의 작품들에 대한 전통적 판단이 어떻게 내려졌건 간에, 그들이 실제로 아무런 장점도 없는 예술을 생산했다고 결론지을 필요는 없다. 그들이 제한된 상황 내에서 무엇을 성취했는지에 주목하는 것이 똑같이 중요하다. 예술가들은 성공하거나 인정받는데 어떠한 어려움이 따른다 하더라도 항상 능동적인 행위자이기 때문이다. 비록 여기서는 여성학자들의 발견들을 재고할 공간이 없지만, 간과되었거나 잊혀져왔던 과거의 예술가들과 작가들의 작품을 밝혀내고 그들의 유산을 재평가하기 위해 오늘날 수많은 연구들이 몰두해왔다.

예를 들어 여성들이 내러티브의 자원을 끌어낼 수 있던 경험 영역에 보통 제한이 있었다는 사실은 그들이 상대적으로 어리석은 정신능력을 가지고 있다는 가정과 결부되었고 또한 이는 앞장에서 논의된 가정, 즉 여성은 "숭고"라고 묘사된 심오한 예술들을 창조할 수 없었다는 가정을 부채질했다. 비록 사회적 규범들이 여성에게 허용했던 한계에도 불구하고, 이러한 비판적 판단은 오늘날 일부의 학자들이 지적해왔듯이 논쟁의 여지가 있다. 페미니즘적 관점에서 과거의 비판적 평가를 수정하는 것은 샬롯 브론테Charlotte Brontë나 에밀리 디킨슨Emily Dickinson과 같은 다양한 작가들의 작품의 문학적 기록 속에 존재하는 "여성적 숭고"에 대한 논쟁들을 포함한다.[43] 이는 여성의 작품에 대한 재평가뿐만 아니라 숭고라는 개념 그 자체에 대한 비판

43) 예를 들어 Barbara Claire Freeman, *The Feminine Sublime: Gender and Excess in Women's Fiction* (Berkeley and Los Angeles: University of California Press, 1995)를 보라: Christine Battersby는 "Stages on Kant's Way: Aesthetics, Morality, and Gendered Sublime" in Brand and Korsmeyer, *Feminism and Tradition in Aesthetics*: 88-114에서 여성 주체를 위해 개발된 숭고에 대한 자신의 논의를 따라서 칸트에 대한 비판과 수정을 가한다; Patricia Yaeger, "Toward a Female Sublime" in Linda Kauffman (ed.), *Gender and Theory* (Oxford: Basil Blackwell, 1989); Susan Howe, *My Emily Dickinson* (Berkeley, CA: North Atlantic Books, 1985).

적 수정까지 의미해왔다.[44]

이와 똑같이, 예술사가들은 잊혀져버린 여성 화가들을 다시 찾아내고 부활시켜 왔으며 이전 시대의 예술에 대한 우리의 이해를 교정하고 풍부하게 만들어 왔다. 예컨대 미술사가 개라드[Marry Garrard]는 화가 젠틸레스키의 작품이 간과되던 것으로부터 탁월한 것으로 인정되도록 변모시켰다.[45] 예술에서 종종 여성의 존재가 남성으로 인해 가려져왔기 때문에 이를 바로잡아 균형을 맞추기 위해, 연구자들은 우리 자신의 시대와 좀 더 가까운 수많은 여성들의 작품에 — 그들의 작품은 더 잘 알려진 남성 동료의 그림자에 가려져 버렸는데 — 스포트라이트를 비추기 시작했다. 따라서 이제는 일렌느 드 쿠닝[Elaine De Kooning], 리 크래스너[Lee Krasner](잭슨 폴록[Jackson Pollock]의 아내), 소니아 들로네[Sonia Delaunay], 프리다 칼로[Frida Kahlo](디에고 리베라[Diego Rivera]의 아내)와 같은, 유명한 화가들의 예술가-아내의 작품에 좀 더 흥미를 갖게 되었다. 페미니즘적 관심은 정치운동을 지지하는 맥락과 무관하게 창조된 예술가들의 작품에서 마음에 맞는 요소들을 부각시키고자 한다.[46] 그래서 이는 여성의 예술 실천들을 재평가하고 여성의 예술 양식들 및 전통들의 존재 가능성을 고찰하는 일단의 연구를 초래해왔다.[47] 간략히 말해 창조적 생산의 역사적 기록은 결코 완

---

44) 숭고 개념에 대해 더 많은 내용은 6장을 보라.

45) Mary Garrard, *Artemisia Gentileschi: The Image of the Female Hero in Italian Baroque Art* (Princeton, NJ: Princeton University Press, 1989).

46) 모더니즘에서 여성의 역할에 관해서는 Griselda Pollock, "Inscriptions in the Feminine" in M. Catherine de Zegher (ed.), *Inside the Visible: An Elliptical Traverse of 20th-century Art in, of, and from the Feminine* (Cambridge, MA: MIT Press, 1996): 67-87을 보라. 모든 미술가들이 그들에게 주어진 관심을 감사히 여겼던 것은 아니었다. 화가 오키프(Georgia O'Keeffe)는, 그녀의 동료이건 페미니즘적 해석가이건 그들이 여성적인 성적 이미지라는 관점에서 자신의 감각적인 꽃그림을 해석하는 것을 불편하게 여겼다. San MacColl, "A Woman on Paper" in Hilde Hein and Carolyn Korsmeyer (eds.), *Aesthetics in Feminist Perspective* (Bloomington: Indiana University Press, 1993): 150-66.

결되지 않으며 계속해서 재평가와 재해석을 요청하고 있다.

요약

세 가지 예술형태의 발전에서 드러난 특정 시기의 스냅사진들을 통해서, 예술의 훈련과 기회에서 여성이 역사적으로 직면했던 참여와 배제의 전모를 충분히 드러내기란 어려울 것이다. 그럼에도 그것들은 미학과 순수예술의 담론이나 실천에 스며있는 몇 가지 사유 패턴들을 시사해준다. 서로 다른 계급들, 역사적 시기들, 문화들에서 남녀가 처한 현실적인 사회 상황으로 인해, 이러한 패턴들이 정립될 뿐 아니라 다양성과 변화를 띠게 된다. 하지만 사실상 모든 현장에서 여성의 능력이 비대칭적으로 개념화되는 것을 볼 수 있는데, 그러한 개념화는 지배적인 것으로 인정된 남성 상대편과 대조되어 짝이 지어졌다. 근대의 전문적 예술가 관념은 이러한 유서 깊은 사유틀에 단지 하나의 층을 더하는 것일 뿐이다.

물론 지난 세기를 지나면서 사정들은 변화해왔다. 오늘날 전망 있는 예술가들은 19세기의 여성을 괴롭혔던 적합성의 제약에 직면해 있다고 느끼지 않으며, 또한 여성들은 남성들이 배우는 것 같은 종류의 공부에서 금지되고 있지도 않다. 이것은 수세기 동안 자리를 차지해왔던 오래된 개념틀들이 마침내 의식에서 사라져버렸다는 것을 의미하는 것일까? 전혀 그런 것 같지는 않다. 물론 그런 개념틀들이 확실히 예전과 똑같은 기능을 하지는 않는다고 하더라도 말이다.

---

47) 이 책의 서두에서 지적했다시피, 이러한 사변들은 페미니스트 학자들 가운데서 논쟁이 되는 주제이다. Mary Devereaux, "Feminist Aesthetics" in Jerrold Levinson (ed.), *The Oxford Handbook of Aesthetics* (New York: Oxford University Press, 2003): 647-66과 서문의 주3을 보라.

5장에서는 오늘날의 예술 및 예술가 개념에 대해 숙고해볼 것이며, 젠더가 미학에서 어떻게 작동하는지를 우리 자신의 시대로 들어가 살펴볼 것이다. 그렇지만 그 주제로 옮겨가기 전에 잠시 우회해서 미학이론의 바깥쪽 주변을 살펴보도록 하자. 그것은 전통적으로 여성과 관련이 많았던 음식과 먹기이다. 여기서는 또 다른 미적 형태 속에 주관성이 작동하고 있음을 보게 될 것이며 가치평가 체계에서 젠더가 어떻게 반향되는지에 대해 좀 더 폭넓게 이해할 수 있을 것이다.

4장 심층 젠더 : 미각과 음식

이제 소개될 내용은 순수예술 및 미적 가치의 전통적 개념들과 그러한 전통의 변경 사이에서 과도적인 전환으로 (점차) 작용하게 될 주제인데, 이러한 전통의 변경이야말로 미학 및 예술실천에 등장한 최근 흐름의 특징이다. 이 전환은 어느 정도 삐딱하게 접근되는데, 왜냐하면 이 지점에서 우리의 관심사는 근대로부터 포스트모던 시대에 이르는 예술 발전의 연대기를 추가하려는 것이 아니기 때문이다. 그보다는 오히려 창조성, 미적 가치, 예술의 본질 등의 개념들을 특징짓고 있는 가치구조를 탐구해볼 것이다. 그러나 *음식*이라는 공공연한 주제는 애초에는 그 가치구조 전체의 가장자리에 있는 것처럼 보인다. 그럼에도 이 주제가 표면상 주변적이라는 것은 그저 겉보기에만 그럴 뿐인데, 왜냐하면 이를 철저히 분석하기 위해서는 철학의 근본 기제에 대한 탐구를 필요로 하기 때문이다. 음식이라는 변변찮은 주제와 관련해 그렇게 거대한 주장을 한다는 것이 그럴 듯해 보이지 않을 수도 있는데, 얼핏 보기에 이 주제는 철학과 관련이 많아 보이지 않는다. 그러나 *왜* 음식과 먹기가 철학의 표준적인 범위 안에 들어가지 못하는지를 정확히 알아내기 위해서는 젠더 분석이 유용하게 이용될 수 있다.

이를 검토하기 위해서는 이전에 제시된 몇몇 자료들이 되짚어질 텐데, 이번에는 젠더 분석의 보다 심층적인 차원에 대해 문제를 제기하기 위해서이다. 앞서 우리는 젠더화된 사고가 어떻게 미학을 채색하는지 살펴보았다. 그렇다면 지금은 그러한 사고가 "철학적"이라고 여겨지는 주제에 대한 가정들을 어떻게 뒷받침하는지를 물을 때이다. 이 책을 통해 확인해왔듯이, 이제는 친숙한 이원적 대립항을 사용하는 개념틀에 의존하는 것은 정서보다는 이성, 신체보다는 정신, 특수성보다는 추상을 선호하도록 부추겼으며, 부수적이라고 가정된 상대 항(몸, 정서적 지각, 특수성) 위에 "우월한" 항(정신, 이성, 추상)을 체계적으로 관련시켜왔다. 젠더화된 의미들이 이원적 개념들과 광범위하게 연관되기 때문에, 심지어 "객관적/주관적"이나 "보편적/특수적"과 같은 인식론적이고 형이상학적인 범주조차 남성적/여성적이라는 이원성과 연루된다. 따라서 이런 류의 대립쌍들의 관점에서 사유하면, 순식간에 실제의 남녀와는 아주 동떨어진 현상에다 젠더를 설정하는 것으로 나아가게 된다. 음식과 먹기가 철학적으로 간과되었다는 것을 탐구할 때 가장 중요한 사실은, 이러한 대립쌍들이 "남성적"과 "여성적"뿐만 아니라 "중요한"과 "별로 중요치 않은"처럼 기본적이고도 조잡한 방식으로 서열화된다는 것이다. 따라서 철학 논쟁을 구성하는 개념들에서 젠더의 표시를 찾아내는 것은, 철학이 탐구될 가치가 있는 문제들을 관심가질 가치가 없다고 — 따라서 "비철학적"이라고 — 여겨진 다른 문제들과 어떻게 구분하는지를 알아내는 방법이라 할 수 있다. 철학 자체의 기본 양상들을 바로 그 뿌리에서 발견하고 그것이 옹호하는 공통의 사유틀을 찾아내는 렌즈가 다름 아닌 젠더일 수 있다.

감각을 철학적으로 분석해보면 젠더화된 가치들이 은밀하게 작동하는 것을 볼 수 있는데, 이는 음식을 논의하기 위한 진입점이 될 것이다. 모든 예술이 다 작품의 미적 특질들을 식별하기 위해 오감 중의 하나에 의존하는 것은 아니지만, 그럼에도 감각 경험은 음악과 회화 같은 몇몇 예술에 있어서 본질적이라 할 수 있다. 따라서 감각의 작용을 다루는 이론들은 미학에서 표준적인 자리를 차지한다. 미감(味感)은 분명 먹는 것을 경험할 때 핵심적이지만, 미각의 활동을 이해하는 전통적 방식은 맛보기가 미적 경험에, 음식이 고유한 예술의 영역에 들어가는 것을 각각 차단해왔다. 대부분의 상황과 문화에서 음식을 준비하는 사람이 여성이라는 것은 명백하다. 이보다 덜 명백한 것은 — 그리고 보다 흥미로운 것은 — 젠더화된 관념들이 신체, 먹기, 미각적 즐거움, 미감(味感)과 관련된다는 사실인데, 이러한 것들은 미적인 것의 개념 및 순수예술의 가치들 주변에 모여있는 가치들에 대립하여 기능한다. 이러한 사실은 어째서 "요리 예술"의 논쟁적 지위가 관습과 관용어를 넘어서서 철학의 본거지와 예술 전통에까지 도달하는지를 보여주는 이유이다.

오감

우리를 둘러싼 세계에 대한 정보가 수집되는 가장 직접적인 수단은 감각기관이다. 우리는 대상을 만져서 촉각적 성질을 알아내고 악취를 찾기 위해 냄새를 맡으며 형태를 식별하기 위해 보고 느낄 뿐 아니라, 그것이 만들어내는 소리를 듣는다. 대상들은 또한 맛이 나는데, 가장 흥미로운 미각적 성질들을 가진 대상들이 바로 음식과 음료이다. 오감 — 시각, 청각, 촉각, 후각, 미각 — 이 식별된 것은 예로부터 다양한 문화를 걸쳐서 비교적 안정적으로 유지되었는데, 촉각이 때로는 (고통과 압력, 열과 냉기를 위한) 촉각기관의 유형들로 구분되고 어떤 연구자들은 하나의 협력체계 안에 미각과 후각을 연결시키는 것을 선호하는 경향이 있지만 말이다. 미학의 배치에서 가장 흥미로운 것은 이들 오감이 분류되는 *위계*hiearchy 이다.[1)]

서구 철학사 전반에서 볼 때 오감 중에서 두 감각은 특별한 지위가 인정되어 다른 세 감각보다 우월한 것으로 자리매김되었다. 시각과 청각은 "고급한" 감각들로 간주되는데, 그 이유는 두 감각이 세계에 대한 정보를 수집할 때에 상대적으로 더 뛰어난 능력이 있기 때문이다. 시각은 특히 대상의 폭넓은 양상들, 말하자면 크기, 형태, 색채, 운동, 그리고 가까이 있거나 멀리 있는 다른 사물들과의 관계들을 식별할 수 있다. 시각 경험은 너무나 생생하고 포괄적이라서, 인식을 나타내는 가장 흔한 감각적 은유의 역할을 한다. 그러한 은유적 용법은 철학 텍스트에 한정되지 않는데, 일상대화에서 우리는 종종 "보인다I see"라는 말을 "이해해I understand"라는 뜻으로 말하기 때문이다. 다른 감각들도 유사한 용법을 보여주는데, 예를 들면 "무슨 말을 하려는지 *들려*I hear"나 "그는 이 개념을 *포착할*grasp 수 없다" 등에서처럼 말이다; 그럼에도 인식과 이해를 나타내는 은유 중에서 가장 흔하게 사용되는 것은 단연코 시각적 이미지들이다.[2)] 청각은 시각과 거의 비슷한 폭넓은 수용 범위를 가지며 더욱이 편리한 의사소통을 위해서, 따라서 경험, 정보, 앎의 공유를 위해서 핵심적이다. 따라서 시각과 청각은 둘 다 인식에 기여하는 제일의 감각으로 간주된다. 지식의 형성은 지성 및 이성의 작용과 결부되기 때문에, 시각과 청각은 때때로 "지적인" 감각이라 불려진다.

---

1) 이 장에서 논의된 생각 중 많은 내용이 Carolyn Korsmeyer, *Making Sense of Taste: Food and Philosophy* (Ithaca, NY: Cornell University Press, 1999)에서 보다 상세하게 탐구된다. 또한 David Howes (ed.), *The Varieties of Sensory Experience* (Toronto, University of Toronto Press, 1991); Constance Classen, *Worlds of Sense: Exploring the Senses in History and across Cultures* (London: Routledge, 1993)을 보라.

2) 시각의 우위에 대한 페미니스트의 분석에 대해서는 2장 주39를 보라.

이와 비교해볼 때 촉각, 미각, 후각은 "저급한" 감각으로 간주되는데, 비록 촉각의 지위는 복합적이라고 할 수 있지만 말이다. 어떤 경우에도 촉감은 시각이나 청각이 갖는 범위나 폭을 결여하는 반면에 (예를 들어 우리는 한 번에 대상의 일부만을 만질 수 있다) 직접성과 확실성을 지니는 바, 우리는 흔히 시각을 통해 수용된 자료들을 확인하기 위해 그런 직접성과 확실성에 호소하기도 한다. 예컨대 대상의 표면이 얼룩덜룩하고 울퉁불퉁한 것처럼 보인다면, 우리는 그것이 정말로 거친지 혹은 색의 변화가 실제로는 부드러운 표면에다 단지 그런 인상을 준 것일 뿐인지를 알아내기 위해 그 위를 손가락으로 문질러 볼 수도 있다. 신기루나 환각은 거기에 도달하여 공허함과 조우함으로써 환영이라는 것이 발견될 수 있다. 시각을 확증하기 위해 촉각을 이용하는 것은 영국 속담으로 이어진다. "백문이 불여일견이지만, 만져보면 진실을 안다." 더욱이 촉감의 대상은 구문론적으로 정리되고 의미가 부여될 수 있으며, 따라서 점자와 같은 문자언어의 기초가 될 수 있다. 비록 다른 특징들이 촉각을 저급한 감각으로 특징짓는다 하더라도, 이런 능력들에서 보자면 촉각은 후각이나 미각보다는 시각이나 청각과 좀 더 유사하다.

이와는 대조적으로 후각과 미각은 인식적 역할이 거의 없는 것처럼 보인다. 대상의 냄새와 맛, 이와 연관해서 구미에 맞거나 먹을 수 있음, 부패에 관한 정보를 전해주는 것을 제외하면 말이다. 이 감각들은 비위생적 물질과 독소에 관해 유기체에게 경고를 해줌으로써 유기체를 보호해주는 중요한 역할을 담당하는 반면에, 이런 기본적인 예방 기능을 넘어서는 고급한 유형의 지식을 발전시키는 데는 필요하지 않은 것처럼 보인다. 미각과 후각은 명백한 인식적 한계를 지니기 때문에 이제까지 저급한, "동물적", "신체적" 감각이라는 범주로 분류되어왔다. (미각과 후각은 별개의 감각으로 간주되는 것이 보다 정확하다고 생각되지만, 그럼에도 사실 그것들은 먹고 마시는 경험에서 함께 작동한다. 미각 경험에 대해 말할 때, 나는 최소한 미각, 후각, 촉각을 포함하여 먹을 때 작용하는 감각 경험의 전 영역을 포함하고 있다.)

서로 다른 감각들이 비슷한 성질들을 지닌다는 점은 위계적 서열화를 지탱하는데 더욱 이바지한다. 시각과 청각은 대상들로부터 멀리 떨어져서 작동해야만 한다. 우리는 아주 멀리 떨어져 있는 대상을 보고 들을 수 있으며, 우리가 좀 더 멀리 떨어져 있을수록 세계에 관해 더 많은 것을 볼 수 있다. 보이거나 들리는 대상과 감지하는 주체 사이에 물리적 거리가 존재한다는 사실은 시각과 청각이 인식적 역할을 수행하기에 유리한 점이라고 간주되는데, 이러한 장점은 후각, 미각, 촉각보다 시각과 청각을 우위에 두게 한다. 앞의 세 감각이 기능하기 위해서는 근접성이나 물리적 접촉이 요구된다. 즉 감지자의 몸이 관련되지만, 시각과 청각에서는 (육체적 감관이 요구되긴 할지라도) 지각 대상과의 어떠한 물리적 접촉도 존재하지 않는다. (엄밀히 말하면, 직접적인 물리적 접촉은 전혀 존재하지 않는다. 음파는 비가시적이긴 하지만 물리적인데, 그것은 우리가 들을 수 있게 하는 귀의 수용기관에 도달하기 전에 공기와 같은 매체를 통해 전도된다.) 시각과 청각에서 요구되는 상대적 거리 및 그것들이 작동할 때 물리적 접촉이 부재하다는 점은 이 두 감각이 육체적 감각들보다 덜 육화되고 보다 영묘하며 보다 추상적이고 덜 혼잡스럽다는 인상을 심어준다. 지적 감각처럼 시각 및 청각은 정신과 제휴하며 촉각, 미각, 후각을 신체와 그 물리적 감각기능의 영역 속에 내버려둔다. 따라서 신체보다 정신을 높게 평가하는 강력한 전통들은 감각의 지위에 있어서도 작동한다. 이 전통들이 고도로 젠더 편향적이기 때문에, 우리는 남성성과 여성성의 개념들이 또한 감각들의 위계에 있어서도 작동하고 있는지 물어볼 필요가 있다.

정신과 육체의 구별과 관련된 가치들은 감각의 위계 속에 깊숙이 자리 잡고 있는데, 왜냐하면 대개 정신적인 것은 신체적인 것보다 더 우월한 것으로 여겨졌기 때문이다. 동물과 공유되지 않는 특수하게 인간적인 특질들이 출현하는 것은 바로 이러한 정신의 영역에서이며, 여기에는 복잡한 지식이나 예술적 창조성의 발전이 포함된다. 새는 훌륭한 둥지를 지을 수 있고 짝짓기 할 때 유리하도록 깃털을 펼쳐 보일 수 있으며 수사슴은 장대한 뿔을 기를 수도 있다. 그러나 이것들은 실제의 창조성이라기보다는 타고난 본능과 생리학의 산물이다. (일부의 이론가들은 인간 창조성이 이런 유형의 동물적 성향들로부터 진화되어 왔을 거라고 주장하기 위해서 진화생물학의 해석을 사용한다.)[3] 이와 유사하게 먹는 것은 종종 타고난 성향의 자연스런 결과로 간주되는데, 그 이유는 모든 동물들도 먹어야만 하고 먹는 행위는 어느 정도 배고픔과 목마름과 같은 충동에 의해 야기되기 때문이다. 먹기와 그에 앞서는 음식준비는 그런 만큼 문화적 성취라기보다는 자연스런 충동, 욕구, 본능에 의해 촉진된 행동으로 간주된다. 물론 음식 섭취가 삶과 건강에 본질적이라는 것은 거부할 수 없는 사실이다. 심지어 *고급요리*^haute cuisine^조차도 동물적 욕구를 세련되고 장식적인 형태로 만족시킨 것으로 간주될 수 있는데, 이 또한 논쟁적 지형이라는 것은 앞으로 간략하게 살펴볼 것이다. 보다 세련된 형태의 음식 준비를 어떻게 파악하건 간에 음식은 미적 지위

3) Geoffrey Miller, *The Mating Mind: How Sexual Choice Shaped the Evolution of Human Nature* (New York: Doubleday, 2000); Nancy Etcoff, *Survival of the Prettiest: The Science of Beauty* (New York: Doubleday, 1999).

에 관한 한 처음부터 의심쩍게 여겨지는데, 그 이유는 실질적인 육체적 욕구와 불가피하게 연관되어 있기 때문이다.

신체성physicality이란 우리가 육화되어 있고 죽을 수밖에 없다는 사실로 인해 인간 생명에 부과된 한계를 종종 상징해왔다. (특히 자연 및 신체적 물질과 동일시된 것은 바로 여성이다.) 지난 몇 십 년 동안 "몸"과 신체적 본성, 특히 성적 본성을 찬양하는 파도가 철학자와 예술가 모두에게 밀어닥쳐왔다; 나중에 6장에서 좀 더 살펴보겠지만, 육체와 그 즐거움을 강력하게 옹호했던 주창자들중 다수가 전통적인 서구의 정신/육체 가치구조들을 재수정하려는 페미니스트들이었다. 그럼에도 이러한 입장은 이전 시대에는 통상적으로 주장된 관점은 아니었다. 우리가 플라톤, 칸트, 쇼펜하우어와 같은 철학자들뿐 아니라 또한 기독교와 같은 종교적 전통에서도 확인될 수 있듯이 말이다. 오히려, 예술의 미적 즐거움이 평가되었던 부분적 이유는 그것이 일상의 신체적 존재가 지니는 욕구를 덜어준다고 여겨졌기 때문이다. 산타냐George Santayana는 19세기 말에 다음과 같이 썼다.

> 우리가 신체적이라 부르고 저급한 것으로 간주하는 즐거움은... 우리 자신의 몸의 일부에 주목하는 즐거움이며, 그래서 어떤 대상이 아니라 즐거움이 발생하는 감각기관 자체를 눈에 띄게 만든다. 그렇다면 여기에, 신체적 즐거움과 미적 즐거움 사이에는 아주 특징적인 차별성이 존재한다; 후자[미적 즐거움]의 기관들은 투명하며 우리의 관심을 가로채지 말고 어떤 외부 대상에게 직접 전해야만 한다. 따라서 미적 즐거움이 지닌 보다 위대한 품위와 범위는 아주 지성적인 것으로 된다. 말하자면 영혼은 신체와의 관계를 잊어버리고 자유롭게 세계 위를 여행할 수 있다고 상상하는 데서 기쁨을 느끼며 그렇게 자유롭게 사유의 대상을 변화시킨다... 육신을 벗어나는 환영은 너무나 흥분되는 것이지만, 육신의 살덩이 속에 잠기고 어떤 기관에 갇히는 것은 우리의 의식에 조야함과 자기본위라는 색조를 던져준다.[4]

산타냐의 언급이 일깨워주는 사실은 신체성이 감각들과 그 대상들이 지니는 두 개의 특별한 특징과 관련이 있다는 것이다: 즉 감각 경험에서 얻어진 *즐거움*의 본성 및 그 경험이 야기하는 *관심의 방향*이 바로 그것이다.

감각적 즐거움과 미적 즐거움

2장에서 보았듯이, 미와 미적 감상에 대한 대부분의 이론들은 또한 즐거움에 대한 이론들이기도 하다. 하지만 즐거움의 모든 유형이 전부 미적이라고 간주되는 것은 아니다. 미각이 철학적 승인을 받지 못한 하나의 이유는 그것이 전달하는 즐거움의 유형과 관련된다: 대부분의 설명에 따르자면 미각은 아주 의심스런 유형, 다시 말해 육체적 감각에 대한 자기탐닉으로 나아가며 열성을 다해 추구될 경우에는 기독교 철학이 경고하는 것처럼 점차 폭식이라는 무서운 죄로 나아가는 유형이다. 우리가 가진 동물적 본성에 탐닉하는 것은 (대부분의 동물들은 인간이 하듯이 과식하지 않기 때문에 이는 부정확한 표현인데) 고급한 합리적 본성에 적합하지 않으며, 그래서 이런 특수한 즐거움은 적당하게만 취해져야 한다. 아니 차라리 아예 신경을 쓰지 않는 편이 더 좋다. 소크라테스가 자신의 죽음 앞에서 말했듯이 철학자는 음식도, 술도, 섹스도 신경 써서는 안 되는데, 왜냐하면 이 모두는 정신의 고급한 임무로부터 육체의 쾌락으로 관심을 돌려놓을 수 있기 때문이다.[5] 그가 말한 서열은 서양의 철학과 종교에

4) George Santayana, *The Sense of Beauty: Being the Outline of Aesthetic Theory* [1896] (New York: Dover, 1955): 24.

5) 소크라테스의 사망 장면은 플라톤의 *Phaedo* [플라톤, 『소크라테스의 변명, 크리톤, 향연, 파이돈』, 박병덕 역, 육문사]에서 자세하게 설명된다. 그 이야기에서 일찌감치 소크라테스는 아내 크산티페를 내쫓아 버렸는데, 그녀의 눈물과 통곡

서 등장하는 다소 흔한 주제를 극단적인 버전으로 나타낸 것이다. 또한 그는 식탁의 즐거움이 종종 침실의 즐거움과 짝지어진다는 사실을 일깨워주었는데, 이는 또 다른 유형의 감각적 탐닉 및 또 다른 치명적 죄악인 정욕lust과 연관되는 것이다.

감각적 즐거움에 붙여진 의미들은 젠더 함의를 지니는 미각, 음식, 먹기의 수많은 요소들 가운데 하나이다 — 먹기와 섹스, 즉 맛의 쾌락에 대한 탐닉과 촉감의 성적 쾌락에 대한 탐닉의 명백한 관계도 포함해서 말이다. 섹스는 수많은 문화체계 속에서 먹는 것과 연관될 뿐만 아니라 (어떤 이들은 모든 문화체계가 다 그렇다고 주장할지 모른다)[6] 꽤나 많은 예술들에서도 분명하게 나타난다. 누드 여성의 몸 가까이에 맛있어 보이는 음식을 배치한 그림의 수를 생각해보라. 예를 들면 마네Edouard Manet의 유명한 그림인 <*풀밭 위의 점심*> *Luncheon on the Grass*은 전면에 어질러진 바구니가 놓여있는 피크닉 모습을 그렸는데, 바구니의 내용물은 옷을 입은 두 명의 남자친구들과 함께 앉아있는 벌거벗은 여인의 모습으로 연결된다. 고갱Paul Gauguin의 <*두 명의 타이티 여인들*>*Two Tahitian Women*의 초상화는 두 여인의 구성에 폴리네시아의 이국정취가 더해지는데, 그 중 한 여성은 과일 접시를 젖가슴 밑에 양손으로 끌어안고 있다. 많은 성서 그림은 이브와 그녀의 위험한 사과를 등장시킨다.

음식이 성과 관련된다는 사실은 — 신체적 만족에 대한 공공연한 인정과 더불어 — 여기서 다루고 있는 서구의 미학적 전통에서 미각

이 불멸성에 대한 그의 사색을 방해했기 때문이었다. 불멸성이란 그가 독배를 마시기 전까지 남성 친구들과 대화했던 주제였다.

6) Claude Levi-Strauss, *The Raw and the Cooked*, John and Doreen Weightman역 (New York: Harper and Row, 1969)[클로드 레비스트로스, 『신화학1: 날것과 익힌 것』, 임봉길 역, 한길 그레이트 북스]; Jack Goody, *Cooking, Cuisine, and Class* (Cambridge: Cambridge University Press, 1982).

그림 8. 폴 고갱(Paul Gauguin), <두 명의 타이티 여인들 Two Tahitian Women>. The Metropolitan Museum of Art, NewYork. William Church Osborne 기증, 1949 (49.58.1).

경험을 진정한 미적 경험으로부터 실격시키는 몇 가지 요인들 중 하나라고 볼 수 있다. 미각은 지나친 탐닉에 빠지기 쉽기 때문에, 때로는 도덕적 지위가 의심되는 감각적 육체적 쾌락을 전달한다. 더구나 먹기나 섹스는 둘 다, 인간존재가 가치를 두는 보다 지적이고 고양된 인식 경험에서는 중요한 자리를 차지하지 못한다. 그것들은 동물적 쾌락(또는 우리가 동물적 쾌락이라고 상상하는 것)에 그렇듯 결부되어 있기 때문에, 수시로 실제로 비난되고 꺼려지기도 한다. 비록 먹기와 섹슈얼리티 둘다 모두 흔히 예술작품의 주제가 됨에도 불구하고, 예술에 대한 미적 감상이란 묘사된 섹슈얼리티를 초월하여 신체적 감각적 쾌락보다 우월한 보다 초연한 향유에 이르는 것으로 가정되었다.

육체적 감각들에 대한 일체의 경고에도 불구하고, 미각이 지니는 맛의 감각은 근대철학에서 출현했던 미학이론들을 설명하기 위한 모델과 중심적인 은유를 제공해준다.[7] 물론 음식 자체는 예술철학이 다루는 대상들의 후보가 되지는 못한다 할지라도 말이다. 2장에서 제시되었던 미적인 것의 관념이 출현하는 상황으로 잠시 되돌아가 보자. 미학이란 미를 즐거움의 한 유형으로 분석하는 경향이 있었던 근대철학의 프로그램 내에서 발전했는데, 어떤 것을 맛보고 나서 내가 그것을 좋아하는지 아닌지에 대해 완전히 중립적으로 남아있기는 어렵다. 맛의 경험에는 즉각적인 즐거움이나 불쾌감이 존재할 뿐만 아니라, 맛을 분간하는 입맛은 다소간 세련된 비평가에게서 발전될 수 있는 미적 감수성과 마찬가지로 맛의 흔적이나 뉘앙스를 식별할 수 있도록 개발될 수 있다. ("취미의 기준에 대하여"에서 흄[Hume]은 예술의 특질을 판단하는 판별 능력과 포도주에 대한 섬세한 미각을 비교하는 사례에서 이러한 유비를 이용했다.) 미각은 감상 대상의

7) 한 현대의 분석가는 18세기를 "취미의 세기"로 지칭한다. George Dickie, *The Century of Taste: The Philosophical Odyssey of Taste in the Eighteenth Century* (New York: Oxford University Press, 1996).

특질들에 대한 섬세한 판별을 나타내는 모델로서 기능하는데, 미적 속성들을 맛보고 음미한다는 식의 은유들은 미식가 이미지를 이어 받고 있다. 그럼에도 지배적인 전통에 따르면, 미각은 은유적인 지위를 얻는 데에만 제한된다. ― 많은 영향을 끼친 칸트 같은 ― 대부분의 이론가들에게서 즉물적인 미각 경험은 진정 미적이라 할 수 있는 그런 유형의 즐거움을 산출하지 않는다; 그것은 육체적이고 감각적인 것으로 남아있다.

실천적 용도, 도덕적 승인, 종교적이거나 공적인 목표, 신체적 쾌락과는 달리, 미적 즐거움은 오로지 그 자신만을 위해서 평가된다. 그것은 본래적 특질들, 가장 중심적으로는 미를 파악함으로써 생기는 반응이다. 우리는 미가 무엇을 위해 좋은 것이냐고 묻지 않는다; 미는 그 자신의 존재이유이다. 이와 대조적으로 음식의 즐거움은 실용성을 벗어날 수 없는데, 우리는 살기 위해 먹어야만 하기 때문이다; 또한 그것은 배고픔의 충족으로 관심을 돌리는 어느 정도의 감각성을 피할 수도 없다. 음식과 먹기는 의심할 여지없이 즐거움을 전하는데, 입맛은 훈련될 수 있기 때문에 그러한 즐거움들은 고도로 세련되고 판별력이 있을 수도 있다. 그러나 승인된 전통에 따르면, 음식의 선호는 비평적 찬사를 공유하기 위한 표적이 되기보다는 훨씬 더 특이하고 사적이기 쉽다. 이렇게 분석된 정통적인 단서들 모두에 따르자면, 미각적 취미는 미적 감각이 아니다.

감각들의 위계를 정하고 미적 즐거움의 영역에서 미각을 배제하는 것은 취미에 관한 몇몇 영향력 있는 18세기 철학들의 중심적인 특징이다. 영국 작가인 케임즈 경Lord Kames 헨리 홈Henry Home은 즐거움이란 "정신적" 현상이라고 주장했는데, 즐거움은 일반적으로 세계보다는 감지자의 경험 속에서 발생한다는 것이다. 그는 즐거움이 시각이나 청각의 대상에서 얻어지는 경우에는 정확히 정신에서 발생하는 것처럼 보인다고 말했다; 그러나 그 대상이 맛, 냄새, 촉감일 경우에 우리의 관심은 감각을 느끼는 신체 부위로 향하게 된다. 그가 보기에, 고급한 감각은 육체적 감각에 지나치게 탐닉하는 것에 맞서 우리를 보호하는 경향이 있다. 눈과 귀는 순수예술의 감상에 사용되는 감각이며 사실상 육체의 즐거움으로부터 벗어나서 도덕성과 종교로 나아가는 가교로 작용할 수 있다. 그에 따르면, "순수예술이란 열등한 감각들을 무시하면서 눈과 귀에 즐거움을 주기 위해 고안된 것이다."[8] 또한『판단력 비판』에서 칸트는 미적 즐거움을 해명하기 위해 미각의 즐거움과 대조시켰다; 전자[미적 즐거움]는 일종의 보편적 동의를 요청하는 반면, 후자[미각적 즐거움]는 개인적 선호를 추구하는데 만족한다고 칸트는 주장했다.[9]

주관성과 객관성

감각적 즐거움에 대해 이렇게 숙고하다보니, 신체적 즐거움이 왜 미적이지 않은지에 대해 산타냐가 언급한 두 번째 이유를 논의하는 것이 뒤로 미루어졌다. 그가 말했던 이유는 육체적 감각들이 우리의 관심을 외부세계를 향해 바깥으로 돌리기보다는 감지자의 육체를 향해 안으로 향하게 하기 때문이었다. 이는 미각 경험들이 미적 범주들로부터 배제되어 왔던 이유들이 추가된 복합적인 주장이다. 미각이 지니는 맛의 감각은 너무나 주관적이어서 인식적 지위나 미적

8) Henry Home, Lord Kames, *Elements of Criticism* [1762], I권 (Hildesheim, NY: Georg Olms Verlag, 1970): 6-7.
9) Immanuel Kant, *Critique of Judgement* [1790], Werner S. Pluhar 역 (Indianapolis: Hackett, 1987)[임마누엘 칸트,『판단력 비판』, 백종현 역, 아카넷]: 47-55.

지위를 지닐 수 없으며, 따라서 집중적인 관심을 받을 가치가 없다고 주장된다. 주관적이라는 비판은 몇 가지 주장들을 포함하는데, 그 주장들 모두 철학 전통 속에 잘 구축되어 있고 대부분은 젠더화된 관념들과 관련되며 그 중 다수는 논쟁적인 것이다.

첫째, 미각의 감각들은 자기 자신의 몸 상태로 경험된다. 시각과 청각은 감각기관과 지각 대상 사이에 거리를 두고 작동하며, 그 결과 감지하는 주체의 신체로부터 벗어나서 외부의 지각 대상으로 관심을 기울이게 한다. 그러나 미각에서는 감각이 신체 "안"에서, 특히 입 안에서 경험된다. 예컨대 *빨강*은 눈의 성질이 아니라 딸기의 성질로 경험되지만, *시큼함*은 혀의 감각으로 경험된다. 세 신체 감각들[미각, 촉각, 후각]은 모두 감지자가 그 또는 그녀 자신의 몸을 자각하도록 이끄는 경향이 있다. 이 차이를 말하는 하나의 방식은, 시각과 청각이 (그 대상으로 관심을 돌린다는 의미에서) 보다 "객관적"인 반면에 촉감, 맛, 냄새는 (감지하는 주체의 상태로 관심을 돌린다는 의미에서) 보다 "주관적"이기 쉽다는 것이다. 이러한 대조는 다음의 사실에서 반영되는데, 즉 촉감, 냄새, 맛의 경험에는 통상 "감각들[sensations]"이라는 표지가 붙여지지만 청각이나 시각의 실제 감각은 있을 것 같지 않다는 것이다; 오히려 후자는 "지각들[perceptions]"이라 지칭되는 경향이 더 많다. (극단적인 경우에는 청각과 시각에 동반되는 감각들이 존재할 수도 있다. 예를 들면 깊고 낮은 소리는 발바닥에서 느껴질 수 있을지 모른다; 강렬한 빛은 실제로 눈에 고통을 일으킬 수도 있다.)

둘째, 미각은 세계에 대한 정보를 거의 제공하지 않는 것처럼 보이기 때문에 주관적이라고 간주된다. 다양한 외부세계로부터 자기 자신의 존재의 협소한 초점으로 우리의 관심을 전환시키는 것처럼,

내향성은 감각의 인식적 가치를 훨씬 축소시킨다. 시각과 청각의 대상에 대한 판단들은 시점 및 신체 위치와 필연적으로 관련되지만, 그것들은 감지자의 몸 바깥에 있는 세계를 발견하는 수단이다. 이와 대조적으로, 인접하거나 육체적인 감각들은 우리 자신과 몸의 상태를 향해 내면으로 관심을 돌린다고 여겨진다. 촉각은 그때그때마다 역할을 바꾼다; 신체적 쾌락의 원천으로서 촉각은 미각이나 후각이 지닌 낮은 서열을 공유한다; 그러나 그것은 또한 세계의 특질들을 탐구함에 있어서는 미각과 후각보다 더 큰 인식적 역할을 갖으며 이런 식으로 시각 및 청각과 지위를 나란히 한다. 이를 염두에 두고 칸트는 오감 중의 세 감각 — 시각, 청각, 촉각 — 에 대해서 이렇게 진술했다.

> 세 감각들은 주관적이기보다는 객관적인데, 즉 그것들은 자극을 받는 기관에 대한 의식을 불러일으키기 보다는 외부 대상의 인식에 보다 더 ...기여한다. 그러나 두 감각들은 객관적이기보다는 주관적인데, 즉 그로부터 얻어진 관념은 외부 대상의 인식이기보다는 향유의 관념이다. 따라서 우리는 객관적인 세 감각들에 있어서는 다른 사람들과 쉽게 동의할 수 있다. 그러나 다른 두 감각에 관해서 주체가 반응하는 방식은 아주 달라질 수 있다.[10)]

셋째, 이는 "취미에 대해서는 논박할 수 없다"고 통상 그렇게 단언하는 이유이다. 취미를 말하는 것은 우리 자신의 반응과 관련되며 다른 사람들에게는 유효하지 않다. 이는 또 다른 의미의 "주관성"이다: 어떤 것이 좋은 맛이 나는지 아닌지의 판단은 효과적으로 논박될 수 있는 것이기보다는, 순수하게 개인적이며 심지어 사람마다 특유한 판단인 것처럼 보인다. 미적 판단과는 달리 실재의 미각 취미

---

10) Immanuel Kant, *Anthropology from a Pragmatic Point of View* [1798], Victor Lyle Dowdell역 (Carbondale: Southern Illinois University Press, 1978): 41.

에 관한 선호의 차이는 논쟁을 하거나 기준을 세울 만큼 충분히 중요하다고 생각되지 않는데, 이는 이 주제가 "취미의 기준"을 찾는 근대적 탐구에서 별반 고려되지 않았던 또 다른 이유이기도 하다. 더욱이 그러한 기준들을 찾는 것은 아무런 성과 없이 끝나게 될지도 모른다. 왜냐하면 개인의 육체적 선호는 보편적이지 않고 개인적이며 이런 주관적 감각의 육체적 지향성이 낳은 또 다른 결과이기 때문이다.

이는 미각에 반대하는 네 번째의 가장 심도 깊은 비난으로 나아간다: 미각은 어떤 중요한 의미도 담고 있지 않다는 것, 다시 말해 무언가에 *대한* 것이 아니라는 점이다. 보다 정확히 말해, 미각은 단지 그 자체와 그것이 불러일으키는 즐거움에 대한 것일 따름이다. 따라서 음식 준비를 업으로 하는 사람들은 몸에 영양을 주고 감각적 즐거움을 제공하지만, 예술이 기여하는 방식으로 세계의 해석에 기여하고 있지는 않다. 시블리Frank Sibley가 실제로 육체적 감각들의 미적 지위를 옹호하고 있는 맥락에서 말했듯이, "향과 맛은 자연적이건 인공적이건, 필연적으로 제한된다: 주요 예술들과 달리, 그것들은 사랑이나 미움, 슬픔, 기쁨, 공포, 고통, 열망, 연민, 비애와 같은 정서들과 — 또는 플롯이나 인물 성격의 발전과 — 아무런 표현적 관련성도 지니지 않는다."[11]

미각에 반대하는 입장을 요약해 보자: 미각과 먹는 경험들은 전통적으로 철학적 관심, 특수하게는 미적 관심을 받을 자격이 박탈되었는데, 부분적으로 그 이유는 그 경험들이 전달하는 즐거움의 본질 때문이었다. 미각적 경험은 미적 즐거움보다는 감각적인 즐거움을

11) Frank Sibley, "Tastes, Smells, and Aesthetics" in John Benson, Betty Redfern, and Jeremy Roxbee-Cox (eds), *Approach to Aesthetics: Collected Papers on Philosophical Aesthetics* (Oxford: Clarendon Press, 2001): 249.

불러일으킨다; 따라서 그것은 우리의 관심을 육체적 관심에서 멀어지게 하는 다른 감각 경험들에 비해서 추구될 만한 가치가 적다. 그것은 단지 주관적일 뿐이며, 따라서 공공의 또는 공유된 관심사가 아니다. 더욱이 미각은 청각과 시각, 심지어 촉각이 정보를 주는 식으로 세계에 대해 알려주지 않기 때문에 인식적으로 취약하다. 이는 예술작품과 비교해서 볼 때 음식, 맛, 향이 재현적이고 표현적으로 취약하다는 주장으로 이어진다.

잠시 뒤에 나는 이런 비난들에 대해 반증을 해보겠지만, 일단 먼저 감각들의 위계 속에 담겨있는 젠더 함의를 밝혀내보자. 눈은 눈이고 귀는 귀이다. 비록 감각기관들이 다소간 예리하게 기능할 수 있을 지라도, 그 변종들은 젠더에 의해 가려지지는^sort out 않는다.[12] 그럼에도 가치들이 서로 다른 감각들과 관련되는 경우에, 젠더의 의미는 풍부해진다. 우선 첫째로 저급한 감각과 고급한 감각을 구별하는 지적/육체적 서열 차이가 존재하는데, 지적인 용기라는 범주는 남성적인 것으로 젠더화되기 때문이다. 더욱이, 인류의 재생산에서 여성이 담당해온 오랜 역할 때문에 여성은 남성보다 "육체적인" 것들과 더 많이 관련된다 — 실제로는 아닐지라도 상징체계들 속에서는 그러하다. 이는 감각의 위계 및 "고급한" 감각과 "저급한" 감각의 구분에다 처음부터 젠더화된 메시지를 부여한다. 게다가 예술적 맥락에서 이미 살펴본 것처럼 여성이 이성의 명쾌한 빛보다는 감정이라는 왜곡된 렌즈를 통해 세계를 보는 경향이 많다고 추측되는 한, 전통적으로 여성은 남성보다 더 주관적이라 여겨졌다. 이런 평가들은 합리성을 남성적 특성과 동일시하고 여성성에는 보다 감각적이고 정

12) 실제로 색맹은 성과 연관된 특성인데, 여자아이가 색맹이 되기 위해서는 양 부모 모두 유전자를 가져야할 것을 요구한다. 한쪽 부모에서만 나온 유전자들은 남아에게서 그런 상황을 일으킬 수 있다.

서적인 본성을 할당하는 가치 꾸러미의 일부가 된다. 남성성은 보편적인 공감의 감정과 이념을 표현할 수 있는 예술적 시각을 키워낸다; 여성성은 개인적 감정을 보다 많이 드러내는 경향이 있다.

몸, 신체적 즐거움, 감각적 탐닉과 연관된 가치들은 정신, 정신적 성취, 엄격한 규율과 연관된 가치들의 저급한 대립쌍이다. 합리성, 인식, 객관성, 정신성이라는 남성적 가치들과 가장 많이 연관된 감각들은 시각과 청각이다. 정서와 감정, 주관성과 몸이라는 여성적 가치들과 가장 많이 관련된 감각들은 촉각, 미각, 후각이다. 이런 개념 구분을 강화하는 것은 음식의 영역이 상징적 차원에서뿐만 아니라 실제적으로도 단연코 가정적이자 여성적이라는 사실이다. 왜냐하면 삶이 가정사에 한정된 그런 사람들이 음식 준비라는 임무를 떠맡기 쉬울 것이기 때문이다. 음식 준비와 먹기는 양육과 연관되며, 음식 섭취가 생리적으로 추동된 것인 한 자연과 연관된다. 이런 진술들은 미각과 음식의 문제가 갖는 좀 더 심오하게 젠더화된 의미를 경험적으로 표명한 것이라고 간주될 수 있다. 이런 모든 “여성적” 특성들 때문에, 미각과 음식이 미적 지위를 얻는 것은 여러 각도에서 방해를 받는다.

미각의 옹호

미각이라는 감관을 간략히 검토해보기만 해도, 젠더화된 사유패턴들이 미학사에서 명백한 착오와 견고하게 구축된 오류로 이어졌음을 입증하게 될 것이다. 서두에서 언급했듯이, 젠더화된 개념 범주들은 철학적인 중요성을 지니는 주제들을 지속적인 이론적 검토 대상이 못된다고 여겨진 다른 주제들로부터 구분하는 경향이 있다. 어떤 주제가 철저히 연구될 가치가 없다는 이유로 제외될 때, 우리는 조금이라도 더 관심을 가진다면 고쳐질 수 있는 실수를 저지르기 쉽다. 그런데 이 같은 실수는 미각의 주관성을 경멸하는 사실상 모든 주장들에서 발생했던 것처럼 보인다.

가장 광범위한 결과를 끼치는 잘못은 음식의 경험이 너무나 주관적이어서 예술과 같은 류의 의미를 제공해줄 수 없다는 생각인데, 이는 앞서 시블리가 음식과 재현 예술을 대조시켰을 때 요약한 생각이기도 하다. 이처럼 음식에다 의미와 인식적 의의를 부여하는 것을 거부하는 것은 미학과 먹기에 관한 문헌 속에 널리 퍼져있는 주장이다. 그러나 이는 명백히 부정확한 것이다. 먹기는 즐거움의 충족이나 영양의 제공 이상으로 우리가 적지 않게 중요한 의의를 담아내는 활동이다.

음식은 영양을 주고 맛있을 뿐 아니라 재현적이고 표현적이기 때문에 여러 방식으로 의미심장하다고 인정된다.[13)] 음식의 모양이 뭔가 특별한 것을 닮거나 지칭하는 경우에 언제나 볼 수 있는 음식의 재현은, 특별한 제의나 의례 음식에서는 심오한 의미를 담기도 하고 또한 우리가 매일 먹는 것에서는 보다 장난스럽게 발생하기도 하는 통상적인 관행이다. 얼마나 많은 음식이 다른 뭔가를 흉내 내어 만들어지는지 생각해보라; 예컨대 곰 모양의 껌, 지팡이 모양 사탕, 통나무 모양의 크리스마스 케이크[yule logs], 십자가 모양의 빵, 생강쿠키 인형, 동물 모양의 크래커, 프레첼 등등. 일상의 많은 음식들은 처음에는 재현적 의미를 가지고 만들어진 것이었지만, 이 의미는 이미 오래 전에 사라져버렸다. 터키족에 맞서 도시를 성공적으로 지켜낸 후에 비엔나의 제빵사들에 의해 발명되었던 빵이 크루아상이라는

---

13) 이 점에 관한 보다 상세한 설명은 Korsmeyer, *Making Sense of Taste*의 4장을 보라.

사실을 오늘날 기억하는 사람이 과연 누가 있을까? (파이껍질의 모양은 원래 침입자의 깃발 위에 그려진 초승달을 재현한 것이라 한다.) 이런 재미있는 재현 음식들에 대해 곰곰이 생각해보면, 우리가 먹고 마시는 것이 우리를 둘러싼 세계와의 교섭에 얼마나 손쉽게 이용되는지 알 수 있다. 만약 음식이 표현적 의미를 가질 수 없고 "객관적" 방향으로 관심을 불러낼 수 없다면, 이러한 일은 결코 일어날 수 없었을 것이다.

음식은 또한 표현적일 수 있는데, 그러한 사실은 요리사들과 주방장들이 각기 다른 경우에 요리를 준비할 때 강조하는 성질들에서 나타나며 대개 이런 의미들은 문화적 실천의 결과다. 때때로 음식의 인식적 양상들은—즉 그 의미들은—꽤나 명백하다. 이는 유태인의 유월절 밤 축제the Jewish Passover Seder와 같은 의례 음식의 예에서 흔히 나타나는데[역주*], 여기서 어떤 음식들은 이집트로부터의 대탈출 양상을 명확하게 지칭한다. (예를 들어 발효된 빵 대신에 먹는 마쪼matzoh는 부풀어 오를 시간도 갖기 전에 급하게 빵이 구워졌다는 사실을 재현한다; 쓴 나물은 얼얼한 맛에서 슬픔을 전달한다.) 다른 경우에는 음식의 의미를 알기 위해서 어느 정도 곰곰이 생각해볼 필요가 있는데, 이를테면 미국 추수감사절의 뿌리채소(제철이 11월이고 계절을 표현하는 늦게 수확한 식량)나 또한 물론 북미 산악의 새인 칠면조의 관련성처럼 말이다. 멕시코에서 죽은 자의 날the Day of the Dead을 위해 준비하는 죽은 자의 빵과 해골 설탕과 같은 상징적인 음식

---

* 역주; 유월절(逾越節)은 이스라엘 백성이 출애굽한 사건을 기념하는 유대인 최대의 명절이다. 유월절은 유대력으로 니싼월 15일에 시작되며 보통 칠일 동안을 명절로 지킨다. 유월절에는 여섯 가지의 특별한 음식들, 즉 정강이 뼈, 삶은 달걀, 쓴 나물(양고추냉이), 파슬리나 셀러리 또는 양상추, 소금물, 하로셋 등이 준비된다. 유월절 음식 중 가장 중요한 것은 마쪼인데, 우리말로는 무교병이라고 한다. 이는 누룩이 들어있지 않은 빵으로, 이스라엘 백성들이 이집트를 급히 떠났기 때문에 발효시키지 못한 빵을 들고 나왔다는 출애굽의 긴박성을 상징하는 음식이다.

들은 세상을 하직한 사람들의 영혼에게 대접하기 위한 것이다. 이 식사를 위해 공들여 만들어진 뼈의 이미지들은 죽음을 재현하는데, 전체의 축제는 환영과 추모를 표현한다. 죽은 자와의 교우는 우리가 음식과 음료를 나누어 먹는 가운데 매일매일 경험하는 살아있는 자와의 교감을 반복한다.

기독교의 성체성사처럼, 음식물을 사용하는 종교적 제의들이 미각에 관여하는 방식은 일상에서의 먹기와는 별 관계가 없다. 그럼에도 그런 제의에서 사용되는 것이 미각이라는 사실은 우리가 몸 안으로 성체를 받아들이는 것이기 때문에 결정적으로 중요하다. 이런 육체적 양상으로 인해 미각은 특수하고 심오한 친밀성을 띠게 되며, 이러한 친밀성이야말로 맛보고 먹는 바로 그런 행위를 통해 통찰을 얻는 심오한 참여적 의미를 먹기에 부여할 수 있다. (금식(禁食) 의례들도 이와 유사하게 의미심장한데, 이는 육체적 쾌락의 부재를 경험함으로써 그에 대한 성찰을 요구한다.) 보다 세속적인 상황들도 이와 유사한 것을 제공한다: 종종 음식 제공을 포함한 친절한 접대는 사람들 사이의 신뢰 관계를 수반한다. 우리는 우호적으로 음식을 제공하고 그것을 먹기 좋다고 믿으면서 받아들인다. 그것은 일종의 일상적인 친밀성을 지니는 통상적 태도이다. 또한 그것이 습관의 일부가 되어왔기 때문에, 우리가 그 의미를 항시 알아차리지는 못할 수도 있다. 음식과 음료는 필수품이자 일상의 흔해 빠진 요소들이고, 그래서 우리는 자주 그것의 깊은 의미를 놓치고 못보기도 한다. 그럼에도 이해와 의미는 삶의 리듬에서 현존하며, 그저 조금만 성찰해보더라도 그 사실을 분명하게 인식할 수 있을 것이다.

훌륭한 만찬을 위해 특별히 준비된 식사에서 음식은 미식가가 그 또는 그녀의 평가에서 주목한 모든 특질들을 예증하며, 또한 이러한 사실은 음식이 단지 주관적일 뿐이라는 비난에 저항한다. 예컨대 꽃부케를 위한 포도주를 칭찬하는 것은 포도주에서 드러나는 꽃과 같은 속성에 주목하는 것이지, 한 사람의 혀의 상태에 주목하는 것이 아니다. 사실상 이 역할들 중 어디에서도 음식과 그 맛은 "단지" 주관적이지 않다. 만약 그렇다면, 요리의 적절한 준비나 그것이 어떤 맛이 나야하는지를 토론하는 것조차 합당치 않게 될 것이다. 실제로 "취미에 대해서 논박할 수 없다"는 통상의 주장은 아마도 부엌과 음식점에서 매일매일 도전되고 있다.

이 중 어느 것도 좋은 음식과 음료가 강렬한 감각적 즐거움을 전해줄 수 있다는 사실을 부인하려 하지는 않지만, 즐거움 자체는 그저 사적이고 주관적인데 불과한 것으로 잘못 이해되어져 왔다. 우리 입 안의 바로 그런 맛들은 뭔가에 "관한" 것이다. 그리고 맛을 보는 것은 미각이 제공하는 사회적 문화적 개인적 의미들을 안중에 두지 않은 채 자신의 육체적 감각의 덫에 빠지는 것이라고 결론짓는다면, 바로 그 점에서 표준 이론standard theory은 아주 잘못된 것이었음에 분명하다. 부인할 수 없이 미각은 우리 자신의 입 안에서 나타나고 우리 자신의 경험을 요구하기 때문에 주관적이다. 그러나 그러한 경험은 보다 표준적인 미적 판단들과 마찬가지로 소통가능하며, 그래서 논쟁되고 평가될 수 있다. 더욱이 종종 우리가 음식을 먹게 되는 강력한 사회적 맥락들은 먹기의 공유된 경험을 훨씬 더 공적으로 만든다. 이런 경험의 영역은 다른 것과 마찬가지로 철학적 관심을 받을 자격이 있으며, 그러한 문제들이 철학적이지 않다는 유서 깊은 가정은 어디까지나 젠더 편향적인 편견이다.

예술 그리고/속에서/로서의 음식

이제 두개의 전혀 다른 문제들이 생겨나기 때문에, 바로 이 지점에서 음식과 그것의 미학적 함의에 대한 나의 분석이 갈라지기 시작한다. 첫째, 음식의 미적 지위에 대한 앞서의 옹호는 다음과 같은 결론, 즉 "좋은 음식과 그 준비는 예술형태로 분류되어야 한다"는 주장으로 나아가는가? 둘째, 음식의 재현이 (예컨대 정물화에서처럼) 흔히 예술의 주제가 되어왔지만, 그럼에도 많은 현대 예술가들은 실제로 그들의 작품에서 진짜 음식물들을 매체로 사용한다. 이는 철학적 전통이 간과해왔던 음식의 미학적 지위를 인정하는 증거인가? 이것들은 결코 단순한 문제들이 아니며 각각의 문제는 집중적으로 고려될 필요가 있다.

요리는 하나의 예술형태인가?

미각의 미적 지위를 옹호하는 것은 음식을 예술작품의 범주에 포함시키는 그 이상의 주장을 초래하는 것처럼 보일 수도 있는데, 음식이 예술철학 바깥에서 읽혀져 왔던 하나의 이유는 정확히 말해 그것이 미적이지 않은 감각을 수단으로 지각되기 때문이다. 그럼에도 나는 이를 주장하지는 않을 것이다.

물론 요리의 "예술"을 주장하는 사람들도 있다. 특히 해당되는 요리의 유형이 특별히 세련된 *고급 요리*[haute cuisine]일 경우에는 말이다. 예를 들어 레벨[Jean-François Revel]은 프랑스에서 영향력 있는 요리사의 성장을 상세히 설명했는데, 이 시기가 철학과 예술론에서 미적인 것의 이론들이 출현했던 때와 동일하다는 것은 확실히 우연이라고 할 수

만은 없다.[14] 레벨은 요리법이 예술로 간주되어야 한다고 주장한다. 이를 위해 그는 회화라는 순수예술과 집안 장식을 구분하는 것과 유사한 방식으로 *고급 요리*와 평범한 식사를 구분한다. 음식 준비는 어느 정도 고도의 기술과 예술성을 요한다는 주장에 대해서 나는 어떠한 이의도 갖고 있지 않다. 그러한 요리가 1장에서 논의되었던 *테크네*의 오래된 의미에서 하나의 예술이라는 사실은 결코 의문의 여지가 없다. 그러나 그렇다고 해서 요리가 지당하게 순수예술로 간주되며 (말하자면) 음악과 시의 동반자로 "고양"된다고 할 수 있는가? 나는 그렇지 않다고 주장할 것이며, 게다가 이런 사유 방향이 음식의 중요성에 대한 고려를 부당하게 협소한 범위로 제한시킨다고 주장할 것이다.

우선 첫째로 우리가 이제까지 검토해왔던 순수예술의 범주는 실제의 음식과 요리에 대해서는 정말로 부적절한데, 이는 훌륭한 미식 gourment 수준의 변형된 형태들에서조차 그러하다. 순수예술 전통은 예술사에서 단지 하나의 순간이지만, 그것은 예술의 자율성 및 대중과 예술작품 사이의 관조적 거리를 강조하는 순간이다. 이러한 강조 때문에, 음식은 인정될 수 있는 의미에서 결코 순수예술 형태라는 자격을 얻을 수 없다. 음식 준비와 그 밖의 가사노동은 "미적"이라는 말의 관습적 의미에서 볼 때 어느 정도는 고도로 "미적인" 몇 가지 특징들을 갖는다. 그것들은 장식적 양상을 지니며, 그래서 집안 살림과 멋진 식당을 차리는 것 둘 다가 추구하는 목적중 하나는 입맛뿐 아니라 눈도 즐겁게 하는 식탁을 꾸미는 것이다. 그러나 음식 준비가 그 과정 내내 미적으로 만족스럽다 할지라도, 그럼에도 음식 준비에는 예술 생산의 전통적 규범들을 위반하는 특징들이 분명 존재

14) Jean-François Revel, *Culture and Cuisine: A Journey through the History of Food*, Helen R. Lane역 (New York: Doubleday, 1982).

한다. 왜냐하면 그저 미적 특질이 현존한다고 해서 모든 것이 다 예술작품이 되는 것은 아니기 때문이다. 먹는 것은 어쩔 수 없이 주기적이고 반복적인 과정이다. 우리는 음식을 준비하고 먹고 설거지하고 소화시키고 배설하고 다시 배고파지며, 그 과정을 또 다시 시작한다 — 운이 좋아서 기근에 허덕이며 살아가지 않는다면 반복적으로 하루에 몇 차례씩 말이다. 우리가 도중에 멈추어서 "다 끝났고 이제 그냥 내버려둬도 된다"고 말할 수 있는 시점은 존재하지 않는다. 그림이나 대리석과 달리 음식은 부패하고 썩는다. 또한 음악과는 달리, 그것은 흔적도 없이 흩어져 사라지는 것이 아니라 깨끗이 치우고 교체해줄 것을 요구한다. 그 실체도, 그 형태도 영속적이지 않으며 그것이 지닌 변하기 쉬운 물질성은 피할 도리가 없다. 먹기가 지닌 실제적 차원들 및 그것이 사실상 모든 행위의 필연적 토대를 형성한다는 사실은 음식의 기본 양상들을 필수성과 일상성 속에 확고하게 뿌리내리게 한다. 이런 특질들 중 어느 것도 전통적인 순수예술 개념으로써는 지지되지 않는다.

많은 이론가들이 음식과 음료를 옹호하고 요리의 역작을 예술의 지위로 상승시키려는 캠페인에 착수해왔다. 레벨처럼 음식을 예술로 보고자 하는 대부분의 주창자들은 세련된 정찬과 공들인 요리가 요리예술 형태의 최고의 후보자가 될 수 있다고 생각한다. 화려한 요리의 장식적 특질들은 음식이 응용된 장식예술로서 자격이 있음을 어느 정도 시사해왔다.[15] 특히 탁월한 음식의 사례들은 통상 그저 먹거리로만 제공되던 것의 예술적 변형으로 여겨질 수 있다는 가정도 존재한다. 이런 접근방식을 옹호하는 사람들은 음식의 최고 사례들을 강조하기 때문에 대개는 섬세한 판별력과 세련된 미각의 즐거움

15) Mary Douglas, "Food as an Art Form" in *In the Active Voice* (London: Routledge and Kegan Paul, 1982): 107.

에 초점을 맞추는데, 여기서 강조된 미적 특질들은 재현적이고 표현적인 성질이라기보다는 맛과 향이다. 그들은 맛을 보고 먹어 보는 방법이 지나치게 감각적이지 않고 진정으로 "미적인" 것으로 자격을 얻는다는 근거에서, 음식의 예술적 지위를 옹호한다.[16] 그럼에도 그들의 논증들은 음식이 순수예술로 간주되어야 한다는 결론에 이르지는 못하며 보통 위신이 떨어지는 것이라는 지위를 불만스럽지만 받아들인다. 음식의 미적 차원을 옹호하는 주장이 탄탄하게 지지되고 있지만, 그렇다고 해서 이 주장이 음식이란 아주 중요한 예술형태라는 결론으로 곧바로 귀착되는 것은 아니다; 음식의 옹호자들조차 이류[minor] 예술의 지위를 감수하는데 만족한다.

우리는 음식을 응용 예술이나 장식적인 이류 예술로 분류하자고 결정할 수 있을 터인데, 왜냐하면 그런 범주들이 음식이나 요리를 편입시키는 것에 대해 논란이 덜할 수 있기 때문이다. 그러나 다른 한편 그것들[응용 예술이나 이류 예술]은 또한 순수예술만큼 심오한 가치들이나 인식적 중요성과 관련되어 있지 않기 때문에, 이를 연계시킴으로써[음식을 응용예술이나 이류 예술에 포섭시킴으로써] 음식의 미적 지위를 더 깊게 이해하려고 해서는 득이 될 것이 별로 없다. 또한 이러한 접근방식은 철학적 관심을 받기에는 너무나 주관적이라고 미각을 일축해버리는 것으로 요약되는 실수 일체를 논박할 수 있을 만큼의 강력한 발판도 제공하지 못한다. 음식이 갖는 상징적, 재현적, 표현적, 인식적 역할은 실제로 순수예술에서 표명되는 가치들과 상응함에 틀림없다. 그런 유사성들이 있다고 해서 곧바로 음식이 그 자체 예술로서 간주되는 것은 아니지만, 그럼에도 "그저 주관적일 뿐"이라는 경멸적인 묘사로부터 음식을 구제함은 분명하다. 어

16) Elizabeth Telfer, *Food for Thought: Philosophy and Food* (London: Routledge, 1996): 57.

쨌건 음식을 예술로 분류하는 것이 나의 목적은 아닌데, 왜냐하면 음식과 음료의 미적 중요성이 인식되기 위해서 반드시 예술로 편입되는 것에 의존할 필요는 없기 때문이다. 다시 말해 음식은 그 자체로 미적 중요성을 지니며 예술로부터 지위를 빌려올 필요가 없다.

예술 속에서의 음식

예술 속에 등장하는 음식은 어떤가? 분명 음식과 음료는 흔히 예술의 주제가 되어왔으며, 음식물을 중심적인 연구 주제로 삼은 정물화에서는 특히 그러했다. (부연하자면 여기에도 젠더 함의가 존재하는데, 왜냐하면 — 아카데미 화가들에게는 가장 하찮은 예술형태로 간주된 — 정물화와 꽃그림은 여성이 두각을 나타낼 수 있는 유일한 회화장르로 수년간 간주되었기 때문이다.)[17] 종종 정물화가들은 *바니타스*vanitas라는 모티브 속에 음식을 등장시킴으로써 그것의 물리적 실체 속에 잠재하는 부패를 탐구했다 — 다시 말해 이 그림들은 시간이 휩쓸고 지나갈 때 인간의 성취가 얼마나 부질없는 것인가를 관객에게 상기시켜준다. 바로 그런 감각의 위계야말로 그와 같은 회화들의 암묵적 주제라고 할 수 있을지 모르는데, 썩어가는 음식물들은 물리적 삶의 죽을 운명과 취약성을 재현하기 때문이다.

문학과 영화에서도 음식물은 역시 빈번하게 다뤄지며 단순히 배경의 일부가 되거나 플롯의 설정이 되는 일도 흔히 있는데, 왜냐하면 꽤나 자주 발생할 필요가 있는 것이 먹는 것이 지니는 특징이기 때문이다. 이는 그 의미를 너무 쉽게 간과해버리게 만드는 하나의

---

17) Rozsika Parker and Griselda Pollock, *Old Mistresses, Women, Art, and Ideology* (New York: Pantheon Books, 1981) [로지카 파커와 그리젤다 폴록, 『여성 미술 이데올로기』, 이영철 목천균 역, 시각과 언어], 특히 2장.

이유가 되는데, 흔히 우리는 육체적 필요를 재빨리 충족시키기 위해서만 뭔가를 먹으니 말이다. (다른 한편 가난이나 기근으로 먹을 것이 없어 고통을 겪는다면, 일상 식량의 중요성은 간과되기 어려울 것이다.) 그러나 음식은 <*바베트의 만찬*>, <*달콤 쌉싸름한 초콜릿*>, <*초콜릿*>, <*탐포포*> *같은* 소설 및 영화에서처럼 몇몇 작품들의 중심 소재로 등장한다. 이전의 정물화에서와 마찬가지로, 문학과 영화에서 연출된 음식 속으로 감각의 위계가 들어간다—이 경우에는 도덕주의나 엄격한 금욕주의와는 대조적으로 육체적 즐거움을 상찬하고 또한 통상적으로 감각들에 할당된 가치들을 전도시킨다. 흔히 음식과 음료는 예술 속에서 육체나 그 덧없는 즐거움을 반성하는 수단으로 탐구되지만, 묘사와 서사를 위한 주제로서 그들의 존재는 예술 바깥에 있는 음식과 먹기의 이론적 고찰에는 아무런 영향도 끼치지 못한다.

예술 매체로서의 음식

최근 들어 음식 자체는 몇몇 현대 예술가의 작품들에서 예술의 매체로 전유되어왔다—그려진 음식이 아니라 실재의 사물로서 말이다. 음식과 먹기가 여성과 연관되기 때문에, 많은 예술가들은 음식의 전통적인 철학적 지위를 비판하기보다는 강조하는 방식으로 음식을 사용함으로써 이 매체가 갖는 젠더화된 함의들을 이용한다. 그들은 미각과 먹기가 지닌 함축이나 저급한 육체적 감각들이 연상시키는 암시 일체를 부각시키거나 과장한다. 퍼포먼스 예술가 핀리Karen Finley는 악명 높게도 자신의 몸을 양념이나 끈끈한 물질로 더럽혀서, 음식뿐 아니라 배설물 또한 묘사하며 여성 신체를 통해 형태의 해체를 연상시킬 때 음식이 함축하는 비루하고 역겨운 난잡함을 이용한다. 안토니Janine Antoni의 작품인 <*갉기*>*Gnaw*(1992)는 예술가의 이빨과 혀로 조각된 초콜릿과 라드의 거대한 블록으로 이루어져 있다; 이 예술은 음식을 사용할 뿐 아니라 생산하는 과정에서 실제의 입을 사용한다.[18] 슈쩨르박Jana Sterbak의 <*고기 의자*>*Meat Chair*(1996)는 속이 과도하게 채워진 의자의 형태로 쇠고기 업진살 스테이크를 묵직하게 쌓아올린 것이다. 바로 그러한 모양은 사람의 다리 뒤에 공감각적인 습한 냉기를 자극한다. 그녀의 <*바니타스: 백피성 식욕감퇴증 환자를 위한 살코기 드레스*>*Vanitas; Flesh Dress for Albino Anorectic*(1987)는 납작한 소고기 조각을 꿰매어 만든 온전한 드레스 한 벌을 마네킹 위에 걸쳐놓은 것이다. 이 작품이 전시되는 동안 잔뜩 소금에 절여진 고기는 노출되어, 인간 육신의 노화 과정을 모방하면서 건조 보존된다. (이 작품은 다음 장에서 좀 더 논의될 것이다.)

음식을 사용하는 이러저러한 작품들의 목적은 분명 철학적으로 간과되어왔던 미각을 구제하려는 것도 아니고, 또한 요리를 예술의 지위로 부상시키려는 것도 아니다. 오히려 그것들은 여성 신체와 연관된 성질들뿐만 아니라 음식과 연관된 전통적 의미들, 즉 음식의 부패함과 지저분함을 활용한다. 나아가 부분적으로 그 작품들은 강력한 순수예술 전통 자체의 양상들에 도전하는 수단으로서 이를 행하는 것인데, 현대 시각예술에서 결정적으로 중요한 양상이라 할 수 있는 이러한 사례에 대해서는 다음 장에서 더욱 자세히 논의될 것이다. 이것은 맛있어 보이게 유혹하거나 심지어 먹을 수 있는 음식을

18) Mignon Nixon, "The Gnaw and the Lick: Orality in Recent Feminist Art" in Helena Reckitt (ed.), *Art and Feminism* (London: Phaidon Press, 2001): 275-6. Laura Trippi, "Untitled Artists' Projects by]anine Antoni, Ben Kinmont, Rirkrit Tiravanija" in Ron Scapp and Brian Seitz (eds), *Eating Culture* (Albany: State University of New York Press, 1998): 132-60.

내놓는 것이 아니다; 그것은 미적인 것의 영역들에서 관습적으로 음식을 배제시켜왔던 일체의 속성들을 강조하는 그러한 음식인 것이다. 따라서 이 예술가들은 저급한 감각들과 그 대상들을 구분했던 전통적인 범주화에 의문을 제기하기보다는, 자율성, 천재, 완전성, 영속적 가치라는 순수예술의 이상들에 도전하기 위해서 "저급한" 감각들이 지닌 함축들 전체에 호소하는 것이다.

이러한 발전에는 약간의 아이러니가 있다. 이 작품들의 혁신과 충격은 철학적으로 간과되어왔던 육체적 감각들에 대한 이해를 활용하는 것인데, 이러한 철학적 간과야말로 내가 이제껏 주장해온 것처럼 심오한 젠더 편견에 근거한 것이니 말이다. 그러나 그것들은 또한 지성과 순수예술의 영속적 성과에 대한 반의어로서 육체적 감각들과 그 대상들에 부여된 강력한 의미를 우리에게 일깨워준다. 페미니스트 예술이 육체적 감각들에 대한 이러한 전통적 이해를 전유하는 것은 아마도 그 전통의 오류와 힘 모두를 더 많이 인식하게 해줄 수 있을 것이다. 다음 장에서 우리는 그러한 페미니스트 예술과 예술계 내의 그것의 상황에 대해 보다 철저하게 검토해볼 것이다.

요약

이 장에서는 감각적 경험의 특징들 및 음식, 요리, 먹기의 특징들을 개관해 보았다. 이러한 특징들은 전통 미학과 예술철학의 규범에 따라 미각의 즐거움을 미적 경험으로부터, 또한 음식을 예술작품으로부터 실격시킨다. 미각의 사례를 통해서, 우리는 이론에 사용된 젠더화된 개념들이 특정한 경험 영역을 체계적으로 간과시킨다는 사실을 얼마나 심도깊게 밝혀낼 수 있는지 살펴보았다.

진지한 철학의 관점에서는 그렇게 잘 논의되지 않았던 이런 주제를 통해서 개념화의 차원에서 젠더가 작동하는 것을 볼 수 있는데, 그 차원에서 철학적 중요성을 규정하는 바로 그러한 가정들이 형성되는 것이다.

나는 미적인 것의 영역에 미각을 편입시켜야 한다고 주장해왔지만, 음식과 음료가 예술형태로 간주되어야 한다고 주장하지는 않았다. 특히 예술이 순수예술의 노선을 따라 사고된다면 말이다.

여성성은 그 모든 의미, 즉 감각적이고 유혹적이며 역겹고 죽을 수밖에 없다는 점에서 육체와 깊게 연관되어 있다. 이를 인식함으로써 최근의 몇몇 페미니스트 예술가들과 포스트페미니스트 예술가들은 그들의 작품에서, 특히 예술 매체로서 실제 음식물을 편입시키는 작품들에서 육체적 감각이 지니는 의미들에 호소해왔다. 따라서 우리는 미각과 먹기에 부여된 전통적 함의를 시야에서 놓치지 말아야 한다. 비록 그것이 얼마나 근시안적인지가 드러났다 할지라도 말이다. 아이러니컬하게도 음식과 철학의 젠더 분석은 감각들의 위계를 수정하기 위한 근거를 제공한다; 그럼에도 페미니스트들은 젠더에 대한 그들 자신의 예술 탐험에서 미각과 먹기의 물질성에 내려진 전통적 평가를 활용한다. 미각 및 다른 양상의 육체적 경험이 지니는 저급한 의미는 다음의 두 장에서 생생하게 제시될 것이다. 이는 동시대 예술을 다루면서 21세기에 이르기까지 예술철학을 개관해 볼 것이다.

5장 예술이란 무엇인가? (무엇이 예술인가?)

1997년 <뉴욕 타임즈>는 예술사가들, 미술관 큐레이터들, 비평가들, 철학자, 예술가들, 신문기자와 국립예술진흥기금the National Endowment for the Arts에 관계된 국회의원을 포함하는 17명의 공인된 전문가들의 인터뷰를 편집해서 예술의 본질에 대한 의견을 묻는 설문조사를 발표했다. 그들에게 던져진 질문 중에는 이 장의 제목인 "예술이란 무엇인가"도 포함되어 있었다. 혹자(或者)는 그 집단이 잘 정리된 정의를 내놓을 거라고 기대할지 모르지만, 실상 조사된 의견들은 언급을 피하는 것부터 회의적인 것까지 망라되어 있었다. 대부분의 사람들은 오늘날 예술이 무엇인지 말하기란 상당히 어렵다는 관점을 개진했는데, 부분적으로 그 이유는 예술이 아닌 것을 배제하기가 다소간 불가능하기 때문이었다. "보편타당할 수 있는 단 하나의 예술정의란 존재하지 않는다"고 근대미술관Museum of Modern Art 전임 회화 조각 감독이었던 루빈William Rubin은 진술했다. 메트로폴리탄 미술관 관장인 몬테벨로Philippe de Montebello는 "오늘날 뭔가에 대한 합의란 존재하지 않는다"며 이에 동의했다. "심지어 기준들이라는 관념조차 문제시된다." 예술사가 멕케빌리Thomas McEvilley는 좀 더 대담했다; "예술이라 불리고 예술잡지에서 그에 대해 기술되며 미술관에 전시되거나 개인 소장품으로 구입된다면, 그것이 예술이다." 그러나 예술가 바바라 크루거Babara Kruger는 이렇듯 제한을 두지 않은 진술에 대해서조차 회

의적이었다: 그녀는 "나는 범주들을 사용하는데 애를 먹는다"고 했다. "내가 분명히 알고 있는 사실은 어떤 것이 화랑 안에 있기 때문에 즉시 예술이 되지만 다른 곳에 있는 것은 예술이 아니라는 그러한 생각이 어리석고 편협하다는 것이다. 나는 편협하게 만드는 정의들에는 관심이 없다."[1)]

이론가들과 실천가들은 광범위하고 가치담지적인 문제들에 답하는 방식에 관해서 아직껏 완전히 동의하지 못했고 따라서 어느 정도의 불일치가 예상될 수 있다. 예술이란 항상 한마디로 정의되기가 어려웠는데, 너무나 많은 형태, 장르, 시기, 양식, 의도와 또한 제작이나 수용에서 함께 얽혀 들어가는 너무나 많은 목적들이 존재하기 때문이다. 그럼에도 이러한 문제가 이 많은 전문가들을 주저하게 만들고 불편하게 만들었다는 사실은 지금이 이론적 위기의 순간이라는 것을 보여준다. 이들은 다른 누구보다도 이 문제에 관해 발언하기 좋은 처지에 있는 것처럼 보였을 테니 말이다. 많은 이들에게는 어떤 유형의 정의를 내리는 것 자체가 경솔한 짓처럼 보였다. "이제 예술을 규정한다는 생각은 너무나 요원한 것이라서 나는 어느 누구도 감히 그런 시도를 하리라 생각지 않는다"고 예술사가이자 구겐하임 미술관 큐레이터인 로젠블럼[Robert Rosenblum]은 말했다. "만약 뒤샹의 변기가 예술이라면, 어떤 것도 다 예술이 될 수 있다."

왜 이들 전문가들이 예술의 본질에 대해 보다 내실 있게 자신의 입장을 밝히기를 삼가는 것일까? 그들이 어떤 종류의 것들을 염두에 두었기에, 정의를 단념하거나 아니면 명백히 공허한—즉 무엇이든지 "예술"이라 불리는 것이 예술이라는 식의—규정을 제안하게 되었을까? 그들의 신중함을 이해하기 위해서 전통적인 예술 개념들에

---

1) *New York Times*, "Is it Art? Is it Good? And Who Says So?" "Arts and Leisure", 1997년 10월 12일: 36.

도전하는 몇몇 예술의 사례들을 검토해보기로 하자. 이러한 사례들은 페미니즘 예술을 소개해줄 뿐 아니라, 철학자들이 — 어려움을 무릅쓰고 — 정의를 내리려는 지속적 충동을 갖는 이유를 설명해줄 것이다.

우선 앞장 말미에 소개되었던 사례를 가지고 시작해보자. 1987년 체코 태생의 캐나다 예술가 슈쩨르박은 <*바니타스: 백피성 식욕감퇴증 환자를 위한 살코기 드레스*>라는 작품을 전시했다. 자리에 앉은 포즈를 취한 모델 위에는 60파운드의 날고기 양지살을 한데 꿰매어 만든 가운이 전시되었다. 전시되는 동안, 고기는 천천히 검게 변하고 썩어갔다. 보다 정통적인 매체를 사용하는 다른 예술이 부패와 죽을 운명을 재현할 수 있는 반면에, 이 작품은 사람들의 눈앞에서 문자 그대로 썩어갔다.

슈쩨르박의 작품들은 불쾌한 특징들을 갖고 있음에 분명하지만, 그럼에도 오늘날 관중들이 직면하는 가장 당혹스러운 작품은 절대 아니다. 다른 많은 페미니스트들의 용감한 작품을 포함해서 그보다 훨씬 악명 높은 것들도 많이 있다. 가장 당혹스러운 작품들 중 하나는 1970년 슈니만Carolee Schneemann이 <*내부 두루마리*>*Interior Scroll*라는 제목으로 공연하고 기록했던 작품이다. 이 공연 동안 슈니만은 몸을 가린 가운을 벗어 대중 앞에 나체로 섰다; 그녀는 자신의 몸을 진흙으로 문질러 더럽힌 채, 텍스트를 읽어 내려갔다. 그리고 나서 그녀는 둘둘 말려진 긴 종이끈을 그녀의 질에서 천천히 뽑아내어 그 위에 쓰인 메시지를 큰 소리로 읽었다.[2]

이 두 작품은 — 나중에 다시 되돌아갈 텐데 — 페미니즘 예술의 레퍼토리에 들어가는 것들이며, 일부 페미니스트 예술가들의 (많은

2) Helena Reckitt (ed.), *Art and Feminism* (London: Phaidon Press, 2001): 82. 이 책은 1960년대부터 20세기까지 사십 년 동안의 페미니즘 예술을 보여준다.

의제들 중) 한 의제는 예술에서 사용된 분류와 평가의 용어들을 문제 삼고 자신의 작품에서 그러한 기준들에 도전하는 것—바로 그럼으로써 예술전통에 널리 퍼져 있는 젠더화된 이상들에 저항하는 것이었다. 그러나 전통, 범주화, 취미에 도전하는 작품들을 제시하는 것이 마냥 새롭다고 하긴 어렵다. 아마도 예술 정의를 둘러싼 논쟁에서 가장 많이 논의된 대상은 1917년 뒤샹Marcel Duchamp이 뉴욕 아모리 쇼Armory show에 *<샘>Foutain*이라는 제목의 소변기를 제출했던 때였을 것이다. 그 쇼의 심사관이 뒤샹의 참가를 거부했던 반면에, <샘>은 지금 20세기 예술의 중요한 순간의 아이콘으로 상징된다. 그러나 이는 무엇 때문일까?

지난 세기의 예술계에 아주 친숙하지 않은 사람이라면, 이와 같은 작품들은 경악, 당혹감, 공격, 혹은 불편함을 불러일으키기 쉬울 것이다. 그것들은 *난해한* 예술이라기보다는 *아예 예술이 아닌 것*처럼 보인다.[3] 무엇이 소고기에게 예술 매체로서의 자격을 부여하는가? 무엇이 *<살코기 드레스>*를 예술작품으로 만드는가? 무엇이 슈니만의 퍼포먼스에게 일상적인 노출증이라기보다는 예술 전시로서의 자격을 부여하는가? 무엇이 전적으로 실용적인 목적을 위해 만들어진 화장실 설치물을 예술작품으로 변형시키는가? 로젠블럼이 말했듯이, "뒤샹의 변기가 예술이라면, 어떤 것도 다 예술이 될 수 있다." 그러나 어째서 누군가가 이러한 판단을 받아들여야만 하는가? 그러한 작품들이 처음에는 도발적으로 혹은 천진난만하게 제기될 수 있을지 모르지만, 이들은 탁월한 문제들이다. 비평가, 예술이론가, 철학자들은 수십 년 동안 이 문제들로 골머리를 썩여 왔지만, 항시 완벽하게

---

3) Cynthia Freeland, *But is it Art? An Introduction to Art Theory* (New York: Oxford University Press, 2001)[신시아 프리랜드, 『과연 그것이 미술일까』, 전승보 역, 아트북스].

그림 9. 야나 슈쩨르박(Jana Sterbak), <바니타스: 백피성 식욕감퇴증 환자를 위한 살코기 드레스 Vanitas: Flesh Dress for an Albino Anorectic>(1987). 작가 소장품.

자신이 있었거나 성공적인 것만은 아니었다. 예술이란 무엇인가라는 정의적 문제를 또 다시 미학논쟁의 중심으로 들여놓았던 것은 바로 이와 같은 예술이다. 페미니즘 예술은 우리가 앞 장에서 살펴보았던 사실상 모든 미적 가치들을 고의적으로 전도시킴으로써, 당혹스럽고 깜짝 놀라게 하며 분노하게 만드는 예술계의 운동들에 합류해왔고 — 때로는 이끌어왔으며 — 바로 그 핵심에서 예술 개념에 도전하였다.

이 도전들에서 페미니즘이 맡은 역할은 여성 예술가들이 처한 역사적 상황이 철저하게 변화되어 왔다는 사실을 극적으로 보여주는데, 이는 1장과 3장에서 검토한 바 있다. 오늘날 예술에 참여하는 여성의 절대 수는 대부분의 예술 형태에서 과거보다 훨씬 더 많아졌다. 이는 공공연한 성차별이 감소된 결과일 뿐만 아니라 페미니스트 행동주의자들의 입장에서 나온 적지 않은 투쟁의 성과이기도 하다. 오랫동안 지속되었던 편견이 저절로 약해졌기 때문에 여성들이 예술계 속으로 쉽게 들어올 수 있었던 것은 결코 아니었다; 그들은 진입로를 얻기 위해 투쟁했다. 뉴욕에 근거지를 둔 게릴라 걸즈Guerilla girls라 불렸던 전복적인 예술가 집단은 갤러리와 미술관에 여성 미술가를 대표하는 작품들이 부족하다는 이유 때문에, 기성 예술체제를 괴롭히고 피켓 시위를 하며 당혹스럽게 만드는데 몰두했다.[4] 미국과 영국의 페미니스트 예술가들은 공인된 예술포럼에서 발판을 얻을 정도로 충분히 주목을 끌었던 대안적인 전시회와 항의로써 기성 예술체제에 도전하였다.[5] 1970년대 여성운동의 에너지는 미국과 유럽의 정치적 행동주의의 혼란한 상황에서 생겨났는데, 이는 예술이자 똑같이 정치였던 사건들을 통해서 여성의 사회적 상황에 대한 공공

---

4) 위의 책, 5장.

5) Rozsika Parker and Griselda Pollock (eds), *Framing Feminisms: Art and the Women's Movement 1970–1985* (London: Pandora, 1987). 편집자 서문은 영국에서의 페미니즘 미술의 투쟁들을 상술하는데, 그 중 일부는 법적 투쟁에 관한 것이다. 또한 Lucy R. Lippard, *From the Center: Essays on Women's Art* (New York: E. P. Dutton, 1976): 28–37을 보라.

의 관심을 불러일으켰다.[6)]

페미니즘 운동의 영향은 여성 예술가의 수를 증가시켰을 뿐만 아니라, 젠더 자체를 연구하고 탐구하기 위해 예술을 활용하는 (여성과 남성 다같이 포함하는) 수많은 예술가들을 출현시키는 것으로 귀결되었다. 인종, 민족성, 성적 정체성을 포함하는, 정체성의 또 다른 양상들은 오늘날의 예술가들에 의해 똑같이 부각된다. 예술이란 사회적 위치의 양상들을 해명하는 수단인 바, 그러한 사회적 위치는 문화사에서 여성성과 남성성에 대한 관념들이 그러하듯이 그렇게 엄폐되고 왜곡되어져 왔다. 음악, 문학, 연극, 무용—이 모두는 인종, 성적 비순응성, 이주하고 이산하는[diaspora] 처지, 사회 억압, 문화적 정체성들, 크로스젠더적인 경험 등을 표현하고 탐구하는 출중한 실천가들을 지니고 있다. 때때로 이 예술가들은 자신의 목소리를 발전시킴에 있어서 퍼포먼스와 같은 새로운 예술형태들을 대표하는 아바타가 되어왔다. 때때로 그들은 전통적인 미적 규범에 공공연하게 저항하는데, 인종과 젠더 문제를 탐구하는 상영물에서 미적 거리에 의해 충족된 즐거움을 고의로 차단시키고자 했던 철학자이자 예술가인 파이퍼[Adrian Piper]의 작업처럼 말이다.[7)]

복잡한 정치적 이론적 시각을 지닌 예술가들이 유입되었다는 사

6) 예를 들면 *In Mourning and in Rage* (1977)에서 레이시(Suzanne Lacy)와 래보위츠(Leslie Labowitz)가 보여준 로스앤젤레스 성폭력 반대 퍼포먼스 프로젝트가 있다. Nina Felshin, *But Is It Art? The Spirit of Art as Activism* (Seattle: Bay Press, 1995); Arlene Raven (ed.), *Art in the Public Interest* (Ann Arbor, MI: UMI Research Press, 1989); Lucy R. Lippard, *Get the Message? A Decade of Art for Social Change* (New York: E. P Dutton, 1984)를 보라.

7) Adrian M. S. Piper, "Monologues from 'Four Intruders Plus Alarm Systems' and 'Safe'"; Peggy Zeglin Brand, "Revising the Aesthetic-Nonaesthetic Distinction: The Aesthetic Value of Activist Art". 두 논문은 모두 Peggy Zeglin Brand and Carolyn Korsmeyer (eds), *Feminism and Tradition in Aesthetics* (University Park, PA: Pennsylvania State University Press, 1995): 23, 5-44, 245-72에 있다.

실 이외에도, 18세기부터 20세기 초까지 예술 개념들이 발전되었던 방식과 비교해볼 때 또 다른 변화들이 예술 개념들에 근본적으로 영향을 끼쳐왔다. 순수예술 개념의 출현에 그렇듯 중요한 역할을 담당했던, 예술과 공예의 구별은 이제 종종 고의적으로 위반되었다. 잠시 뒤에 더 자세히 살펴보겠지만, 많은 예술가들은 직물이나 섬유와 같은 공예의 재료들을 편입시켜 화랑 작품을 만들어냈다. 실제로 오늘날에는 이따금씩 퀼트와 같은 전통적인 공예품들이 화랑 벽에 걸려 있는 것을 볼 수 있다. (예술적 공헌을 하는 레퍼토리가 확대되고 있음을 인정하는 것은 환영될 수 있지만, 반면에 전통 공예의 이러한 가치상승은 희비가 뒤섞인 수상한 축복이다. 퀼트가 지니는 예술성의 일부는 섬세한 바느질 솜씨인데, 퀼트가 예술의 지위로 올라서는 것은 관객이 미세한 바느질 땀들을 볼 수 있을 만큼 충분히 가까이 다가가는 것을 막아버린다; 그리고 물론 우리는 그것을 만져서도 안 된다.)

더욱이 순수예술과 오락, "고급" 문화와 "대중" 문화의 장벽들은 이전처럼 그렇게 견고하지 않게 되었다.[8] 재즈, 블루스, 록 음악은 이제 예술음악과 거의 유사한 이론적 관심 (그리고 훨씬 더 많은 시장의 관심)을 받는다.[9] 서사 예술은 문학이나 연극에 한정되는 것이 아니라, 대중적이고 돈벌이가 되는 영화적 매체, 텔레비전, 비디오를

8) Noël Carroll, *A Philosophy of Mass Art* (Oxford: Clarendon Press, 1998); Colin McCabe (ed.), *High Theory/Low Culture: Analysing Popular Television and Film* (Manchester, UK: Manchester University Press, 1986); Tania Modleski, *Loving with a Vengeance: Mass-produced Fantasies for Women* (New York: Metheun, 1982).

9) Theodore Gracyk, *Rhythm and Noise: An Aesthetics of Rock* (Durham, NC: Duke University Press, 1996)[테오도르 그래칙, 『록의 미학: 레코딩, 리듬, 그리고 노이즈』, 장호연 역, 이론과 실천]; *I Wanna Be Me: Rock Music and the Politics of Identity* (Philadelphia, PA: Temple University Press, 2001).

포함한다. 순수예술 개념이 다듬어졌던 시기에는 이용할 수 없었던 테크놀로지에 근거한 예술형태 전체가 존재한다; 그 중에서도 사진(사진은 예술형태로 간주되기 위한 초기적 투쟁에 직면했다), 영화, 디지털 아트가 가장 주목할 만하다. 이들 장르의 제작자, 연주자, 관중들은 순수예술 개념이 근대사에서 발전되었을 때 지배적이었던 그러한 미적 가치들에 대해서는 대체로 동의하지 않는다. 이전의 낡은 예술 전통으로부터의 그러한 이탈은 모든 예술형태 속에서 확인될 수 있다. 그럼에도 아마도 철학이론은 시각예술에서 발생해왔던 혁명들에 의해서 가장 많이 영향 받았을 것이다. 시각예술은 바로 그 예술 개념 자체가 문제 삼아졌던 그러한 급진적 변화들을 증언해왔다.

이는 이전의 전통이 죽었다고 선언하는 것은 결코 아니다. 앞으로 살펴볼 것처럼, 과거의 전통은 오늘날의 예술 상황에 대해서 아직도 상당한 권위를 떨치고 있다. 그러나 예전에는 예술의 본질적 특질들을 밝혀낼 수 있다고 믿었던 이론가들이 이제는 그러한 능력에 대한 자신감이 상당히 줄어들었을 정도로 예술들 내의 범주들은 느슨해져 왔다. 이러한 자신감 상실과 그것이 예술철학에 미치는 영향이 이 장의 주제들 중 하나이다.

페미니즘 예술의 충격, 즉 다른 성상파괴적인 예술운동과의 연속성과 차별성 둘 다는 철학, 비평, 예술 자체에 스며들어 있는 예술에 관한 논쟁들과 관련하여 자리매김될 필요가 있다. 이러한 논의는 수많은 서로 다른 방향을 취할 수 있을지 모른다. 특히 페미니즘이란 무엇보다도 정치적 입장이기 때문에, 많은 이론가들은 현대 사회에서 문화의 영향력을 분석하기 위해 마르크스주의적 접근방식이나 비판이론이라 불리는 프랑크푸르트 학파의 사상들을 이용해왔다.[10)]

영국 예술사가 폴록Griselda Pollock의 영향력 있는 연구는 이 점에서 하나의 사례가 된다. 마르크스주의 문화이론에 의거해서, 폴록은 예술사에서 여성들을 삭제해왔던 배제의 패턴들을 분석하고 "위대한 예술"의 정전들을 보증하는 기준들을 비판한다.[11)]

이들 운동에서 나온 철학자들과 사회이론가들의 연구는 두 번의 세계대전으로 상처를 입었던 20세기 문화에 대한 설득력 있는 시각을 제공하며, 이러한 시각은 고급예술에 숨어있는 정치적 메시지를 드러내고 문화 규범들에 대한 비판을 제공하는 데 풍부한 결실을 산출해왔다. 훨씬 더 직접적으로, 유럽의 정신분석이론과 해체론은 젠더가 어떻게 구성되는지를 탐구하려는 페미니스트들에 의해 사용되어졌다. 후자의 접근방식은 다음 장에서 논의될 것이다. 그렇지만 여기서 나는 페미니즘 예술을 주로 분석적인 영미 전통과 관련시켜 자리매김해볼 것인데, 영미 전통은 예술계 내의 페미니즘적 전략들을 간접적으로 조명하는 식으로 예술 개념을 분석해왔다. 이 논의의 서론으로, 예술을 정의하고 예술의 개념적 경계를 명확히 하려는 시도와 관련된 몇 가지 배경을 검토해보기로 하자.

정의와 그 맥락

이제까지 예술이 존재해왔던 한, 예술 개념들도 존재해왔다. 수세기 동안 널리 유행했던 가정은 예술이란 *미메시스* 혹은 모방의 유형으로 간주되는 것이 적격이며, 어떤 수단을 써서 보다 더 현실적으

10) 예컨대 Maggie O'Neill (ed.), *Adorno, Culture, and Feminism* (London: Sage Press, 1999).

11) Griselda Pollock, *Vision and Difference: Femininity, Feminism and the Histories of Art* (London: Routledge, 1988).

로 재현하면 할수록 더욱더 훌륭한 예술가가 된다는 것이었다. (1장에서 우리는 어떻게 로마 역사가인 플리니우스가 현실주의적인 예술을 특별히 경탄할만한 대상으로 가려냈는지를 살펴보았다.) 대충 이해하자면, 모방적 예술 개념은 유럽에서 고대부터 근대 초에 이르기까지 위력을 떨쳤다.[12] 그럼에도 예술에 대한 이러한 오래된 논의들을 "모방론"이라 부르는 것은 소급적인 판단인데, 왜냐하면 대부분의 이론가들은 모방적이라는 것이 시나 회화, 또는 조각의 본질이라고 가정했기 때문이다. 그들의 논쟁은 다음과 같은 문제, 즉 모방한다는 것은 무엇을 의미하는가, 주체와 예술작품 사이에 어떤 종류의 관계가 획득되는가, 주제를 묘사하기 위해 예술가가 이용할 수 있는 방법은 무엇인가 등에 집중되었다. 대체로 그들은 우리가 오늘날 의문을 제기하는 형태로 "예술이란 무엇인가?"라는 문제를 묻지 않았다. 실제적인 예술 정의를 정식화하려는 숙고된 노력은 근대의 전략이다. 그것은 두 가지 방향에서 출현한다: 연대기적으로 첫 번째 시도는 예술을 공예나 오락과 구분하기 위해 순수예술의 경계를 명확히 하려는 전략이었다. 이미 앞에서 18세기와 19세기의 예술론을 논의하는 가운데, 이 방향에서 등장한 노력들을 살펴본 바 있다. 보다 최근에 예술을 정의하려는 충동은, 순수예술의 전통 내에서 창조되었지만 순수예술의 규범과 경계를 의도적으로 위반하는 것처럼 보이는 대상들을 설명해야할 필요성에서 나왔는데, 슈쩨르박이나 슈니만의 작품과 같은 페미니즘적 예술의 사례들도 여기에 포함된다.

순수예술 전통의 출현은 회화, 조각, 시, 음악 등의 목적들을 재고

---

12) 모방의 역사는 여기서 설명될 수 있는 것보다 훨씬 조밀하고 보다 복잡하다. 미메시스 개념의 발전과 변화에 대한 보다 상세한 설명을 위해서는 Wladyslaw Tatarkiewicz, *The History of Aesthetics* (3 vols) (The Hague: Mouton, 1970)[블라디슬로프 타타르키비츠, 『타타르키비츠 미학사』, 손효주 역, 미술문화]를 보라.

하는 것과 진정한 "예술" 내에 이 장르들을 한데 묶어내는 것을 포함했다. 순수예술 관념이 발전됨에 따라, 예술작품의 미적 가치는 종종 정의(定意)상 중심적인 것이 되었다. 여기서 전부 검토하기엔 너무 많은 예술론들이 있지만, 예술 정의를 포함하는 근대미학의 두 가지 주요한 운동인 표현론과 형식론을 간략히 검토해보자. 형식론과 표현론은 예술, 예술가, 미적 가치라는 젠더화된 개념에 대한 함의를 서로 다른 방식으로 전달한다. 또한 두 이론은 모두 예술이란 본질적으로 모방적이라는 오래된 가정으로부터 이탈한다.

표현론은 앞서 예술적 창조성과 천재를 논의할 적에 소개된 바 있다. 예술에 대한 이러한 접근방식은 낭만주의시기에 출현했고 20세기를 걸쳐 지속되었으며, 표현론의 대부분의 버전들은 예술을 탄생시키는 예술적 상상력에 특별한 무게를 실어준다.[13] 표현론의 주장에 따르면, 강렬하게 표현적인 작품은 관객, 독자, 청자에게 독특한 시각, 이념, 직관을 나눠주는 특별한 힘과 지속적 가치를 지닌다. 표현 개념을 이렇게 사용하는 것은 고급문화의 순수예술/대중오락과 실용적인 공예의 구별을 더욱 진전시켰다. 많은 차이에도 불구하고, 대부분의 표현론은 순수예술 전통 안에서 예술작품으로 범주화된 유형의 산물들이 어떠한 본질을 갖는지에 관심이 있다. "예술이란 인간의 감정을 상징하는 형태의 창조"[14]라는 랭거Suzanne Langer의 정의처럼, 대부분의 표현론은 음악, 시, 회화, 건축, 그 무엇이든 모든 예술작품을 정의하는 특성을 다루는 일반적인 이론들이다.

예술의 본질이 미메시스라는 생각에서 벗어나는 또 다른 주요한

13) 캠벨(Sue Campbell)은 *Interpreting the Personal: Expression and the Formation of Feelings* (Ithaca, NY: Cornell University Press, 1997): 67-74에서 표현론을 옹호한다.

14) Suzanne Langer, *Feeling and Form: A Theory of Art* (London: Routledge and Kegan Paul, 1953): 53.

이탈은 형식주의에서 찾아볼 수 있다. 형식 — 구조, 구성 등등 — 의 중심성은 18세기 초이래 미학의 중요한 양상이며, 이는 바로 그러한 미적인 것 개념이 발전되는 데 있어서도 주요한 역할을 담당한다. 그러나 "형식"은 이후 모더니스트 예술이 생겨난 이후에야 비로소 현실적인 예술철학의 핵심을 이루게 된다.[15] 다양한 분야에서 "모더니스트"라 불린 예술가들은 친숙한 재현적 테크닉으로부터 의도적으로 벗어나고 회화에서의 형태와 공간, 문학에서의 서사의 연대기적 구성, 음악에서의 조화와 조성[tonality]을 왜곡시킴으로써 예술적 모방의 전통에 극적으로 대립했다. 재현된 내용의 의미보다 미적 형식을 강조함으로써 형식주의는 이러한 양식적 혁신을 촉진시키는 수단을 제공하였다.

우리는 형식주의 운동에 대해서 두 측면을 구별할 수 있다: 즉 형식이라는 견지에서 예술을 이론적으로 정의하는 것과 예술작품, 특히 음악, 회화, 조각, 무용, 건축을 형식주의적 용어로 평가하는 강력한 비평 분야라는 두 측면 말이다. 형식주의적인 예술 정의는 상대적으로 단명했다. 철학자들은 보통 핵심적인 형식주의자로서 영국의 예술비평가인 클라이브 벨[Clive Bell]을 꼽는데, 그 이유는 그의 예술론이 아주 극단적이고 명쾌했기 때문이다. 벨은 "의미 있는 형식"이 되는 것이 예술의 본질이라고 주장했다. 의미 있는 형식이란 미적 정서를 불러일으키는 구성적 배열을 의미하는 것이었다.[16] 벨은 그

15) 쉬너(Larry Shiner)는 모더니즘을 다음과 같이 요약한다: "비록 명확하게 정의하거나 시기를 정하는 것이 악명 높을 정도로 어렵다 하더라도 모더니즘의 성립은 종종 1890-1930년의 시기로 확인되는데, 그 때는 회화(피카소)에서 재현 방식, 소설(울프)에서의 전통적인 내러티브 테크닉, 음악(쇤베르크)에서의 표준적인 조성 체계, 무용(던컨)에서의 고전적인 발레 동작, 건축(르 코르뷔지에)에서의 전통적인 건축 형태 등의 심오한 양식적 붕괴를 목격했다." *The Invention of Art: A Cultural History* (Chicago: University of Chicago Press, 2001)[래리 쉬너, 『예술의 탄생』, 김정란 역, 들녘]: 246.

의 이론을 모든 시각예술에 대한 일반적인 서술로 발전시켰다. 물론 중요한 두 번째 의제가 후기 인상주의 회화를 옹호하는 것이었지만 말이다. 피카소Picasso나 세잔느Cézanne와 같은 화가의 작품들은 원근법을 파괴하고 표면을 평평하게 만들며 형상을 왜곡시켰는데, 그것은 20세기 초 수많은 일반 대중들을 매우 당혹스럽게 만들었다. 왜냐하면 그러한 회화는 그들이 실제로 보는 방식대로 대상을 재현하지 않았기 때문이었다. 벨은 모방과 현실주의적 재현의 가치를 가차 없이 거부할 것을 선언했고, 의미 있는 형식을 소유하는 것이 예술로서의 자격을 대상에 부여한다는 근거에서 순수하게 모든 예술들을 옹호했다. 비록 그가 음악도 유사하게 형식에 의존할 수 있다고 인정했을 지라도, 그의 이론은 주로 회화의 이론이다. (이미 이러한 생각을 주장하기 위한 길은 잘 닦여져 있었다. 전세대의 이론가인 한슬릭Eduard Hanslick은 음악에서의 형식주의적 가치들을 강력하게 주장한 바 있었다.)[17] 말하자면 형식주의는 주도면밀하게 유미주의적인 이론임에도 불구하고, 공예를 거부하거나 그것을 순수예술로부터 분리시키는 데에는 관심이 없다. 분명하게 벨은 공예를 의미 있는 형식의 사례들 가운데 포함시킨다. 그러나 공예품은 오로지 형식에 있어서만, 그러니까 형태, 균형, 조화 등등에 있어서만 가치가 평가된다. 따라서 그것이 예술로 간주되려면, 사용가치는 철저히 무시된다. 그래서 아름다운 인공품의 형식만이 그것들을 예술로 만들 수 있는 까닭에, 어떤 의미에서 공예의 이념은 완전히 무시되는 것이다.

예술 정의에 대한 형식주의 접근방식은 형식주의 예술비평과 관련되는데, 형식주의 예술비평은 예술작품의 평가에서 다른 무엇보다

16) Clive Bell, *Art* (London: Chatto and windus, 1914).
17) Eduard Hanslick, *On the Musically Beautiful* [8th edition, 1891], Geoffrey Payzant 역 (Indianapolis : Indiana University Press, 1986).

도 구성적 특질들을 가치평가한다. (형식에 대한 그러한 관심은 다른 문화, 특히 아프리카에서 창조된 대상들의 감상과 전유를 가능케 했다. 아프리카 가면에 대한 관심은 예를 들면 피카소나 모딜리아니 Modigliani의 그림들에서 분명히 드러난다.) 형식주의자들은 미적으로 적절한 성질들이 예술작품의 본래적 속성들 가운데 존재한다고 주장한다; 그들은 이를테면 재현적 의미나 사회적 함의 같은, 작품을 넘어서는 문제들과 관련된 외래적 속성들을 부적절한 것으로 거부한다.[18] 이는 반-모방적인 anti-mimetic 모더니즘의 혁신을 옹호하기 위한 의제의 일부이다. 그러나 그것은 또한 삶, 사회, 세계 일반에 대한 언급으로서 예술이 갖는 관련성을 축소시켜버린다. 따라서 예술이 표현한 정치적 종교적 메시지와 같은 것은 어떠한 정치적 종교적 의미이건 간에 예술작품으로서의 함의와는 무관한 것이 되어버릴 지도 모른다. 그 결과 재현의 성정치학에 대한 관심은 형식주의적 접근방식에서는 제거되고 마는데, 많은 페미니스트 비평가들이 형식주의적 시각을 거부하는 이유도 바로 이 때문이다.

형식주의 예술 개념과 표현주의 예술 개념은 둘 다 고급한 미적 가치를 갖는 산물의 창조를 설명하는데 관심이 있다. 그 가치가 형식의 미라는 관점에서건, 아니면 표현적 직관이라는 관점에서 기술되건 간에 말이다. "표현"과 "의미 있는 형식"은 둘 다 모두 예술작품과 그 제작자들에게 명예를 수여한다. 이 접근방식들에 입각한 정의들은 진정한 예술의 특징들을 다른 것들과 구분해서 설명하려는

18) 이른바 내용/형식 구분은 엄밀하게 규정하기 어렵다. 벨(Bell)은 형식으로부터 재현을 제거했다; 그의 동료인 프라이(Roger Fry)는 하나의 주제가 재현되는 방식이 바로 형식적 속성이라고 역설했다.(*Transformations: Critical and Speculative Essays on Art* [London: Chatto and Windus, 1926]). 본래적 또는 외래적 가치에 대한 페미니스트의 수정에 대해서는 Anita Silvers, "Has Her(oine's) Time Now Come?" in Brand and Korsmeyer, *Feminism and Trandition*: 279-304를 보라.

시도인데, 오락과 같이 진정한 예술이 아닌 것들은 비슷할지 모르지만 어떠한 적절한 정의적 특징들이 결여되어 있는 것, 다시 말해 또한 예술적 탁월성을 평범함과 구분하는 그런 특징들이 결여되어 있는 것이다.

분석적 전통에 있는 미학이론의 중심에는 흔히 예술 정의를 정식화하려는 철학적 충동, 다시 말해 어떤 조건에 부합하는 모든 그리고 오직 그 대상들만이 예술로서의 자격을 갖는 그런 필요충분조건을 명시하려는 철학적 충동이 존재해왔다. 그러나 이런 류의 시도는 20세기 중반에 일종의 휴지 상태에 도달했다. 정의를 정식화하기보다는 개념의 이해에 있어 맥락과 사용을 강조하는, 비트겐슈타인 Wittgenstein으로부터 유래된 사상에 영향을 받은 몇몇 이론가들은 실제로 예술이란 엄밀한 정의를 허용하거나 요구하지 않는다고 주장했다. 일부의 주장에 따르면, 예술과 조우하게 될 때 우리는 무엇이 예술인지를 알며 예술을 비예술과 구분하기 위한 일련의 기준이나 이론을 적용함으로써 예술을 알아보는 것은 아니라고 한다. 예술이라는 용어를 사용할 수 있는 우리의 능력이 중요하며, 예술에 대해 일관적으로 말하고 그와 관련해 적절하게 행위 하는 능력이 바로 우리의 이해를 보여주는 척도라는 것이다. 더욱이 예술대상들은 너무나 다양해서 필요충분조건들의 의미 있는 집합을 받아들일 수 없는 바, 이는 이러한 사유 노선에 따라 정의의 탐색이 왜 잘못된 것인가를 보여주는 또 다른 이유이기도 하다.[19] 그럼에도 불구하고 현실적으

19) 이러한 관점을 주장하는 두 개의 영향력 있는 논문은 Morris Weitz, "The Role of Theory in Aesthetics", *Journal of Aesthetics and Art Criticism* 15(1956)와 William Kennick, "Does Traditional Aesthetics Rest on a Mistake?", *Mind* 67 (1958)이며, 두 논문 모두 John W. Bender and H. Gene Blocker (eds.), *Contemporary Philosophy of Art: Readings in Analytic Aesthetics*(Englewood Cliffs, NJ: Prentice-Hall, 1993): 191-8과 134-44에 수록되어 있다.

로 작동하는 "우리의" 예술 이해를 이렇게 신뢰하는 것은 몇몇 예술 유형의 존재 그 자체로 인해 좌절되어버린다. 예술을 보면 그것이 예술이라는 것을 이미 알기 때문에 예술 개념을 정식화할 필요가 없다는 가정에 숨어 있는 안도감은 요즈음 예술계가 풍부하게 배출해내는 퍼즐들에 대해서는 부적절한 반응인 것처럼 보인다.

예술과 반예술

예술의 전통, 방법, 양식에 대한 도전은 예술사의 일부이다; 사실상 그러한 도전이야말로 예술이 역사를 가지는 이유라고 말할 수 있을지 모른다. 그러나 어떤 도전들은 너무나 급진적이어서 양식적 전통뿐만 아니라 전체적인 예술 개념 자체까지 침식시키는 것처럼 보인다. 이러한 운동 중 최초이자 가장 극적인 운동은 스스로를 "다다"라고 불렀다.[20] 다다 운동은 스위스에서 1차 대전이 벌어지는 동안 조국을 떠나온 예술가 집단 가운데서 시작되었는데, 이들은 전쟁에 반대했고 유럽을 야만적인 갈등으로 몰아넣었던 사회적, 경제적, 정치적 힘들에 대해 비판적이었다. 그들의 의도적인 도발적 퍼포먼스와 전시들은 부분적으로는 전시(戰時) 산업주의 체제를 조롱하려고 기획된 것이었다. 물론 그들의 가장 명백한 공격 대상은 고급문화의 가치였지만 말이다. 스스로를 다다주의자 (이 말의 기원은 애매하다. 몇몇은 그 말이 아이들의 의미 없는 옹알이인 *"다다다"* dadada로부터 유래한 것이라 주장한다) 라고 규정한 자들은 고유한 사회 전반에 대해 불만을 품었으며 모든 전선에서 사회적 미적 가치들에 도전하

---

20) 다다의 관점에서 다다에 관한 논쟁에 대해서는 Robert Motherwell, *The Dada Painters and Poets* (New York: Wittenborn, Schultz, 1951)을 보라.

였다. 가장 중요한 사실은 그들이 자신의 전시와 퍼포먼스를 예술이라고 생각할 필요가 전혀 없었다는 것이다. "반예술anti-art"이라는 용어가 아마도 그들을 보다 정확하게 기술하는 말이 될 수 있을 터인데, 왜냐하면 그들의 작품은 친숙한 미적 예술적 규범에 극단적으로 항거했기 때문이다.

다다주의자가 전통적인 예술 가치를 전복시킨 것은 뒤샹이 "기성품readymade"이라 불렀던 것을 전시한 데서 확인될 수 있다. 뒤샹은 공장에서 제조된 물품을 선택했고 그것에 이름을 붙여 "예술"로 제시했다. 어떤 제목들은 <*부러진 팔 앞에서*>*Advance of the Broken Arm*처럼 별난 것이었는데, 이는 그가 눈삽에다 붙인 제목이었다. 그의 가장 악명 높은 작품인 <*샘*>*Fountain*이라는 소변기는 욕실용품 판매점에서 구입된 것이었다. 제조자의 이름인 "R. 무트R. Mutt"는 소변기 아래쪽에 예술가의 사인으로 엉성하게 그려졌다. (처음에 뒤샹은 그의 역할을 익명적으로 유지했다.) 이 작품은 다음과 같은 전통적 기대, 즉 예술이란 예술가의 독창적 상상력의 표현이고 독특해야 하며 심오한 통찰을 표현하고 아름다운 형태와 미적 가치를 지녀야만 한다는 그러한 기대를 조롱한다는 사실에도 불구하고, 또한 그러한 사실 때문에도 20세기 예술사의 주요한 참조물 가운데 하나가 되어왔다. <*샘*>은 격분을 불러일으킬 속셈으로 계획되었다; 그것은 공장에서 생산된 자기(瓷器) 욕실용품의 미에 대중을 익숙하게 하려는 예술적 의제의 일부로 제시된 것이 아니었다. 아이러니컬하게도 예술사가들과 예술가들은 다다로 되돌아갔고 그것을 예술사의 중요한 순간으로 환호했다. 이러한 결과는 애당초 설정된 계획의 일부라고 보기는 어렵다. 수십년 뒤에 뒤샹은 여전히 항거하고 있다: "나는 그들의 면전에다 *소변기*를 던졌는데, 이제 그들은 그것이 아름답다고 감탄하러

온다"고 그는 불만을 터뜨렸다.[21]

단순히 반예술로 만들어진 대상은 전혀 예술이 아니라고 생각할 수도 있을 것이다. 그러나 역사의 힘은 개인의 의도를 비장의 수로 이겨버리며, 그래서 애초에는 기성 예술체제에 도전하고 그것을 모욕하고 조롱하며 당혹스럽게 하려고 만들어졌던 수많은 퍼포먼스와 대상들도 점차 예술과 비평의 연보 속으로 편입됨으로써 예술 개념 속 어딘가에 자리를 요구한다. 더욱이 이 운동들은 페미니즘 예술의 이해에 있어서도 중요한 맥락을 제공하는데, 왜냐하면 많은 페미니스트들이 비판이나 거부를 필요로 하는 문화적 실천의 요소들을 진단하는 한에서 그들은 반예술이라는 의제를 공유하기 때문이다. 펠란Peggy Phelan의 간결한 요약에서,

> 페미니즘 예술은 1960년대와 1970년대에 출현했는데, 그것은 동시에 출현한 예술운동 및 이를 둘러싼 담론들을 통해 스스로를 형성시켰다. 페미니즘 예술이 특수한 미적 실천으로 인식되기 시작했을 때, 다시 말해 정치적 각성에 근거했던 인식이 시작되었을 때, 팝아트와 개념미술, 미니멀리즘, 해프닝, 신체예술, 대지예술, 사진, 실험 영화나 공공예술 등이 모두 주목을 받기 위해 겨루고 있었다.[22]

다다, 또는 개념주의와 퍼포먼스 예술 같은 다다의 계승자를 아우르는 예술의 정의를 정식화하기란 결코 쉽지 않다. "제도론institutional theory"이라고 알려진 정의가 발전되었던 것은 이러한 개념적 혼란을 다루기 위해서였다.

---

21) Hans Richter, "In Memory of a Friend", *Art in America* (July/August, 1969)와 관련하여 Ursula Meyer (ed.), *Conceptual Art* (New York: E. P Dutton, 1972): ix에서 인용되었다.

22) Peggy Phelan, "Survey" in Reckitt, *Art and Feminism*: 19.

제도론

제도론은 미국 철학자 디키George Dickie와 가장 많이 관련되는데, 그는 전통적인 규범을 위반한 것처럼 보이는 <*샘*>과 같은 류의 대상들을 수용하기 위해 자신의 예술 정의를 고안해냈다. 디키는 어떤 대상이 예술로 되는 것은 제도나 참여자의 복잡한 체제와 맺는 관계에 의해서라고 주장했다. 그의 첫 번째 규정은 아주 단순하다.

> 분류적 의미에서 예술작품은 (1)인공품이고 (2)어떤 사회제도(예술계)를 위하여 행위 하는 사람이나 사람들에 의해 감상할 후보의 자격이 수여되어왔던 양상들의 집합이다.[23)]

디키는 비평가에게 대답하고 자신의 의미를 좀 더 명확히 하기 위해서, 결국 예술계 내에서 예술개념을 공식화하는 5개의 구성적인 정의들을 제공했다.[역주*] (1) "예술가란 예술작품의 제작에 이해를 가지고 참여하는 사람이다." (2) "예술작품이란 예술계의 공중에게 제시되기 위해 창조된 일종의 인공품이다." (3) "공중a public이란 그들에게 제시된 대상을 이해할 수 있게 어느 정도 준비된 구성원들로 이루어진 사람들의 집합이다." (4) "예술계란 모든 예술계 체계의 총체

---

23) George Dickie, *Art and the Aesthetic: An Institutional Analysis* (Ithaca, NY: Cornell University Press, 1974): 34.

* 역주; 디키는 자신의 예술제도론을 전기와 후기로 구분하는데, 주 23의 정의가 전기 제도론의 규정이라면 주 25의 『예술사회』(1984)의 정의가 후기 제도론의 정의라고 할 수 있다. 디키가 이렇게 수정된 입장을 내놓은 이유는 무엇보다도 비판자들의 비판에 대한 반박의 결과인데, 제도론에 대한 비판은 크게 두 지점에서 살펴볼 수 있다. 첫 번째는 디키의 정의가 순환론에 빠져있다는 비판이고 두 번째 정의는 예술계란 다른 사회제도처럼 공식적인 법칙이나 규정을 통해 운영되는 제도가 아니라는 점이 충분히 파악되지 못했다는 비판이다. 이에 대해 디키는 후기 제도론에서 순환론의 입장을 적극적으로 옹호하는 방향으로, 반면 두 번째 비판은 수용하는 방향으로 나아가고 있다.

이다.”(즉 회화, 조각, 퍼포먼스, 음악, 소설 등과 같은 예술형태들) (5) “예술계 체계란 예술가가 예술계의 공중들에게 예술작품을 보여주기 위한 틀framework이다.”[24] 이 다섯 가지 조건들은 전부 합쳐져서, 어떤 대상이나 사건을 예술작품으로 만드는 것이 무엇인지를 정의한다. 그것은 멕케빌리가 “예술이라 불리고 예술잡지에서 그에 관해 쓰이고 미술관에 전시되거나 개인 큐레이터에 의해 사들여진다면, 그것이 예술이다”라고 말했을 때 <뉴욕 타임즈>에서 표현했던 유형의 접근방식을 철학적으로 번안한 것이다.

제도론의 구성요소들은 뒤샹, 슈니만, 슈쩨르박의 작품과 같은 그러한 예술작품들에서 초심자들이 직면할 것 같은 몇 가지 어려움을 예시한다. 역사의 어느 시기이건 예술을 이해하기 위해서는 전통에 친숙해질 필요가 있다. 그러나 동시대의 상황은 처음 접해서는 이해하기 상당히 어려운 수많은 반전통적 운동들이 포함되기 때문에 관객들에게 특별한 요구조건이 제기된다. 사실상 몇몇 이론가들은 20세기 중반 이래 예술가와 대중의 매개자로서 전문적인 예술비평가의 역할이 본질적으로 되었다고 주장해왔다.[25] 예술가로서건 아니면 예술계의 숙련된 성원으로서건, 동시대의 예술계에 이미 친숙하지 않은 사람이라면 대화에서 배제됐다고 느끼기 십상이다.

예술에 대한 이러한 접근방식은 어떤 대상을 예술로서, 그리고 그 제작자를 예술가로서 배제하거나 포함시키기 위한 — 공식적이고 비공식적인 — 모든 유형의 제도가 갖는 힘에 주목한다. 다다의 반항과

24) George Dickie, "The Institutional Theory of Art" in Noël Carroll (ed.), *Theories of Art Today* (Madison: University of Wisconsin Press, 2000): 98-101. 현재 통용되는 예술론들에 대한 페미니스트의 비판에 대해서는 Peg Zeglin Brand, "Glaring Omissions in Traditional Theories of Art" in Carroll, *Theories of Art Today*: 175-98을 보라. 또한 Stephen Davies, *Definitions of Art* (Ithaca, NY: Cornell University Press, 1991)을 보라.

25) Phelan, "Survey": 25.

절규를 그 경계 안으로 끌어들였던 것도 예술계의 힘이었고 게릴라 걸스가 항의를 제기한 것도 미술관과 화랑 같은 형식적 제도의 권위다. 1장에서 우리는 예술가, 창조성, 예술 산물들의 본질에 관한 초창기 개념들이 어떻게 여성과 그들의 작품을 체계적으로 배제시키는 경향이 있었는지 살펴보았다. 제도론은 기성 예술계 제도의 권위를 다소간 무비판적으로 승인한다는 점에서 흠이 잡힐 수 있을 지라도, 공공연하게 배타적이지는 않다 — 부분적으로 그 이유는 예술이 지닐 거라고 추정된 가치를 확정하는 것이 제도론 안에는 거의 없기 때문이다. 이는 계획적인 것이다: 디키는 "평가적인" 이론보다는 "분류적인" 이론을 만들려고 시도한다. 그가 관심이 있는 것은 무엇이 작품을 미적으로 가치 있게 만드는가가 아니라 무엇이 "예술"로 불릴 수 있도록 자격을 부여하는가이다.[26] 이 정의가 우리에게 말해주는 것은 무엇이 좋은 예술로 만드는가가 아니라 어떠한 조건이 그것을 예술로 만드는가이다. 따라서 그 정의는 왜 우리가 그것에 관심을 가져야만 하는지를 말해주지 않는다.

거울로서의 예술 : 아서 단토

1997년 <뉴욕 타임즈>가 인터뷰한 사람들 가운데는 철학자이자 예술비평가인 단토Arthur Danto가 있었다. 단토는 정의와 관련된 문제가 오늘날 특히 어려운 문제라는데 동의하지만, 그럼에도 이러한 어려움이 이론가들의 책임을 면제해준다고 믿지는 않는다. 역으로, 너무나 많은 예술대상들이 예술과 비예술이라는 범주로 대상을 분류하

26) "The Institutional Theory of Art", *Art and Its Objects* 2판(Cambridge: Cambridge University Press, 1980)에서 월하임(Richard Wollheim)은 디키가 분류와 평가를 구분하는 것에 대해 비판한다.

는 우리의 전통적 구분을 좌절시킨다는 바로 그 이유 때문에, 정의를 내리는 과제는 척 보면 예술인지 안다고 생각했을 때보다 훨씬 더 절박한 것이 되고 있다.

> 당신이 말하자면 튤립이나 기린을 알아차릴 수 있듯이 개념적으로 어떤 것을 식별할 수 있는 때도 있었다. 그러나 사물이 진화되어 왔듯이 예술은 어떤 것과도 같을 수 있으며 그래서 눈으로 보기만 해서는 예술인지 아닌지를 분간할 수 없게 되었다. 비평가의 탁월한 안목과 같은 기준은 더 이상 적용될 수 없다.
>
> 오늘날의 예술은 미적 반응들과는 거의 관계가 없다. 그것은 오히려 지적 반응들과 좀 더 관련된다. 당신은 그것이 "예술작품이라면?"이라는 가정을 투사해보아야만 한다. 그 경우에 특정한 문제들이 작동하기 시작한다. 즉 그것은 무엇에 관한 것이고 무엇을 의미하고 왜 만들어졌으며 언제 만들어졌는지, 그리고 어떤 사회적 예술적 대화들에 공헌하는지? 당신이 그러한 문제들에 대해 좋은 답을 얻는다면, 그것이 예술이다.[27]

단토의 주장에 따르면, 다다로부터 개념주의와 팝아트에 이르는 반전통적인 예술작품의 출현은 이전에 관심의 초점이 되었던 예술의 특징들로부터 이론가들의 관심을 멀어지게 만들었다. 정확히 그 이유는 그 작품들이 형식의 미, 감정의 표현, 명백한 재현 같은 그런 특징들을 전혀 갖고 있지 않으며 때로는 독창적인 인공품조차 아니었기 때문이다. 하지만 기성 예술체제의 모든 가치를 거부하려는 노력에도 불구하고, 이 작품들은 현재는 20세기 예술계의 연대기 속에 포함된다.[28] 이 이유는 그러한 작품들이 *예술계 내의*within the artworld — 말하자면 미적 판단과 대중문화에 대한, 가치와 속성에 대한, 예술가와 대중의 역할에 대한 — 논평들이기 때문이다. 그것들은 심오하게

27) *New York Times*, "Is it Art?"

28) 단토는 1964년 논문인 "The Artworld", *Journal of Philosophy* 61 (1964): 571-84에서 "예술계"라는 합성어를 만들어냈다. 그 말은 그 이래로 광범위하게 채택되었다.

예술 그 자체에 *대한*^about 것이다.[29] 그 자체로 그것들은 우리가 우리 자신의 역사적 시대, 우리의 가치, 우리의 사회적 정체성을 이해할 수 있게 해주는 수단을 제공한다. 단토가 세계를 비추는 거울이라고 예술을 칭할 때 그 자신은 미메시스라는 오래된 개념을 암시한다. "세계를 바라보는 방식을 외화하고 문화시대의 내면을 표현하며 우리의 왕들의 양심^conscience을 간파하기 위한 거울로서 스스로를 제공하는 것."[30]

예술이란 — 언제 어디서건 모든 예술은 — 어떤 것에 대한 것이어야만 하고 의미를 담으며 내용을 가져야 한다는 것이 단토의 주장이다; 다시 말해 예술의 의미는 예술작품 자체 속에 반드시 구현되어야만 한다는 것이다.[31] 이는 모든 역사의 시기에 동일한 방식으로 행

29) 동시대 시각예술이 자신의 과거에 대해 논평하는 정도는 단토가 어떤 의미에서 "예술의 종말"에 도달해왔다고 단언하게 만들었다. 이러한 논란의 여지가 많은 진술은 아마도 그의 이론이 지닌 다른 어떤 측면보다도 이제까지 더 많은 토론의 대상이 되어 왔다. 이 책에서 나는 그것을 다루지는 않을 테지만 말이다. Arthur C. Danto, *The Philosophical Disenfranchisement of Art* (New York: Columbia University Press, 1986) 및 *After the End of Art: Contemporary Art and the Pale of History* (Princeton, NJ: Princeton University Press, 1997)[아서 단토, 『예술의 종말 이후: 컨템포러리 미술과 역사의 울타리』, 김광우 역, 미술문화]를 보라. 비판적 논의의 사례들을 보려면 David Carrier (ed.), *Danto and his Critics: Art History, Historiography and After the End of Art* (Middletown, CT: Wesleyan University Press, 1998)를 보라.

30) Arthur C. Danto, *The Transfiguration of the Commonplace: A Philosophy of Art* (Cambridge, MA: Harvard University Press, 1981)[아서 단토, 『일상적인 것의 변용; 예술철학』, 김혜련 역, 한길사]:208. [역주; "왕의 양심을 간파하기 위한 거울"이라는 표현은 단토가 세익스피어(William Shakespeare)의 『햄릿』 2막 2장의 마지막 대사를 인용한 것이다. 선친의 망령으로부터 삼촌 클로디어스 왕의 범죄 행위를 알게 된 햄릿은 이를 확실히 알아내기 위해 왕의 죄과를 낱낱이 그려내는 연극을 상연함으로써 왕의 소행을 밝혀내기 위한 "쥐덫"을 놓으려고 결심하는데, 이 때 그는 "연극이란 내가 왕의 양심을 간파하기 위한 것"이라고 선언한다.]

31) Arthur C. Danto, *Philosophizing Art: Selected Essays* (Berkeley and Los Angeles: Uiversity of California Press, 1999)[아서 단토, 『철학하는 예술: 예술작품의 철학적 특성』, 정용도 역, 미술문화]: 8.

해지지 않으며 행해질 수도 없는데, 이 사실이야말로 예술 생산에 있어서 *예술 개념*이 지니는 역할을 나타내는 것이다. 1960년대의 세련된 뉴욕인들은 예를 들어 워홀[Andy Warhol]의 <*브릴로 박스*>[Brillo Box역주*]를 간신히 예술로서 볼 수 있을 따름이었다; 그러한 개념적 위업[(偉業)]은 역사의 이전 시기에는 불가능했을 뿐만 아니라 말도 안 되는 것이었을지도 모른다. 20세기 중반에 이르기까지 팝아트를 생산하거나 인정하기 위해 필요한 예술에 대한 관념들은 아직껏 자리해 있지 않았다. 단토가 말했다시피, "어쨌건 어떤 것을 예술로 보기 위해서는 적어도 이것, 즉 예술론의 상황과 예술사에 대한 지식만큼은 요청한다."[32)]

역사의 이 시점에 이르면, 사용될 수 있는 형태나 수단이라는 점에서 의미의 구현은 사실상 어떤 제한도 받지 않는다. 단토는 전례 없는 다양성이 동시대 예술계를 특징짓는다고 인정한다. 따라서 그는 이 장의 첫머리에서 검토된 합의, 즉 예술이 될 수 있는 대상의 *유형*들과 예술이 될 수 없는 대상들을 간단히 구분할 수 없다는 데에 동의한다. 많은 설치물들은 화랑이 아니라 공공장소에 놓여짐으로써 예술작품으로서의 정체성이 고의적으로 혼란되는 정도까지 이르른다. 실제로 사람들은 종종 홀저[Jenny Holzer]의 전광판[역주*] 같은 것들

* 역주; 워홀은 1964년 뉴욕 스테이블 갤러리에서 청소용 세제 브랜드인 <브릴로>의 포장상자를 그대로 쌓아놓은 듯한 작품을 선보였다. 골판지로 되어있는 원래의 상자와는 달리 워홀의 작품은 합판으로 만들어진 것이지만, 지각적으로는 전혀 식별이 불가능했다. 똑같이 보이는 상자가 하나는 예술작품이고 다른 하나는 일상의 용품에 불과하다면, 이를 구분하는 기준은 무엇인가 라는 문제가 단토의 이론을 탄생시킨다.

32) Danto, *Transfiguration*[아서 단토, 『일상적인 것의 변용; 예술철학』, 김혜련 역, 한길사]: 135.

* 역주; 미국의 여성 미술가 제니 홀저는 강력하고 도발적인 텍스트로 이루어진 <진부한 문구>(Truisms) 시리즈를 광고 포스터처럼 인쇄하여 뉴욕 소호 거리의 벽보로 부착했다. 그녀는 "내가 원하는 것으로부터 나를 지켜주세요"(Protect me from what I want)와 같은 아포리즘 문구를 대형 광고판이나 LED 전광판을 이용

을 예술작품으로 인정하지 않는다. 그러나 이러한 이질성이 예술이란 정의될 수 없다는 것을 함의하지는 않는다. 오히려 그것은 다음의 사실, 즉 예술작품이 공유하는 것은 어떤 지각적 성질(미나 의미있는 형식, 또는 예술적 천재의 표현적 시각)이 아니라 예술 전통이나 전개되는 문화 내에 존재하는 관계적 성질이라는 것을 깨닫게 해준다. 모든 예술은 의미를 가지며, 어떤 사건, 인간, 대상, 이념이든지 — 비록 완곡하다 할지라도 — 어떠한 주제에 대한 것이다; 또한 그것은 올바른 문제를 제기하는 관객에게 그 의미를 밝혀주고 예증해준다. 이를 인정한다면, 처음 조우했을 때에는 너무나 이해하기 곤혹스런 페미니즘 예술이나 또 다른 동시대 작품들을 자리매김하는데 도움이 될 수 있을 것이다.

페미니즘 작품과 예술 개념의 변화

"페미니즘"이 사회에서의 여성의 역할에 대해 단일한 정치학이나 단 하나의 관점을 기술하지 않는 것처럼, "페미니즘 예술"도 하나의 예술 유형, 또는 유사한 주제나 시각을 공유하는 한 부류의 예술작품을 지칭하는 것은 아니다.[33)] 예술 비평가 리파드Lucy Lippard는 다음과 같이 논평했다.

> 페미니즘적이고/이거나 여성이 만든 예술은 하나의 양식도 아니고 하나의 운동도 아니기 때문에, 페미니즘이 기여했던 특수한 형식적 공헌을 명확히 정의하는 것은 아무런 소용없는 짓이다. 물론 이런 생각은 그러한 예술이 과거의 범주들과 연대기 속에 안전하게

하여 도시 한복판에 전시하는 공공미술 프로젝트로 유명하다.

33) Mary Devereaux, "Feminist Aesthetics" in Jerrold Levinson (ed.), *Oxford Handbook of Aesthetics* (New York: Oxford University Press, 2003): 647-66.

모셔져 있기를 바라는 사람들에게는 괴로운 일일지 모르지만 말이다. 그것은 수많은 양식들과 개인적 표현들로 이루어져 있으며, 대부분 스타 시스템을 회피하는데 성공한다. 가장 도발적이고 건설적인 형태에서, 페미니즘은 우리가 알고 있는 예술의 모든 계율에 대해 문제를 제기한다.[34)]

페미니스트 예술가들이 분명 공유하는 것은 여성이 역사적 사회적으로 종속되어왔다는 감각이고 어떻게 예술실천이 그러한 종속을 존속시켜 왔는지에 대한 인식이다. 그러한 종속을 영속적으로 유지시켜왔던 것은 여성의 작품을 무시하고 회화나 영화에서 여성의 몸을 대상화하며 서사에서 여성의 성적 착취를 낭만화하고 여성의 창조성에 대해 배타적 기준을 사용할 뿐 아니라 여성성을 남성성에 대한 음험한 경쟁자로 간주하는 상징체계를 지속시키는 그런 것들에 의해서였다.

그러한 문제들을 염두에 둔 페미니스트 예술가들과 포스트페미니스트 예술가들은 사실상 모든 포스트모던한 작품들을 특징짓는 복잡한 자기지시[self-reference]에 참여할 뿐만 아니라, 종종 그들의 창조적 생산을 돕는 고도로 이론적인 의제들을 가지고 가부장적 전통에 도전하고 그것을 전복시킨다.[35)] 예를 들면 스페로[Nancy Spero]는 고대의 (그리스와 켈트족의) 신화적 전통들로부터 따온 섬세하게 그려진 인물들의 목록을 그리고 그 인물들이 화랑의 벽을 가로질러 경주하는 것처럼 설치한다. 때때로 이미지들은 고전 텍스트와 병치되어, 부분적으로 지워진 파편들로 제시된다; 또한 때때로 텍스트들은 여성에 관한 동시대의 저술들을 암시하기도 한다.[36)] 이런 류의 전통과의 유

---

34) Lucy R. Lippard, *The Pink Glass Swan: Selected Essays on Feminist Art* (New York: The New York Press, 1995): 172.

35) "post"에 관해서는 서문의 주6을 보라.

36) 스페로는 그녀의 작품을 *여성적 회화(la peinture féminine)*라 불렀는데, 이는 식수(Héléne Cixous)의 여성적 글쓰기(*l'écriture féminine*) 개념에서 채택한 것이다.

희는 문제시되고 있거나 전복되고 있는 장르의 규범들을 주목하게 만들며, 따라서 "예술사에 대한 지식"을 특별히 필요로 한다. 포터Sally Potter의 영화 <*스릴러*>(1979)는 대중적인 푸치니Puccini의 오페라 <*라 보엠*>의 이야기를 반복해서 번안한 것이다. 멀비Laura Mulvey와 월른Peter Wollen의 영화 <*스핑크스의 수수께끼*>(1976)는 스핑크스의 관점에서 오이디푸스 신화를 재조명하는데, 오이디푸스의 수수께끼는 소포클레스의 드라마를 시작하는 것이었다. 그럼으로써 그 영화는 그리스 신화뿐만 아니라 멀비가 응시 이론을 조탁할 때 그렇듯 중요한 영향을 끼쳤던 정신분석이론에 호소한다.

이처럼 친숙한 예술형태의 장르들 내부에서 제기된 문제와 도전 이외에도, 전통적인 예술의 기대를 거부하는 페미니스트들이 많이 사용하는 두 가지 추세가 있다: 표준적이지 않은 재료들을 사용하는 것과 예술의 구성요소로서 몸을 제시하는 것.

매체와 메시지; 섬유와 음식

순수예술 전통은 (가정용으로 제작된 것들을 포함한) 실용적인 공예 작품들을 아주 엄격히 배제했기 때문에, 많은 페미니스트 예술가들은 의도적으로 공예의 재료들을 그들의 작품 속으로 편입시키려 했다. 더욱이 여성이 참여했던 몇몇 공예 전통은 공동의 노력이었고

Elizabeth Ann Dobie, "Interweaving Feminist Frameworks" in Brand and Korsmeyer, *Feminism and Tradition*: 215-34를 보라. Judy Purdom, "Nancy Spero and Women in Performance" in Penny Florence and Nicola Foster (eds), *Differential Aesthetics: Art Practice, Philosophy and Feminist Understandings* (Aldershot, UK: Ashgate, 2000): 161-74. 수많은 전통에서 등장한 예술가들은 여성적 시각에서 문화적 이미지들을 재해석해왔는데, 여기에는 전통적인 인디안 세밀화의 형상을 다시 사용한 시칸더(Shahzia Sikander)와 고대 이슬람 텍스트 위에 수를 놓거나 그림을 그린 아메르(Ghada Amer)가 포함된다.

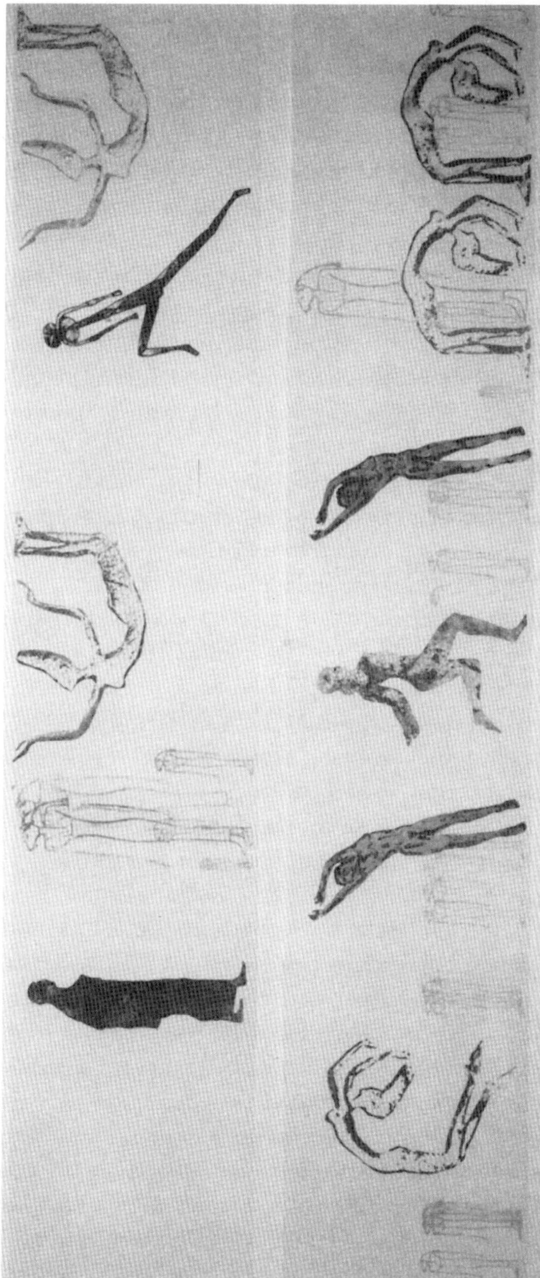

그림 10. 낸시 스페로(Nancy Spero), <이집트인의 형상/곡예사/춤Egyptian figure/Acrobat/Dancing>(1988). David Reynolds 사진.

개인적인 창조자를 가려내지 않았기 때문에, 일부 페미니스트 프로젝트들은 이와 유사하게 공동 작업을 선보여 왔다. 비록 그중 다수의 작업이 전시회 전체를 "지도했던" 특정 미술가의 업적으로 인정되긴 하지만 말이다. 예컨대 시카고Judy Chicago의 대형 프로젝트인 <*디너 파티*>Dinner party(1974–9)는 거대한 삼각형 테이블로, 역사와 신화에서 등장한 39명의 여성 인물을 기념하는 식탁을 차린 것이다. 그것은 직조, 자수, 도자(陶瓷)를 이용하는데, 시카고는 그것을 한데 설치하기 위해 백 명이 넘는 다른 예술가들의 기술을 협조 받았다. 24명의 예술가가 참여한 또 다른 공동 설치작업 <*여성의 집*>Womanhouse (1972)은 페미니즘적 주제로 디자인된 서로 다른 방들로 꾸며진 집 한 채를 새로 건립한 것이었다. 이 프로젝트에서 시카고의 방은 피로 얼룩진 화장실로, *월경 화장실*이라 불렸다. 그것은 <*샘*>을 삐딱하게 비꼬는 대위법으로 간주될 수 있는데, 물론 뒤샹의 관심을 끈 소변기는 오직 남성만을 위한 설비품이니 말이다.

헝겊과 그 밖의 섬유재료는 샤피로Miriam Schapiro와 링골드Faith Ringgold의 작품에서 많이 나타난다. 링골드는 화랑이라는 순수예술의 맥락에서 여성의 전통적인 공예형태인 퀼트를 정치와 사회적 문제에 대한 메시지, 특히 미국 내의 인종과 관련된 메시지의 매체로 사용한다. 이 작품은 여성의 공예품들이 예술 전통에서 배제된 것을 비판하기 위해 암묵적으로 재봉된 섬유라는 표현형식을 사용하는데, 이는 보통 일상적인 가정의 필요에 따라 노예제 하의 변경 지역에서 가정용으로 만들어진 대상들을 환기시키는 것이다. 페미니스트들이 섬유, 도자, 또한 다른 공예재료들을 이용하는 것은 순수예술/공예의 구분에 도전하는 것으로 간주될 수 있다. 사용된 바로 그 재료들은 순수예술 전통을 *전복시킨다*; 그러나 동시에 헝겊이나 직조된 물품들은 순수예술의 전통 *안에서* 여성이 만든 창작품을 지칭하고 부활시킨다.

고통스럽고 어려운 사회적 진술을 하려는 목적으로 가정이나 안락함과 관련된 공예재료들을 이용하는 것은 생산물 속에 어떤 흥미로운 불협화음을 만들어낸다. 우리는 따뜻함과 장식을 위한 온화한 물건으로 퀼트를 생각한다. 그러나 그 디자인들은 종종 장식적인 것을 넘어선다; 오랫동안 퀼트는 족보로 사용되거나 역사적 사건을—그 중 다수는 비극적이거나 고통스러운 것인데—묘사하기 위해 사용되어왔다. 공식적으로 가장 큰 퀼트는 에이즈 퀼트인데, 이는 에이즈로 사망한 친지들을 추모하기 위해 지구 전역의 사람들이 만든 사각형 퀼트를 연결시킨 합동 프로젝트였다.[37] 순수예술에 공예를 편입시키는 것은 두 영역의 구분에 도전할 뿐 아니라 집안일의 창조성을 폄하하는 것에 대해 문제를 제기한다. 나아가 링골드의 작품이 분명히 보여주었듯이, 이는 또한 표준적인 모더니즘 미학의 또 다른 구분, 즉 정치적 의미와 미적 가치의 구분에 맞서기 위해 사용될 수 있다.

음식을 예술적으로 이용하는 것은 친숙한 예술 개념을 훨씬 더 철저하게 전복시킨다. 왜냐하면 공예라는 자료들은 순수예술 전통의 바깥으로 밀려나오게 되었던 인공품들을 대표하는 반면에, 음식은 예술적 함의를 거의, 아니면 아예 갖지 않는다고 여겨졌던 재료를 대표하기 때문이다. 앞 장에서 우리는 어떻게 미감(味感)과 먹기를 포

---

37) 그러한 퀼트는 유명을 달리한 가족의 일원을 기념하여 칠레에서 만든 아르필레라스(the arpilleras)와 비교될 수 있다. 아르필레라스는 벽걸이나 베개 커버이다. 처음 보기에 그것은 화려한 색채의 보기 좋은 민속 장식물인 것처럼 보인다. 그러나 자세히 보면, 아플리케로 된 장면은 고문과 처형을 묘사하고 있음을 알 수 있다. Marjorie Agosin, *Scraps of Life: Chilean Arpilleras*, Cola Franzen 역 (Trenton, NJ: Red Sea Press, 1987).

함하는 몸의 가치들이 특히 철학적 영토에서 배제되었는지를 분석했다. 거기서 나는 육체적 감각들이 비미적nonaesthetic 지위를 갖게 된 것은 그러한 감각들이 이론적으로 간과된 결과라고 주장했다. 그러나 미각, 후각, 먹기의 낮은 철학적 지위가 문화적 상징들 속에 강력히 새겨져 있다는 것은 여전한 사실이며, 그래서 동시대 "음식 예술가"들이 보통 활용하는 것도 바로 이러한 연상적 의미들인 것이다. 음식물을 예술 매체로 이용하는 것은 미학적 전통을 탐구하는 동시에 그것을 파괴한다. 그것은 젠더, 섹슈얼리티, 죽음에 관한 도발적 반성을 제시하면서도, 또한 고급문화 전통과 관련된 예술 개념과 가치들을 탐구하는 것이다.

처음의 사례로 되돌아가보면, 슈쩨르박의 <*바니타스: 백피성 식욕감퇴증 환자를 위한 살코기 드레스*>는 회화의 전통과 그러한 전통에 대한 오늘날의 질문 사이에 흥미로운 가교가 된다. 이 작품은 예술사 그 자체를 참조하게 하며, 따라서 그러한 예술사와 그것의 미적 가치들에 대항하는 선언문으로 읽혀질 수 있다. 더욱이 그것은 정치 영역에까지 미치며 여성의 몸에 귀속되었던 가치worth에 대한 논평을 육화한다.

예술 생산의 연속성 속에서 <*살코기 드레스*>가 차지하는 위치를 살펴봄으로써 시작해보자. 슈쩨르박은 <*바니타스*>라는 제목으로 우리를 도와준다. *바니타스*라는 용어은 16세기와 18세기 사이에 인기가 있었던 유럽 정물화의 한 장르를 언급하는 것이다. 바니타스 모티브들은 썩어가는 음식물, 해골, 부서진 악기들, 뿌려진 동전들, 찢어진 종잇조각과 같은 대상들로 특징지어진다. 즉 이는 한때 가치가 부여되었으나 시간이 흐르면서 파괴된 것, 따라서 현세의 노력들이 지닌 궁극적인 허무함을 상징하는 아이템인 것이다. (*바니타스*라는 표지는 구약 전도서Ecclesiastes의 첫 번째 줄에서 따온 것이다; "*헛된 것들의 덧없음이여, 모든 것이 헛되도다* *Vanitas vanitas, et omnia vanitas*." *바니타스* 회화들은 인간 노력의 무상함 및 파괴될 수밖에 없는 운명을 지닌 이승의 사물에다 가치를 두는 어리석은 실수를 고도로 도덕주의적으로 상기시키는 것이다. 그 제목은 정물화와 유사한 전통에 <*살코기 드레스*>를 갖다 놓음으로써, 오랫동안 인정받아왔던 예술 장르와 친족관계가 있음을 선언한다.

이와 동시에 그 드레스가 실제 살코기로 만들어지기 때문에 그것이 지니는 뚜렷한 즉물성literalness은 [정물화라는] 그러한 매체의 전통을 거부한다. 왜냐하면 슈쩨르박이 작업을 위해 선택한 것은 캔버스 위의 물감이 아니라 도살된 살코기였기 때문이다. 그녀의 작품은 미술관에서 그녀의 선조들과 나란히 걸릴 수 있도록 살아남지 못할 것이다; 그것은 급속히 썩어가며 바로 그러한 전시 과정에서 부패를 선언한다. (그것은 단지 보도기사와 사진기록들을 통해서만 보존된다.) 그렇게 함으로써 그것은 인간 육신—"백피성 식욕감퇴증 환자를 위한 살코기 드레스"라는 이 경우에는 여성 육신—의 노화를 흉내 낸다. 우리가 아주 창백한 여성의 메마른 몸 바깥에 살코기가 걸려 있다는 것, 즉 그녀의 수척함이 지나치게 비대한 여성의 살집을 거부하는 극단적 유형을 나타낸다는 것을 깨달음에 따라 암시는 배가된다.[38] 고기는 소금이 잔뜩 쳐져 있지만, 모든 고기는 악취가 난다. 심지어 이 작품의 사진을 보기만 해도, 불편한 공감각적 감정들이 자극된다: *그것은 사람의 피부에 닿았을 때 어떤 느낌일까? 노화와 부패는 똑같은 냄새가 날까? 결국 인간의 육신이란 실재로 그저*

---

38) Susan Bordo, *Unbearable Weight: Feminism, Western Culture, and the Body* (Berkeley and Los Angeles: University of California Press, 1993)[수잔 보르도, 『참을 수 없는 몸의 무거움: 페미니즘 서구문화 몸』, 박오복 역, 또 하나의 문화].

도살된 고기 덩어리에 지나지 않는 것인가? 슈쩨르박의 작품은 그 자체 반예술은 아니지만, 매체의 선택에 있어 반예술의 정신을 함께하고 있다.

고기나 다른 음식물을 사용하는 것은 공예라는 자료들을 고급문화의 현장으로 편입시키는 것과는 다르다. 비록 그것이 비슷하게 순수예술 전통에 문제를 제기한다고 할지라도 말이다. 그러나 음식과 먹기는 앞 장에서 논의된 모든 이유 때문에 가장 극단적이고 당혹스런 방식으로 여성성과 연관된다. 많은 상징체계 속에서 여성의 몸은 삶과 죽음 둘 다와 연관된다. 모든 몸은 죽지만, 모성적 신체는 또한 삶의 원천이기도 하다. 그래서 여성의 육신이 부패되는 것은 일종의 배신행위다 — 미와 성적 매력은 사라지고 생명을 생산하는 능력은 시들며 어머니의 위안과 유지는 더 이상 가능하지 않게 된다. 심지어 <*살코기 드레스*>의 육신은 벌거벗고[naked] 있지 않다 (우리는 예술에서 그것에 익숙하다); 그것은 *살갗이 덮혀져*[skinned] 있다 — 구역질나고 취약하며 비영구적인 살갗 말이다. 전통적인 *바니타스* 모티브에서의 음식과 슈쩨르박의 작품에 등장하는 음식 사이에는 하나의 차이가 있는데, 말하자면 전자는 *예술 내에서*[within art] 탐구된 주제이고 후자는 *예술 자체*[art itself]의 본질에 대한 진술이다. 인생의 덧없음에 관한 메시지를 전달하려는 도덕적 미적 목적들을 위해 사용된 암시적인 참조물로 시작되었던 것이 실제적인 예술 매체로 깜짝 변신하게 되었던 것이다.

예술가의 몸

전시품에 많은 양의 소고기를 사용하는 것은 두드러지게 추상적인 시도는 아니다; 왜냐하면 고기는 썩어가고 이 특정한 고기, 이 특정한 몸이라는 그것의 특수성이 예술 속에서 드러나기 때문이다. 2장에서는 페미니즘 이론이 계몽주의 사상의 비판에 어떻게 참여했는지 언급했었는데, 이는 미적 가치의 보편성을 의심하는 것도 포함했다. 이러한 비판적 접근방식은 예술가란 그 또는 그녀의 개인적 관점을 엄폐하는 추상적 보편적 시각을 가지고 창조해야만 한다는 생각을 거부하며 그 대신에 모든 창조성이란 역사, 젠더, 섹슈얼리티, 사회적 지위, 또는 계급, 인종, 민족성 등에 의해 굴절된 "위치"를 갖는다는 주장을 강조한다.

예술가들이 특수성과 위치성[positionality]에 주목하게 하기 위해 사용하는 하나의 수단은 작품 속에 예술가 자신의 몸을 이용하는 방법이다. 멘디에타[Ana Mendieta]는 여성의 몸과 대지의 친화성에 대한 그녀의 관점을 표현하는 수단으로, 1970년대와 80년대에 창조했던 대지예술에다 자신의 몸을 새겨 넣었다. 1970년대와 80년대, 그리고 90년대로 들어오는 사실상 모든 신디 셔먼[Cindy Sherman]의 작품들은 자신의 이미지를 포함하는데, <*역사 초상화*>[*History Portraits*]시리즈에서와 같이 때때로 그녀는 오래된 명화를 상기시키는 구성에서 인물들의 대역을 스스로 연기한다. 그녀의 <*무제 #224*>[*untitled #224(1990)*]는 부분적으로는 젠더 크로스오버를 내포하기 때문에 불안해 보이는데, 왜냐하면 그녀의 얼굴은 고전적인 바쿠스의 모티브나 포도주 신의 형상으로 나타나기 때문이다. 르네 콕스[Renée Cox]의 작품 <*요 마마*>[*Yo Mamma*]는 아이를 안고 있는 그녀의 사진에서 동정녀 마리아와 아기 예수의 회화와 조각, 특히 미켈란젤로의 <*피에타*>[*Pietà*]를 반향하는 이미지를 담고 있다.[39] 예술의 친숙한 도상과 성서의 이야기를 자신의 이미지로

---

39) Edward Lucie-Smith, in Judy Chicago and Edward Lucie-Smith (eds), *Women and Art: Contested Territory* (New York: Watson-Guptill, 1999): 63.

그림 11. 아나 멘디에타(Ana Mendieta), <아이오와의 실루엣 작품들 Silueta Works in Iowa>(1976-1978/1991). Ana Mendieta의 소유지와 Galerie Lelong New York의 전재 승인.

대체하는 행위에서 콕스는 그녀가 젠더, 인종, 문화, 섹슈얼리티에 따라 역사에서 동일시된 특정한 주체 위치의 관점에서 창조한다는 점을 주목하게 만든다.[40)]

이러한 위치의 특수성이 의미하는 바, 즉 예술가의 입장에서 "몸"을 이용하는 것이 항시 동일한 것을 의미하지는 않는다는 사실은 단지 이 세 가지 사례만을 보더라도 분명해진다. 다른 비서구 문화전통 출신의 여성 미술가들이 만든 육체 이미지가 주는 정치적 충격을 고려해본다면, 이러한 사실은 특히 극적으로 나타난다. 이 작품들은 남성/여성 이분법과 나란히 서양/동양, 과거/현재, 전통/혁명 사이의 대립들을 추가적으로 언급한다.[41)] 어떠한 문화적 맥락이 사용되는가에 따라 여성의 육신이 지니는 의미는 더욱 다양하게 변화된다. 총을 들고 있는 이란 여성을 찍은 네샤트[Shirin Neshat]의 사진에서 차도르로 감춰진 여성의 가려진 몸과 페르시아 시로 아로새겨진 드러난 살은 이슬람교의 전통과 혁명 둘 다를 지칭한다. 이불[Lee Bul]의 인공적이고 기계화된 형상은 동시대 도시화된 아시아의 고도로 기술관료적인 사회를 환기시킨다. 그 밖의 사례들은 육체의 현시가 의미하는 서로 다른 유형의 에로티시즘과 젠더 의미들, 그리고 사회적 도전을 좀 더 다각화시키게 될 것이다. 말할 것도 없이 이러한 의미들은 여성의 몸을 이용하는 것에 국한되지 않는다. 남성 예술가들 또한 성, 젠더, 에로티시즘, 정체성의 인식을 강화시키기 위해 — 묘사되거나 현시된 — 그들 자신의 육신을 사용해왔다.

---

40) Lisa Bloom (ed.), *With Other Eyes: Looking at Race and Gender in Visual Culture* (Minneapolis: University of Minnesota Press, 1999).

41) Eleanor Heartney, "Beauty, Bodies, and Burquas," 미국 미학회, 2002년 10월 31일 발표.

그림 12. 신디 셔먼(Cindy Sheman), <무제 #224 Untitled #224>(1990). 작가 및 Metro Pictures 전재 승인.

예술가의 살과 몸을 즉물적으로 이용하는 것은 또한 퍼포먼스 예술의 주요한 특징이 되어 왔다. 퍼포먼스 예술은 특히 페미니스트 예술가들이 도전해왔던 상대적으로 새로운 예술형태다.[42] 퍼포먼스 예술은 관객과 연루될 뿐 아니라 정체성에 대한 관념들과 여성성의 문화적 구성을 탐구하고 실행하는 직접적인 수단을 제공한다.[43] 상당히 많은 유럽과 미국의 시각예술 전통이 여성의 몸을 (보통 젊고 육감적으로) 묘사하기 때문에, 많은 퍼포먼스 예술은 과장, 패러디, 폭력, 전도라는 수단으로 그러한 전통을 전복시킨다. 예술가들은 (포르노그래피 자체와 혼동될 위험을 감수하고) 포르노그래피 산업, 여성에 대한 폭력, 성 매매 시장, 인종적 정체성, 노화, 죽음 운명 등을 탐구하는 수단으로 자신의 몸을 사용해왔다.[44] 퍼포먼스 예술은 예술가의 살아있는 육신을 이용하며 일부 예술가들은 작품에서 피를 흘리기도 했는데, 이는 때로는 되돌릴 수 없는 결과를 낳기도 했다. 예를 들면 프랑스 미술가 올랑[Orlan]은 수차례의 성형수술을 받아왔는데, 이는 이상화된 여성의 외모를 예술적으로 묘사하는 일련의 참조 사례에 맞게 자신의 몸을 영구적으로 변화시켰으며 영상 통신망으로 방영되기도 하였다.[45] 올랑의 작품들은 특정한 회화들과 조각들

---

42) Moira Roth (ed.), *The Amazing Decade: Women and Performance Art in America,* 1970-1980 (Los Angeles: Astro Artz, 1983); Greil Marcus, *Lipstick Traces: A Secret History of the Twentieth Century* (Cambridge, MA: Harvard University Press, 1989).

43) Petra Kuppers, "Living Dialectics, *Aufhebung* and Performance Art" in Florence & Foster, *Differential Aesthetics*: 141-57.

44) Rebecca Schneider, "Binary Terror and the Body Made Explicit." *The Explicit Body in Performance* (London: Routledge, 1997)의 1장.

45) Orlan, "Intervention" 및 Tanya Augsberg, "Orlan's Performative Transformations of Surgery" in Peggy Phelan and Jill Lane (eds), *The Ends of Performance* (New York: New York University Press, 1998): 315-27, 285-314; Peggy Zeglin Brand, "Disinterestedness and Political Art" in Carolyn Korsmeyer (ed.), *Aesthetics: The Big Questions* (Malden MA: Blackwell, 1998): 155-71; Brand, "The Virtual Body:

을 지칭한다. 그러나 좀 더 일반적으로 보자면, 여성이 퍼포먼스에서 자신의 몸을 사용할 때 동시에 전체 예술전통의 반향을 불러일으키지 않기란 거의 불가능하다. 퍼포먼스 미술가이자 음악가 로리 앤더슨Laurie Anderson에 관해 논하면서, 맥클레리는 다음과 같이 말했다.

> 그녀의 것이 *여성의*(*female*) 몸이라는 사실은 그녀가 퍼포먼스에서 호소하는 몇몇 대립의 역학관계를 변화시킨다. 왜냐하면 서구문화에서 여성의 몸은 거의 항상 전시 대상으로 간주되어왔기 때문이다. 여성은 지금까지 예술에서 행위자로 인정된 경우가 거의 없었으며, 그 대신 남성 예술가가 구성한 연극적 음악적 영화적 시나리오나 무용 시나리오를 — 그녀의 몸 위에서 그리고 몸을 통해 — 실행하는 데에 국한되어졌다. 수세기 동안 문화적 노동에서 행해졌던 이러한 전통적인 성 분업은 앤더슨이 공연할 때 그녀(혹은 어떤 여성 공연자)를 억누르는 것이다.[46]

퍼포먼스 예술은 격심한 논쟁에 부딪혀 왔다. 부분적으로 그 이유는 퍼포먼스가 직접적인 공연이라는 것과 (비록 포르노그래피는 아닐지라도) 순수예술에서는 선례가 없는 방식으로 예술가의 신체를 노출시킨다는 이유 때문이었다. 자신의 몸을 피나 똥을 닮은 음식물로 더럽힘으로써 여성의 성적 착취에 주목하게 만드는 핀리Karen Finley의 작업은 유다른 악평에 시달렸는데, 이유는 국립예술진흥기금에 제소한 소송에 그녀가 참여하였기 때문이었다. 국립예술진흥기금의 일부 의원들은 그녀의 작품이 너무나 공격적이어서 공적인 자금 지원을 받을 만한 가치가 없다고 생각했다.[47] 앞에서 언급된 슈니만의 퍼포먼스 <*내부 두루마기*>는 예술가 신체의 내부라는 금기시된 공

Orlan and Morimura" in Annette W. Balkema and Henk Slager (eds), *Exploding Aesthetics, L&B: Series of Philosophy of Art and Art Theory* 16(2001): 92-104.

46) Susan McClary, *Feminine Endings: Music, Gender, and Sexuality* (Minneapolis: University of Minnesota Press, 1991): 137-8.

47) *National Endowment for the Arts, et al., Petitioners v. Karen Finley et al.* (1998).

간을 충격적으로 이용했다. 그녀는 몸 안에서 탐폰과 성전(聖典) 둘 다와 흡사한 둘둘 말려진 기다란 종이끈을 뽑아내었다. 여성의 성sex 안에 숨겨진 비밀이 존재한다는 생각은 신화의 고대적 착상인데, 살아있는 여성 안에서 그리고 그녀에 의해 신화를 실행한다는 것은 유서 깊은 상징들을 폭파시키기도 하고 또 사용하기도 한다. 그럼으로써 이는 신화적인 몸과 실재 육신의 구분, 그리고 또한 재현과 현실의 구분을 붕괴시킨다.

일부 이론가들에게 있어서 퍼포먼스는 젠더 자체를 사회적이고 심리적으로 생산하는 것을 의미한다. 그들은 강력한 버전의 사회적 구성주의를 채택했는데, 이에 따르면 젠더 정체성이란 성적 이형성 dimorphism이 발달하면서 생기는 특징으로서 천성적으로 타고나는 것이 아니라 교육, 예절, 양육, 문화 담론을 통해 아이들에게 주입되는 사회 규범에 의해서 강제되는 것이다. 젠더 정체성과 퍼포먼스가 맺는 관련성들은 몇 개의 철학적 진입점을 통해 페미니스트 사상으로 들어왔다. 분석적 전통에서 글을 썼던 프리에Marilyn Frye는 화행이론 speech-act theory역주*에서 발전된 수행문performatives 개념을 사용하여 여성적 정체성이나 레즈비언 정체성을 분석해왔다.[48] 유럽 철학의 영향을 더 많이 받은 버틀러Judith Butler는 퍼포먼스로서의 젠더와 섹슈얼리티

* 역주; 언어행위이론이라고도 불리는 화행이론은 '언어란 무엇인가'보다는 '언어는 무엇을 하는가'에 초점을 맞춘 언어학의 한 유파를 가리키는 용어이다. 이는 1960년대 오스틴(John Austin), 설(John Searle), 블랙(Max Black)과 같은 영국의 일상언어학파 이론가들에 의해 발전되었다. 이 이론에 따르면, 언어적 표현의 의미란 다양한 언어 행위들(예를 들면 경고, 명령, 환호, 약속, 요구 등등)을 수행할 때 그 사용을 지배하는 규칙에 의해서 설명될 수 있다. 화행이론은 외부 사태에 대한 참 또는 거짓이 확인되는(constative) 발화와 약속처럼 그 자체로 언어적 행위가 되는 수행문(performatives)을 구분한다. 수행문이란 언어행위의 결과로 무엇인가가 달성되도록 하는 표현을 말한다.

48) Marilyn Frye, *The Politics of Reality: Essays in Feminist Theory* (Trumansburg, NY: The Crossing Press, 1983), 특히 "Sexism"(17-46)과 "To See and Be Seen" (152-74)에 관한 장을 보라.

에 관해 명확한 이론을 발전시켜왔다.[49] 사실상 관련된 사상들의 등장은 몇 세대 이전으로 거슬러 올라갈 수 있는데, (버틀러가 주목했듯이) 일찍이 1929년에 프로이트주의 정신분석학자인 리비에르Joan Rivière는 "가장Masquerde으로서의 여성성"에 관한 시사적인 논문을 썼다.[50] 따라서 우리는 다양한 이론적 출발점으로부터 여성적 정체성이란 천성적으로 타고나기보다는 문화 유형들을 통해서 형성된다는 생각을 탐구할 수 있다.

페미니스트들이 예술에서 실재의 몸을 사용하는 것은 예술과 실재의 전통적인 구분에 도전하는 것이라 할 수 있다. 예술품이 뭔가의 재현이 아니라 실재 사물이라고 한다면, 얼핏 봐서는 현실과 예술을 구분하기란 사실상 어려운 일인 것 같다.[51] 그럼에도 엄밀히 말해 가장 극단적인 신체 미술에서조차 여전히 예술작품과 실재 대상을 존재론적으로 ― 우리가 그것을 어떻게 구별하건 ― 구분해낼 수 있다. 대담한, 우아한, 의미로 점철된 등등과 같은 미학적 술어에 의해 기술되는 것이 바로 예술작품이다. 퍼포먼스를 하는 슈니만의 몸은 그녀의 실제 몸과 동연일co-extensive 수 있으며, 이는 물리적으로 그것들이 하나이고 동일하다고 말하는 것이다. (이러한 사실은 그녀의 퍼포먼스가 주는 충격의 일부이다.) 그러나 미적 판단의 지시대상referent이 되는 것은 퍼포먼스를 하는 몸the body-in-performance이지, 결코 슈

---

49) Judith Butler, *Gender Trouble: Feminism and the Subversion of Identity* ((New York: Routledge, 1990)[주디스 버틀러, 『젠더 트러블』, 조현준 역, 문학 동네]와 *Bodies that Matter: On the Discursive Limits of "Sex"* (New York: Routledge, 1993) [주디스 버틀러, 『의미를 체현하는 육체: 성의 담론적 한계들에 대하여』, 김윤상 역, 인간사랑]

50) Joan Riviere, "Womanliness as Masquerade", *The International Journal of Psychoanalysis* 10(1929), Victor Burgin, James Donald, and Cora Kaplan (eds), *Formations of Fantasy* (London: Methuen, 1986): 35-44에 재수록되었다.

51) Danto, *Transfiguration*[아서 단토, 『일상적인 것의 변용; 예술철학』, 김혜련 역, 한길사], 1장을 보라.

니만 자신이 아니다. 퍼포먼스 예술은 다른 점에서는 급진적일지 몰라도 이 점에서는 무용과 비교될 수 있는데, 무용가의 몸은 무용을 창조하지만 그것과 꼭 같지는 않다. 엄밀히 말해 예술과 실재의 존재론적 차이는 지워질 수 없다. 그럼에도 우리는 그러한 차이가 거의 지각될 수 없이 표현되어왔다는 사실을 인정해야만 한다; 더욱이 젠더 자체가 퍼포먼스로 간주될 수 있다는 생각은 예술, 즉 인공품과 "실재" 사이의 경계를 한층 더 흐려지게 만든다.[52] 페미니즘적인 퍼포먼스 예술에서 몸을 이용하는 것은 예술과 삶 사이에 흔히 있는 거리를 지워버리는 극적인 효과를 지니며, 나아가 예술 개념에 제기된 도전이라는 점에서 볼 때 이렇듯 명백한 존재론적 위축[shrinkage]은 깜짝 놀랄만한 영향을 끼쳐왔다.

요약

지난 세기에는 예술 및 미적 기회들에 있어 급진적 변화가 목격되었는데, 그 이전의 상황들은 서두의 세 장에서 논의된 바 있다. 18세기와 19세기에 정점에 달했던 철학적 미학적 예술적 전통들은 21세기의 예술가들에게 어느 정도로 영향을 끼치고 있을까? 이는 복잡한 문제이며, 또한 우리가 평가 중인 시대에 실제로 살고 있기 때문에 이 문제에 답하기란 좀 더 어려워진다. 우리는 아직 일어나지 않은 발전에 대해 현재의 예술상황이 끼칠 영향들을 판단할 수 있는 혜안[(慧眼)]을 갖고 있지 않다. 오늘날의 예술계를 분석하는 것은 어쩔 수 없이 시험적일 수밖에 없는데, 왜냐하면 어느 누구도 미래의 시각에

52) Peggy Phelan, "The Ontology of Performance: Representation without Reproduction" in *Unmarked: The Politics of Performance* (London: Routledge, 1993): 146-66.

서서 현재가 그와 닮아갈 것이라고 예견할 수 없기 때문이다.

예술 및 예술가에 대한 동시대의 철학적 개념들에서는 순수예술 전통이 발전되었을 때 지배적이었던 그러한 유형의 배타적 범주들을 찾을 수 없다. (이는 오늘날의 예술계에 존재하는 가치평가와 선택의 기준들이 과거 여성의 업적들을 배제시켰던 왜곡된 가치구조 전부를 없애버렸다는 뜻은 아니다.) 여성들 — 다양한 종족적 인종적 민족적 배경을 지닌 여성들 — 은 포스트모던 예술과 페미니즘 예술에서 주요한 존재가 되어왔으며 동시대 예술 상황의 선구적인 혁신자들 가운데 일역을 담당한다. 그들의 존재는 예술 개념 자체가 계속해서 검토되고 있다는 사실에 강력한 영향을 주며, 그래서 여성 예술가들은 바로 그 개인 속에 순수예술 전통에 대한 도전을 육화한다. 비전통적 매체를 포괄하는 예술의 확장에서뿐만 아니라 퍼포먼스 예술에서도 이를 생생하게 확인할 수 있다.

그렇다면 이런 모든 변화의 와중에 예술가 및 예술 개념 또한 완전히 변화했다고 할 수 있을까? 이전에 암묵적으로 강조되었던 남성 젠더가 이제는 거의 사라진 것처럼 말이다. 그러나 앞서 표현된 경고를 충분히 고려해본다면, 이것은 사실이 아니라고 생각된다. 이렇게 판단하는 가장 중요한 이유는 전통이야말로 페미니즘적이고 포스트모던한 예술가들에게 있어 무엇보다 중요한 참조점으로 남아있기 때문이다. 아이러니이건, 패러디이건, 아니면 대결이라는 방식을 통해서이건 말이다. 심지어 가장 인습타파적인 예술가들의 작품조차 전통이 만들어내는 틀을 피할 수 없는데, 왜냐하면 단지 신만이 *무로부터*[ex nihilo] 창조하기 때문이다. 예술의 분리 운동들은 거부된 유산들에 속박된 그 정도까지 살아남으며, 따라서 이러한 대결 행위에서 비로소 그들이 가진 힘의 많은 부분을 얻게 된다. 문화사를 추진하는 동력은 바로 혁신과 전통의 충돌인 바, 이러한 충돌로부터 무엇이 출현하게 될는지를 우리는 아직 확인하지 못하고 있다.

6장 괴로운 즐거움 : 숭고와 역겨움

앞 장에서 언급된 페미니즘 미술의 몇 가지 사례들은 공연자의 실제 몸을 사용하건 아니면 도살된 고기라는 몸의 대용물을 사용하건, 물리적 육체적 본질에 극적으로 관심을 돌린다. 물리적 존재가 지닌 죽을 운명과 현사실성^facticity^이 이 작품들 속에서 강조되며 때로는 불안하고 혐오스럽기까지 한 효과를 지니기도 한다. 이밖에도 계획적으로 당혹스럽거나 역겹게 만드는 예술의 사례들도 많이 발견될 수 있는데, 이를테면 배설물을 꼬리처럼 매단 채 기어가는 여성을 조각한 스미스^Kiki Smith^의 <*이야기*>^*Tale*^나 배경 속으로 썩어 들어가는 것처럼 보이는 셔먼의 얼굴과 같은 그런 작품들이다. 동시대 예술에—페미니즘 예술과 비^(非)^페미니즘 예술 모두에—등장하는 그 밖의 수많은 사례들 중에는 죽을 운명, 지독한 육체적 효과나 부패 등이 전통적 매체를 이용한 재현뿐만 아니라 때로는 실제 피나 오줌, 신체 일부에 의해서도 제시되는데, 후자의 사례가 바로 허스트^Damien Hirst^의 동물시체 유리장이나 세라노^Andres Serrano^의 <*오줌 예수*>^*Piss Christ*^다.[1] 그 모든 끔찍한 취약성에 사로잡혀 있는 몸은 문학, 텔레비전, 영화에서

---

1) Cynthia Freeland, *But is it Art: An Introduction to Art Theory* (Oxford: Oxford University Press, 2001): 1장 "피와 미".[신시아 프리랜드, 『과연 그것이 미술일까』, 전승보 역, 아트 북스] [역주; 세라노의 <오줌 예수>(1987)는 소변을 담은 용기에 그리스도 십자가상을 담아 찍은 사진이다. 이 작품은 미국의 국립예술진흥기금으로 제작되었기 때문에, 정치권과 미술계 사이에서 예술표현의 검열 문제를 둘러싼 해묵은 논쟁이 다시 한 번 비화되는 계기가 되었다.]

도 주요 존재로 등장해왔다. 영화와 비디오에서의 특수효과의 발전은 폭력성, 사지절단이나 극악함을 특히 극단적으로 재현하는 것을 가능케 했으며 죽음과 상처, 부패를 대중의 눈앞에 직접 가져다주었다. 미와 숭고가 18세기와 19세기의 미적 가치의 시금석이었다면, 21세기가 도래했을 때 이에 상응하는 가치는 역겨움이 아닌지 의심스러울지 모른다.

얼핏 보기에는 오늘날의 예술에 피, 죽음, 배설물, 부패와 관련된 주제들이 존재하는 것은 이전 시대의 가치들과는 완전히 단절된 것으로 보일지 모르며, 심지어는 서구 문화 전통의 뿌리와 단절했던 반예술이 엄청나게 확장된 것으로 여겨질 수도 있다. 그러나 사실상 이러한 예술작품들이 과거를 비판하고 거부하며 나아가 "반미학적"이라 지칭된 것을 표현하면서 새로운 토대를 개척할 때조차도, 이들을 과거의 전통과 연결시키는 수많은 연속성들이 미학이론과 예술목적 속에 존재하고 있음을 확인할 수 있다.[2] 특히 난해하고 혐오스럽기까지 한 예술 실험을 중요하게 추진해온 페미니스트들의 출현과 더불어, 이제까지 검토해왔던 철학 전통에 대한 비판이자 또한 그 전통의 파생물인 이론틀의 사용을 확인할 수 있다. 전통적 가치와 양식을 거부하는 것과 순응하는 것 사이에는 동요가 존재하는데, 이는 과거가 완전히 잊히지 않은 채 부활되고 재해석되며 영감을 얻기 위해 이용될 수 있도록 남아있는 이유다. 여기서는 이런 발전기제[dynamism]를 명백히 보여주는 몇몇 주제들을 추적해볼 것인데, 페미니즘 예술과 이론에서 철학 전통이 계승되거나 이탈되는 것을 재검토하고 역겨움을 불러일으키는 예술을 살펴보는 것으로 끝맺게 될 것이다.

---

2) Hal Foster (ed.) *The Anti-Aesthetic: Essays on Postmodern Culture* (Port Townsend, WA: Bay Press, 1983).[할 포스터 외, 『반미학』, 윤호병 외 역, 현대미학사]

이 장의 첫째 절에서는 정신과 육체를 철학적으로 다루는 최신 논의들이 간략히 소개되는데, 이는 오늘날의 예술에서 볼 수 있는 육체성corporeality의 강조를 이해하기 위한 일반적인 배경이 된다. 그 다음에는 2장에서 소개되었던 미학적 개념인 숭고로 되돌아갈 것이다. 숭고의 이론들은 정신분석학적이고 해체주의적인 접근방식들이 지속적으로 다루고 있는 미적 반응 및 표현가능성의 한계와 관련된 문제들을 탐구하는데, 이러한 접근방식들은 페미니즘적인 이론, 해석, 예술의 주요한 특징이 되어왔다. 이는 역겨움의 표준적 범례가 되는 육체의 양상들을 드러내고 탐험함으로써 육체와 섹슈얼리티를 탐구하는 페미니스트 예술가들에게서 어떠한 철학이론이 전유되는지를 살펴보게될 것이다. 나는 페미니스트들이 단순히 이론을 취해서 그것을 어떤 예술제작 프로젝트에 적용함으로써 예술을 만들어낸다고 주장할 작정은 결코 아니다; 그러한 일은 간혹 일어나긴 하지만, 거의 드문 일이다. 이와 반대로, 철학과 예술 모두에게 긴급하게 되었던 공유된 문제들이 이러한 역사의 특정 시기에 철학과 예술에서 서로 연계되어 탐구되는 것이 확인될 수 있다. 페미니즘 및 포스트페미니즘 예술, 그리고 동시대 예술 일반에서 몸의 문제에 쏟아진 관심을 이해하기 위해서는, 정신과 육체가 상호 관계에서 어떻게 파악되는지를 다루었던 철학이론들을 배경으로 살펴보아야 한다. 사실상 몸의 문제 및 주체성 내의 몸의 위치는 철학과 오늘날의 예술 둘 다에 있어서 그렇듯 중심적인 문제가 아닐 수 없다. 그래서 이는 단토의 다음과 같은 주장을 특히 생생하게 만들어준다: "철학과 예술은 분리된 교과의 단절된 파편들이 아니라 단일한 통합적 철학의 국면들인 바, 이는 예술을 철학적으로 사유하고 철학을 예술의 시각에서 사유하는 것이다."[3]

다시 생각해보는 정신과 몸

앞 장에서는 예술이론과 그 도전이라는 맥락 속에 페미니즘 예술을 자리매김해보았다. 그러나 예술에서 음식물을 사용하거나 설치와 퍼포먼스에서 몸의 새로운 의미를 사용하는 것 같은 그러한 현상들을 똑같이 조명하는 또 다른 철학적 쟁점들도 있는데, 그 가운데는 서양 전통의 개념틀에서 아주 중요한 역할을 담당하는 정신과 신체의 구별도 있다. 철학 담론에서 주요한 젠더화된 개념들을 지탱해왔던 낡은 구분들은 역사의 현 국면에서 이르러서는 그 자체 도전받고 수정을 겪고 있다. 신경과학의 발전, 신학적 형이상학적 구속의 쇠퇴, 끊이지 않는 철학적 회의주의로 인해 정신/몸의 (비록 논쟁적이긴 하지만) 유서 깊은 구분은 점차로 침식되어졌다. 사실상 항상 논쟁의 쟁점이 되어왔던 정신(정신적)과 뇌(신체적)의 구분은 점점 더 복잡해졌다. 정신적인 것과 신체적인 것의 구분과 관련된 논쟁들은 지속되었지만, 반면에 낡은 유형의 (예를 들면 데카르트에 의해 주장된 유형의) 실체 이원론은 철학계에서는 더 이상 주장되지 않는다.[4] 의식을 생산할 때에 뇌, 그 신경회로나 신경작용과 같은 신체적 현상이 수행하는 역할은 정신과 몸의 상호작용이나 사유와 행위의 상호작용에 대한 동시대의 논쟁에서 점점 더 중심적인 것이 되고 있다. 성 형태학sexual morphology을 포함하는 몸 전체의 역할은 주체성과 정체성, 그리고 "개인"의 의미가 무엇인지를 분석하는데 있어 점점

3) Arthur Danto, *The Body/Body Problem: Selected Essays* (Berkeley and Los Angeles: University of California Press, 1999): ix-x.

4) 이원론의 다양한 형태에 대해서는 Suzanne Cunningham, *What is a Mind?* (Indianapolis: Hackett, 2000): 1장을 보라.

더 중요한 자리를 차지하고 있다.

페미니스트 이론가들은 정신-육체 논쟁에서 특별한 이해관계를 가진다. 1장에서 개괄된 이항대립들은 "여성적" 요소와 결부된 이원성의 측면들을 간과하거나 폄하하도록 중층결정하는 식으로 수세기 동안 서구철학의 쟁점들을 형성하는데 기여해왔다; 이 가운데 가장 끈질기고 강력한 것들 중 하나가 바로 정신 대 육체라는 쌍이다. 이러한 개념체계는 보통 정신이란 가장 중요한 인간 속성이고 이성의 거처이며 이념적으로 정서와 감각들을 지배한다는 것, 그리고 육체 자체는 가장 본질적인 개인의 특성들을 담기 위한 물질적 용기에 불과하다고 가정한다. 이러한 구분은 성과 젠더, 신체의 형태학이나 행위와 관련된 정체성의 다른 양상들을 "자아"의 분석에서 제쳐놓는데 기여해왔다.[5] 물질 또는 몸과 정신의 구분은 철학적으로 항상 문제가 되어왔으며 어떻게 그 둘을 구분할 것인지, 그들은 구분되는 두 실체를 재현하는 것인지, 어떻게 그들이 상호작용한다고 가정되는지에 대해서 수많은 논쟁과 주장을 낳았다. 우리의 목적상 주목해야할 중요한 지점은 그러한 대립쌍을 지속시키는데 관련된 가치들이 바로 이제까지 페미니스트들이 철저하게 의심해왔던 젠더화된 가치들이라는 것이다. 정신/육체 구분을 문제 삼는 것은 형이상학, 인식론, 정치적 분석, 미학, 예술 실천과 같은 여러 방향으로 나아가며 이원론적 가정들에 도전하는 사람들 사이에는 무수한 논쟁들이 존재한다. 그러나 전통적으로 이해된 정신/육체 이원론을 문제 삼지 않은 채 그냥 내버려둔 페미니스트 이론가들은 거의 없다. 어떤 이들은 보통 "타고난" 것이라고 간주되었던 것, 즉 물리적 육체야말로 사실

5) 자아의 탐색은 페미니스트 철학자들의 주요한 프로젝트가 되어왔다. Diana Tietjens Meyers (ed.), *Feminists Rethink the Self* (Boulder, CO: Westview Press, 1997)를 보라.

상 고도로 문화적인 사회적 담론의 구성물이라고 주장해왔다.[6] 다른 이들은 정신과 육체라는 전통적인 이원론적 개념화에 저항하는 방법으로 신체적인 육화embodiment를 생각하기 위해서 과거나 현재의 다른 철학들로부터 이용가능한 통찰들을 사용한다.[7] 게이튼스Moira Gatens가 말했듯이, “여기서의 주장은 이분법적 사유가 *그 자체로* 나쁘다거나 억압적이라는 것이 *아니라*, 마치 그것이 실제적이거나 자연적인 구분이라도 되는 양 개념 구분을 제시함으로써 사회적이고 정치적인 가치들을 은밀히 조장할 수 있다는 것이다.”[8] 비록 — 추상적 가치평가의 습관들이 깨지기 어려운 것처럼 보이기 때문에 — 정신과 육체와 관련된 가치 구별들이 여전히 아주 강고하게 확립되어 있다 할지라도, 그 경계를 설정했던 형이상학은 이제는 더 이상 제 자리에 있지 않다. 특정 시기에 채택된 명시적인 철학 교의들보다 더 빠르지는 않지만, 과거의 철학에서 전통적인 개념들이 당연시했던 젠더화된 가치들은 분명히 쇠퇴하고 있다.

---

6) 서문의 주1을 보라.

7) 예컨대 Moira Gatens and Genevieve Lloyd, *Collective Imaginings: Spinoza Past and Present* (London: Routledge, 1999); Gatens, *Imaginary Bodies: Ethics, Power, and Corporeality* (New York: Routledge, 1996). 또한 그로스(Elizabeth Grosz)가 들뢰즈나 그 밖의 사람들을 이용하는 것에 대해서는 *Volatile Bodies: Towards a Corporeal Feminism* (Bloomington: Indiana University Press, 1994); Tamsin Lorraine, *Irigaray and Deleuze: Experiments in Visceral Philosophy* (Ithaca, NY: Cornell University Press, 1999); Janet Price and Margrit Shildrick (eds), *Feminist Theory and the Body* (Edinburgh: Edinburgh University Press, 1999)를 보라. 배터스비(Christine Battersby)는 *The Phenomenal Woman: Feminist Metaphysics and the Patterns of Identity* (New York: Routledge, 1998)에서 칸트의 유산을 수정한다. 많은 페미니스트들은 다양한 사회적 구성주의를 채택해왔는데, 그들은 정신만큼이나 신체 또한 문화와 담론의 산물이라고 주장해왔다. 페미니스트 분석의 중심에 진화와 물리적 신체를 놓는 이러한 입장에 반대하는 주장에 대해서는 Maxine Sheets-Johnstone, *The Roots of Power: Animate Form and Gendered Bodies* (Chicago: Open Court, 1994)를 보라.

8) Moira Gatens, *Feminism and Philosophy: Perspectives on Difference and Equality* (Bloomington: Indiana University Press, 1991): 92.

앞 장에서는 설치와 퍼포먼스 작품에서 예술가의 몸이나 살코기가 전시됨으로써 몸에 대한 최근의 관심이 예술 속에서 어떻게 표명되었는지 주목해보았다. 앞서 언급되었다시피 예술에서 실재 몸을 이용하는 것은 그래픽 아트, 영화, 비디오 및 서사에서의 육체적인 것들, 특히 육체적인 것의 *지독함*the grossness을 강조하는 경험들, 즉 "정신"의 순화된 정기와 가장 대조되는 것처럼 보이는 신체적 존재의 양상들을 재현하는 것과 비견된다. 역겨움을 자극하는 육체적 요소들의 환기는 몸에 대한 철학적 재평가와 긴밀히 결부되는데, 왜냐하면 역겨움은 다른 무엇보다도 가장 신체적인, 뱃속에서 우러나는 정서이기 때문이다. 예술을 통한 역겨움의 환기는 미적 가치의 전통을 충격적으로 붕괴시키는 것이지만, 동시에 그것은 숭엄하고 고귀한 미적 범주인 숭고의 연장선에 있는 것으로 파악될 수 있다.

다시 숭고

2장에서 본 것처럼 숭고 개념은 아름다운 것the beautiful과 비교되는 견지에서 18세기에 발전되었는데, 이 비교는 종종 후자[아름다운 것]를 "여성적인" 것으로, 전자[숭고]를 "남성적인" 것으로 분류, 대조시켰다. 칸트와 같은 이론가들은 여성의 정신이 매력적이거나 아름다운 것을 애호하는 데 제한된다고 주장했던 반면, 버크는 실제로 여성의 신체를 본떠서 아름다운 대상이 갖는 성질들을 모델화했다. 이것은 개념들에게 젠더의 옷을 입히는 서술 방법으로 간주될 수 있을 터인데, 왜냐하면 두 미학적 개념들은 여성적 특성이나 남성적 특성에 대한 전형적인 개념들과 연관되기 때문이다. 그러나 이러한 이원적 불평등의 양상은 우리 연구의 현 시점에서는 충분히 친숙한 것으로 생각된다. 그런데 숭고를 바라보는 또 다른 방식이 존재하며, 이는 예술에서 여성성이 어떻게 탐구될 수 있는지를 명확히 보여주고 심화시켜줄 것이다. 숭고가 수반하는 정서적 괴로움 때문에 숭고의 이해는 또한 — 역겨움을 포함하여 — 예술에서 혐오aversion가 갖는 역할을 이해하도록 도와줄 것이다.

근대 미학의 담론은 즐거움의 이론들에 근거하는데, 심지어 많은 철학자들이 미를 즐거움의 한 유형으로 확인할 정도이다. 그럼에도 어떤 미적 가치들은 역설적으로 보이는데, 왜냐하면 그것들은 상당한 정도의 불쾌감 또한 포함하기 때문이다. 숭고 자체는 공포의 심오한 정서적 고통에 기인하는 것으로 보인다. 버크가 말했듯이 "공포를 일으키기에 적격인 것은 무엇이든, 숭고를 일으킬 수 있는 토대가 된다."[9] 공포를 추구한다는 것은 도착적인 듯이 보이지만, 숭고를 추구할 때 우리가 하는 일이 정확히 그런 것이다. 버크는 어느 정도의 안전한 방어거리가 공포감을 숭고의 환희delight로 전환시키기 위해 요구된다고 생각한다. 왜냐하면 어느 누구도 실재로 공포에 사로잡히는 것을 즐기지는 않기 때문이다. 어쨌든 공포가 전환된다는 사실은 숭고에 담겨진 심오한 *의미*를 나타내는데, 그것은 위험이나 죽음에까지 이르는 상상된 극단으로 감지자를 밀쳐내는 경험이다. 버크는 — 그가 "이러한 공포의 왕"이라고 칭하는 — 죽음을 숭고의 궁극적 대상으로 간주한다.[10] 이와 관련해서 죽을 운명에 직면하는 것은 사람을 정반대의 정신에 사로잡히게 할 수 있는데, 버크는 숭고의 경험에서 신의 섬광 — 공포와 전율, 경악을 불러일으키는 초월성

9) Edmund Burke, *A Philosophical Enquiry into the Origin of our Ideas of the Sublime and Beautiful* [1757], James T. Boulton 편집(Notre Dame, IL: University of Notre Dame Press, 1968)[에드먼드 버크, 『숭고와 아름다움의 이념의 기원에 대한 철학적 탐구』, 김동훈 역, 마티]: 131.

10) Ibid.: 40.

의 경험 — 을 목도했던 많은 사람들 중 하나였다.

숭고가 지닌 매력은 인간성 속에 탁월한 것이 존재하며 그것이 가장 어렵고 까다로운 지식을 추구한다는 것을 시사한다. 버크는 그의 시대에선 다소 색다르게, 이러한 역설적 호기심 속에 약간은 사악한 것이 있을 수 있다고 인정했다. 그는 우리가 예술적 경험에서처럼 실재 삶에서도 죽음에 대해 유사한 매력을 느낀다는 사실을 주시하고, 근처에서 공개처형이 열리고 있다는 소식 때문에 비극 공연이 준비된 극장이 텅 비게 될지도 모른다고 추측한다. 혹자는 죽음의 신비에 좀 더 가깝게 다가가기 위해 교수대 발치에 꾸역꾸역 모여드는 성장(盛裝)한 관객들을 생생하게 그려낸다. 왜 인간이 이처럼 극단적인 경험에 끌리는지는 수수께끼이듯이, 그렇게 이따금씩 만나는 공포와의 충돌은 우리 삶의 의미를 고양시킨다. 비록 우리의 기질 자체가 평온함이 쉽게 지루함으로 빠져드는 식으로 되어있다는 버크의 사색은 다소 모호하지만 말이다.

칸트는 버크가 철학적으로 불만족스럽게 제시한 심리학적 설명에 도달했다. 칸트에 따르면, 죽음으로부터의 안전성은 환희가 아니라 안도를 낳으며 그래서 위험으로부터의 거리라는 설명력은 그가 숭고의 강력한 "부정적 즐거움"이라 부른 것을 제대로 설명하지 못한다. 그 자신의 설명은 숭고의 경험을 가능하게 하는 마음의 조건들을 상술하는 것이다.

숭고를 일으키는 것은 두 종류의 상황이다. 그가 "역동적" 숭고라 부른 것은 우리가 거대한 힘이나 크기를 지닌 위험한 대상에 직면하는 상황에서 경험된다. 그 대상은 사람을 위협적으로 압도할 뿐 아니라 (그럼으로써 공포를 유발하는데), 또한 그 힘과 광대함은 즉각 단번에 그것을 파악할 수 있는 지각능력을 넘어선다. 우리의 상상력은 그러한 거대함을 완전히 포착하는데 실패하며, 그래서 우리는 인간 능력의 심오한 한계들을 깨닫는다. "수학적" 숭고도 이와 유사하긴 하지만, 여기서 좌절되는 것은 지적인 능력들이다. 예컨대 무한함을 관조할 때 우리는 수가 영원히 진행한다는 것을 깨닫지만, 한정된 수적 가치를 지닌 개념 밑에다 그러한 무한함을 집어넣을 수 없다. 또 다시 우리는 우주가 인간 마음의 파악 능력을 훨씬 뛰어넘는다는 것을 깨닫는다. 그러한 깨달음과 더불어, 우리는 자신의 현상적 경험을 초월하는 세계가 존재한다는 느낌을 받게 된다; 숭고는 인간 상상력과 오성의 범위를 넘어서서 미지에 놓여있는 예지계를 암시한다.

이들 두 경험은 모두 감지자가 인간 마음의 한계를 반성해서, 우리가 자연의 힘과 크기를 그 총체성 속에서 파악할 수 없다는 사실을 깨닫도록 유도한다. 자연의 힘 앞에서 우리의 나약함을 인식하는 것은 힘과 거대함을 지니는 대상 가까이에 이르게 될 때 죽음의 가능성을 느끼는 것도 포함된다. 처음에 이것은 공포를 불러일으키지만, 그럼에도 이러한 정서는 인간적이라는 것의 의미가 무엇인지를 보다 심오하게 깨달음으로써 극복된다. 왜냐하면 숭고의 경험 속에서 우리는 또한 마음이 자연에 의해 완전히 제약되지 않음을 깨닫기 때문이다. 마음은 세계 내의 다른 모든 것을 지배하는 인과적인 힘들로부터 자유롭다. 이는 우리가 도덕적 존재라는 사실의 근거가 되는 바, 말하자면 우리는 욕망의 힘을 포함한 자연적인 원인들이 의도하는 방식과는 다르게 우리의 행위를 의지할 수 있다. 칸트가 말했듯이,

> 상상력이 전체의 파악능력을 헛되이 적용하는, 자연 대상의 그러한 거대함은 자연의 개념을 초감각적 기체(그것은 자연과 우리의 사

> 유능력 둘 다를 근거짓는다)로 인도함에 틀림없는데, 이것은 어떠한 감각의 기준을 넘어서는 거대한 것이며 따라서 대상이라기보다는 우리가 대상을 가름할 때 느끼는 정신적 적합성을 숭고로서 판단하게 만드는 기체이다...
> 진정한 숭고는 판단하는 인간의 마음에서만 찾아질 따름이지, 자연대상의 판정이 이러한 마음과의 적합성을 유발한다고 해서 그러한 자연대상에서 찾아지는 것은 아니다.[11]

이 분석에 따르자면, 숭고를 경험하는 개인의 관심은 애초에 공포와 경외를 불러일으키는 외적 대상으로부터 다시 자율적인 자아, 즉 "판단하는 개인의 마음"으로 향하게 된다. 그렇게 함으로써, 공포는 감소되고 인간 마음의 통치권이 유지된다. 숭고는 역설적인 지배의 경험이다: 다시 말해 대상의 광대함은 자아를 지배할 정도로 위협적이지만, 그러나 자아는 자신의 자유를 깨닫는 가운데 완전성을 회복한다.

이러한 숭고의 설명에서 나타나는 지배^mastery^와 통치^domination^의 중요성은 숭고라는 젠더화된 개념에 추가적인 요소를 제시한다. 배터스비^Christine Battersby^는 다음과 같이 말했다. "칸트가 말한, 마음에 의해 구성된^mind-constructed^ 현실에서 '나'는 알 수 없는 일종의 '과잉^excess^'으로 작용하는 '대상'과 '자연'으로부터 어느 정도 통제된 — 그리고 존중할만한 — 거리를 유지한다. 자연, 물질, '초월적 대상'은 여성화된다."[12] 프리만^Barbara Freeman^은 보완적인 "여성적" 숭고를 설정하는데, 그 속에서 주체는 다른 힘들과의 관계를 승인하고 어떠한 개체화의 상실을 받아들인다.

> 여성적 숭고는 수사적 양식이나 미학적 범주가 아니라 범주화에

---

11) Immanuel Kant, *Critique of Judgment* [1790], Werner S. Pluhar 역 (Indianapolis: Hackett, 1987)[임마누엘 칸트, 『판단력 비판』, 백종현 역, 아카넷] : 112-13.
12) Battersby, *The Phenomenal Woman*: 79.

> 저항하는 경험의 영역인 바, 그 속에서 주체는 과도해서 재현 불가능한 타자와의 — 사회적, 미적, 정치적, 윤리적, 성애적인 — 관계 속으로 들어간다. 여성적 숭고는 여성 작가가 고안한 담론의 전략이나 테크닉, 혹은 문학적 양식이 아니다. 오히려 그것은 특정한 주체가 겪게 되는, 언어와 재현에 대한 관계에서의 위기인 것이다.[13]

이렇게 숭고를 취급하는 데서 드러나는 몇 가지 특징들은 역겨움이라는 주제로 나아갈 때 염두에 두어야 할 것과 관련된다. 첫째로, 모든 미적 "즐거움"이 명백히 즐거운 것은 결코 아니다. 많은 예술, 사실상 대부분의 심오한 예술은 전적으로 편안할 수는 없는, 사실상 어렵고 고통스러우며 혐오스런 정서를 불러일으킨다.[14] 버크와 칸트는 다른 차이에도 불구하고 둘 다 숭고가 수고스럽지만 궁극적으로 충족적인 경험을 제공한다는 데에 동의하는데, 그러한 경험은 보다 쉽게 만족되는 미의 쾌감에는 적합하지 않다. 게다가 이러한 미적 경험은 사실상 완전히 파악하기 불가능한 어떤 것, 말하자면 삶의 신비, 죽음, 인간 오성의 한계 등을 포착하도록 정신을 부추긴다. 마지막으로 칸트의 이론은 숭고 경험을 촉발시키는 외적 대상으로부터 분석적 관심을 멀어지게 해서 그 대신에 이런 강력한 미적 정서를 경험하는 주체의 마음에 대한 반성으로 향하게 한다. 오성을 압도하고 지각경험을 초월하는 숭고의 양상은 리오타르[Jean-François Lyotard]가 숭고를 기술했을 때 포착되어졌다. 그는 숭고를 시도하는 예술을

13) Barbara Claire Freeman, "Feminine Sublime" in Michael Kelly (ed.), *Encyclopedia of Aesthetics*, vol. 4 (New York: Oxford University Press, 1998): 332.

14) 이 현상은 아리스토텔레스가 『시학』[아리스토텔레스, 『시학』, 천병희 역, 문예출판사]에서 처음으로 탐구했는데, 거기에서 그는 연민과 공포라는 고통스런 비극적 정서가 어떻게 해서 즐거운 경험에 기여하게 되는지를 궁금하게 여긴다. 그의 결론에 따르면, 우리는 공포스런 진실들을 필연적으로 이해하는 "카타르시스적" 상상 행위 속에서 이러한 감정에서 벗어난다고 한다. 인식에서의 즐거움은 비극의 향유를 설명해준다. 그의 접근방식을 역겨움으로 확장시키기 위해서는 Noël Carroll, *The Philosophy of Horror: or Paradoxes of the Heart* (New York Routledge, 1990)를 보라.

"현시할 수 없는 것을 현시하는 것"이라고 칭했다.[15] 이는 역설적으로 들리지만, 그러나 "현시할 수 없는" 것—혹은 문화적인 표현에서 (아직) 존재를 갖지 못한 것—을 현시하려고 시도하는 예술은 또한 최근의 보다 어렵고 불가해한 몇몇 페미니즘 예술을 적절하게 설명해준다.

비록 근대의 숭고론이 발전되던 때에는 여성의 정신은 숭고를 경험할 수 없다고 널리 주장되었을지라도, 오늘날에는 그 개념 *내부에* 전적으로 다른 유형의 여성성을 설정하는 숭고의 또 다른 양상들이 존재한다.[16] 숭고의 고전적 경험은 자연의 압도적인 힘과의 만남이다. 자연 자체는 문화와 대조되어 오랫동안 여성적인 연상관계가 주장되었던 낡은 이원적 용어들 중의 하나다.[17] 우리는 열대 폭풍에다 여성의 이름을 붙였던, 최근에서야 비로소 폐기된 관습뿐 아니라 "어머니 자연"이나 "어머니 대지"라는 은유에서 이러한 연상의 흔적

---

15) Jean-Francois Lyotard, "Presenting the Unpresentable: The Sublime," *Artforum,* 20: 8 (April, 1982): 64-9. 또한 *The Postmodern Condition,* Geoff Bennington and Brian Masumi 역 (Minneapolis: University of Minnesota Press, 1984)[장 프랑소와 리오타르, 『포스트모던의 조건』, 이삼출 역, 민음사]을 보라. 리오타르는 *Lessons on the Analytic of the Sublime,* Elizabeth Rottenberg 역 (Stanford, CA: Stanford University Press, 1994)에서 칸트에 관해 언급한다.

16) 숭고는 비록 여성이 획득하기 어려운 경험으로 가정된다 할지라도, 남성성과 능동적인 힘의 단순한 동일시를 복잡하게 만드는 감수성과 권력에 대한 어떠한 복종을 요구한다. 이러한 주장은 굴드(Timothy Gould)가 "Intensity and its Audiences: Toward a Feminist Perspective on the Kantian Sublime" in Peggy Zeglin Brand and Carolyn Korsmeyer (eds), *Feminism and Tradition in Aesthetics* (University Park, PA: Pennsylvania State University Press, 1995): 72-3에서 보여주었다. 또한 숭고는 "남녀 양성적"(androgynous)이라는 길버트-롤페(Jeremy Gilbert-Rolfe)의 주장은 *Beauty and the Contemporary Sublime* (New York: Allworth Press, 1999): xvii, 47 등을 보라.

17) 근대의 많은 과학 논문은 자연에다 여성적인 젠더를 할당했으며 (남성) 과학자에 의해 지배되는 것으로 설정했다. Evelyn Fox Keller, *Reflections on Gender and Science* (New Haven, CT: Yale University Press, 1984); Paul Mattick, Jr., "Beautiful and Sublime: Gender Totemism in the Constitution of Art" in Brand and Korsmeyer, *Feminism and Tradition*: 27-48.

들을 확인할 수 있다. 여기서의 젠더 은유는 어수선하고 비일관적인데, 왜냐하면 확실히 버크의 숭고에서 표명된 신의 개념은 가부장적인 신성이기 때문이다. 하지만 동시에 숭고에 대한 몇몇 논의들은 숭고가 제공하는 예지계의 섬광이란 오랫동안 공포스런 여성적인 힘들과 신화적으로 연관되었던 생사의 영역과의 충돌임을 함의한다.

직접적으로 숭고에 대한 것은 아니지만 숭고와 미의 구분을 반향하는 용어들로 가득 찬 텍스트인 니체Nietzche의 『비극의 탄생』(1872)에서는 이러한 해석이 발전되는 것을 볼 수 있다. 여기서 니체는 아폴론적인 것과 디오니소스적인 것이라는 두 개의 창조적 충동을 구분한다. 회화 및 조각 예술은 (특히 니체의 분석에서 초점이 되는 고전 그리스 작품들은) 형식적으로 통제되고 질서가 잘 잡혀 있다; 니체는 태양신 아폴로를 따라 이름을 붙였다. 그러한 예술작품들은 불완전한 자연과 비합리적인 충동들에 질서와 형식을 부과하는 것을 재현한다. 니체는 보다 고대적이고 좀 더 야생적인 충동을 부각시키고자 했고 이 충동을 디오니소스 숭배의 이름과 동일시하는데, 디오니소스의 여신도인 바칸테스들the Bacchantes은 파괴와 생명 둘 다를 나타내는 힘이었다. 아폴론적 충동과 달리, 디오니소스적 충동은 질서와 합리성을 위반하고 심지어는 개인의 정체성까지 침범한다. 디오니소스적 예술정신의 전형을 드러내는 것은 주신제(酒神祭)에서 무희들을 들끓어 오르게 하는 춤과 음악의 야생적인 정신이다.

니체는 상이한 예술들이 두 개의 미적 충동들을 나눠가지면서 각각의 충동들을 부각시킨다고 인식한다. 고대 비극에서 재현된 최고의 예술적 업적은 그 둘 사이의 완벽한 균형을 보여준다. 그러나 그의 이론에서 찾아낼 수 있는 두 가지 지점이 숭고의 여성적 양상이라 지칭될 수 있는 것을 해석할 때 적절하게 관련된다.[18] 하나의 지점은 서구문화의 지배적인 신념이 — 페미니즘적인 용어로 하자면 가부장적인 문화가 — 디오니소스적 충동을 억압해왔다는 그의 주장이다. 자연 위에 군림하는 질서와 지배의 가치들이 무질서와 사나움을 진압해왔는데, 그러나 또한 이는 삶의 감각과 원초적인 에너지를 피폐하게 만들었다. 둘째로 디오니소스적 정신에는 여성적 자연이라는 낙인이 함축되는데, 왜냐하면 디오니소스 신이 남성일지라도 그의 추종자는 여성이기 때문이다; 사실상 그들은 디오니소스를 숭배하는 광신도에 의해 신이 살해되고 먹어치워지는 신화를 그들의 제의에서 다시금 실행하는 여성 탐식가들[devourers]이다.[19] 디오니소스 정신을 대변할 때, 니체 자신은 여성화된 자연의 목소리에 호소한다.

> 디오니소스적 예술과 그것의 비극적 상징주의에서, 동일한 자연이 그 진실하고 꾸며지지 않은 목소리로 우리에게 울부짖는다: "나처럼 존재하라! 현상들의 쉼 없는 유동 가운데서 나는 영원히 창조하는 근원적 어머니이며, 존재를 영원히 재촉하고 이러한 현상의 유동 가운데 영원히 자족한다."[20]

---

18) 이리가레이(Luce Irigaray)의 견해는 이 장 후반부에서 다뤄질 텐데, 그녀는 *Marine Lover of Friedrich Nietzsche*, Gillian C. Gill 번역 (New York: Columbia University Press, 1991)에서 니체에 관해 숙고한다. 또한 Ellen Mortensen, "Woman's (Un)Truth: the Dionysian Woman", *The Feminine and Nihilism: Luce Irigaray with Nietzsche and Heidegger* (Oslo: Scandinavian University Press, 1994)의 4장을 보라.

19) 이 신화는 르노(Mary Renault)의 대중소설 *The king must Die*의 토대가 되는데, 유리피데스(Euripides)의 *The Bacchae*[에우리피데스, 『바코이』, 박정근 역, 동인사]는 그 이야기를 다루고 있다. 여타의 고대 비극에서 나타난 젠더의 읽기에 대해서는 Froma I. Zeitlin, "Playing the Other: Theater, Theatricality, and the Feminine in Greek Drama" in John J. Winkler and Froma I. Zeitlin (eds), *Nothing to do with Dionysos? Athenian Drama in its Social Context* (Princeton, NJ: Princeton University Press, 1990): 63-96을 보라.

20) Friedrich Nietzsche, *The Birth of Tragedy from the Spirit of Music* [1872], Clifton P. Fadiman역 (New York: Dover, 1995)[프리드리히 니체, 『비극의 탄생』, 박찬국 역, 아카넷]: 59-60.

이것은 버크가 아름다운 것과 연관시켰던 "여성성"의 유형이라 하기는 어렵다. 왜냐하면 그의 한정된 곡선들과 미려한 형태들은 아폴론적인 미적 특질로서, 고도로 사회화되고 통제된 여성적 특성에 호소하기 때문이다: 다시 말해 사회적 역할에 충실하고 순종하며 장식적인 여성 말이다. 디오니소스적 충동이 여성적인 한에서, 통제되지 않은 자연, 형식에 적대하는 물질, 속박되지 않은 혼돈을 지칭한다. 그것은 예쁜 게 아니라 공포스럽고 사실상 숭고하기 보다는 두려운 것이다. 디오니소스적인 것은 무제한적이고 야만적이며 사회질서에 대한 위협인 바, 그것은 어떠한 *개별* 존재도 신경 쓰지 않은 채 *인류*species로 하여금 죽이고 먹어치우며 번식하도록 몰아대기 때문이다.

(니체가 말했다시피) 디오니소스적 충동이 개별화의 원리를 위반한다는 것은 디오니소스적인 미적 영역이 그것을 정확하게 기술하는 인간 능력을 넘어선다는 의미가 있음을 뜻한다. 왜냐하면 언어적 표지란 범주화를 위해 사물들을 가려내는 도구이기 때문이다. 순수하게 디오니소스적인 경험은 (혹시라도 그러한 경험이 가능할 수 있다면, 그리고 설령 그것이 존재한다면 견디어내야 할 텐데) 합리적인 구획짓기 아래에 있는 무시무시한 광포함, 생사가 하나로 되는 순수한 충동의 경험, 다시 말해 미성숙한 자연의 소용돌이 속에서 자아를 상실하는 것이 될 지도 모른다; 다시 말해 그것은 정연한 문법과 언어의 통사법을 도피하게 될 것이다.

숭고란 한정된 개념들로 포착될 수 없다는 칸트의 숭고 논의 및 디오니소스적인 미적 에너지는 언어의 규정성을 넘어선다는 니체의 사상은 둘 다 포스트모던 철학에서 발전된 어떤 생각들을 예시하고 있다. 언어로 포착될 수 있는 것과 없는 것 사이의 구분은 리오타르가 말로 표현할 수 없는 미적 경험들("현시할 수 없는 것")을 다룰 때 결정적으로 중요하다. 경험을 포착하는 언어의 능력은 정신분석학자 라깡Jacques Lacan이 "상징질서"라 부른 것의 경계를 지키는 수호자인 것이다.

많은 페미니즘 이론가들은 정신분석학이 유용한 이론적 접근방식을 제공한다는 사실을 깨닫게 되었는데, 그 이유는 정신분석학이 주체의 정체성이 형성되는 과정에서 섹슈얼리티와 젠더에 주목하기 때문이다. 의식뿐만 아니라 무의식의 영역에 대한 탐구는 억압되거나 승화되어왔던 것 속에서 자아의 수수께끼에 대한 해답들을 찾아내고자 하는 페미니스트들에게는 특히나 호기심을 불러일으키는 것이 되었다. 라깡 식의 정신분석 유형은 몇몇 비평분야들, 특히 문학이론과 영화이론에 지대한 영향력을 끼쳐왔다. 정신분석의 페미니즘적 전유 및 적용은 모든 예술 전반의 비판적 해석은 물론이고, 공연, 문학, 영화, 시각예술에서도 주요한 위상을 지닌다.

라깡의 상징질서 개념은 사회를 지배하는 "가부장제"를 포착하는 것으로 해석될 수 있는데, 가부장제는 이제까지 너무나 많은 페미니즘적 분석의 주제가 되어왔다.[21] 상징질서란 언어를 통해서만 가능한 그런 종류의 이해를 낳게 되는 인간 경험의 세계를 지칭하는데, 그 속에서 범주 구별과 개별 주체의 정체성들—언어 사용자들—이 출현해왔던 것이다. 그러나 상징질서는 존재하는 모든 것을 포함

21) 라깡과 페미니즘에 대해서는 Elizabeth Grosz, *Jacques Lacan: A Feminist Introduction* (London: Routledge, 1990)과 Joan Copjec, *Imagine There's No Woman: Ethics and Sublimation* (Cambridge MA: MIT Press, 2002)을 보라. 또한 Juliet Mitchell, *Psychoanalysis and Feminism* (New York: Pantheon Books, 1974); Terry Eagleton, *Literary Theory: An Introduction* (Oxford: Basil Blackwell, 1983)[테리 이글튼, 『문학이론입문』, 정남영 역, 창비]; Toril Moi, *Sexual/Textual Politics: Feminist Literary Theory* (London: Methuen, 1985)[토릴 모이, 『성과 텍스트의 정치학』, 임옥희 이명호 정경심 공역, 한신문화사].

하지 않는다. 칸트의 예지계처럼 접근 불가능한 것으로서, 상징질서의 바깥에는 실재계가 놓여있다. 우리는 상징질서 속으로 태어나는 것이 아니라, 자아 또한 출현시키는 발전단계들에서 상징질서 속으로 진입한다. 유아에게서는 우리 자신의 정체성과 주변의 모든 것들 사이에 명확한 경계가 존재하지 않는다; 유아가 동일시하는 가장 중요한 대상은 어머니의 몸이다. 라깡은 프로이트의 오이디푸스 콤플렉스를 다시 읽는데, 오이디푸스 콤플렉스란 발달 과정에 있는 아이가 쾌락원리를 억제하고 현실원리에 입각해서 사회에 참여하기 위해 반드시 겪어야만 하는 단계이다. 마치 상징질서로 들어가는 문이 언어에 의해 관리되는 것처럼 말이다. 유아가 발달함에 따라, 아이는 "나"와 "나 아닌 것" 사이의 차이의 감각을 획득하는데, 이는 부재 혹은 결핍에 대한 인식을 수반한다. 유아가 더 이상 자신을 어머니의 몸과 동일시할 수 없듯이 말이다. 언어의 상징질서(아버지의 이름, 즉 가부장적 질서)로 진입하는 것은 유아적 상상계가 지닌 모성적 풍부함을 영원히 뒤에 남겨두고 떠나는 것을 수반한다.

이러한 접근방식에 따르면, 상징 담론은 가부장적 담론이기 때문에 여성과 여성성은 단지 결핍이나 부재로서만 표명된다는 의미가 된다; 여성적 주체성은 상징질서 내에서는 결코 긍정적으로 제시되지 않는다. 이러한 가장 추상적인 차원에서 여성성은 전부 재현을 벗어난다.[22] 라깡 이론의 이러한 — 그 자체 고도로 가부장적인 — 양상으로 인해, 페미니즘적 정신분석 이론가들은 그의 연구의 이 측면을 수정하고 이러한 "결핍"을 채우도록 자극받았다. 이와 관련해서 페미니즘 예술가들과 이론가들이 여성성과 남성성의 전형적이고 친

22) 데리다(Jacques Derrida)는 여성성이 담론과 재현가능성 바깥에 존재한다고 설명하는 또 다른 영향력 있는 목소리이다. Peggy Kamuf (ed.), *A Derrida Reader* (New York: Columbia University Press, 1991)를 보라.

숙한 이미지를 통해 반복적으로 경험을 재각인시키는 구속적인 개념들로부터 탈주하려고 시도해왔던 한에서, 많은 이들이 가부장적 담론에 저항해서 다른 주체위치에서 말하려고 시도해왔고 여성적 주체성을 이해할 수 있는 새로운 가능성에 도달해왔다. 라깡의 이론과 그 이전의 프로이트 이론은 어쨌든 여성성의 부재를 시정하고 바로잡으려는 수많은 페미니즘적 사유의 출발점이 되어왔다. 이는 2장에서 언급된 지배적인 남성 응시에 대한 정신분석학적 버전의 비평이론을 포함한다.[23] 또한 그것은 켈리Mary Kelly처럼 이론적 성향을 지닌 예술가들의 작품을 포함하는데, 그녀의 <*산후 기록*>*Postpartum Document*은 모자(母子) 관계를 탐구하며 유아 발전의 표준단계에 설정된 분석 범주들에 의문을 제기한다.

상징질서 안에서는 가부장적 시각이 지배한다; 따라서 지시된 관점은 (예술 및 다른 모든 것에 있어서) 젠더화된 남성이다. 그러나 젠더는 그렇듯 단일하게 일치되고 전능할 수 없을지 모른다. 우리는 가부장적 질서 안에서는 편안히 쉬기 어려운 상상계로부터 다른 관점, 다른 욕망, 다른 젠더, 다른 발전을 위한 통로를 찾을 수 있을지도 모른다. 이러한 가능성을 탐색하여 페미니즘적인 예술사상에 특별한 영향을 끼쳐왔던 이론가가 바로 이리가레이Luce Irigaray이다.

뤼스 이리가레이 : 성적 성질을 가진 주체성

철학자이자 정신분석학자로서 이리가레이는 직접적인 관심이 미학에 있지는 않지만 비판적 학자들과 예술가들의 실천에 중요한 영

23) 2장의 주33을 보라. 또한 Sarah Kent and Jacqueline Morreau (eds), *Women's Images of Men* (London: Writers' and Readers' Publishing Cooperative Society, 1985)를 보라.

향을 끼쳤는데, 그 이유는 언어가 — 이를 확장하여 예술과 표현 일반이 — 어떻게 여성적 주체성을 명료히 드러내는 수단이 될 수 있는지에 대한 그녀의 도발적인 주장 때문이었다. 이리가레이는 언어 자체에 대한 가부장적인 철학전통의 비판을 급진적으로 확장시킴으로써, 여성의 몸으로부터 여성의 몸을 가지고 *여성으로서 말하기* *parler femme*라는 사상을 발전시켰다. (이 주장은 또 다른 프랑스 이론가 식수Hélène Cixous가 주장한 *여성적 글쓰기l'écriture féminine*라는 개념과 종종 짝지어진다.)[24] 여성"으로서" 말하거나 쓴다는 것이 의미하는 바는 주체성의 형성과 자아의 의미에서 언어가 어떠한 위치에 놓여있는지에 대한 이리가레이 자신의 분석과 관련된다. 주체성은 언어의 사용 속에서, 그리고 언어 사용을 통해서 출현한다; 이러한 의미화 도구가 없다면, 자아와 타자의 구별은 존재하지 않는다. 즉 자아란 자신의 특히 여성적인 경험에 어울리는 "그녀의 언어들을 선택하는", 이미 존재하는 독립적인 실체로 그려져서는 안 된다. 오히려 자아와 주체성은 사회관계들과 언어를 통해 실제로 생산된다. 문제는 사회적이고 상징적인 질서가 여성의 주체성에 적합한 언어를 제공하지 않는다는 사실인데, 부분적으로 그 이유는 신화, 철학, 정신분석에서 모녀관계가 부자(父子)투쟁에 의해 가려져왔기 때문이다.

몸과 그것의 형태학은 이리가레이의 철학적 방법에서 중심적이다. "성적 성질을 가진sexuate" 존재가 우리의 정체성에 스며들어 있다고 하거나, 표준적인 친숙한 스타일과 구문으로 글을 쓰거나 말을 할

---

24) 이리가레이, 식수, 크리스테바는 영어권 독자에게 가장 친숙한 세 명의 "프랑스 페미니스트" 사상가들인데 (올리버의 지적처럼, 사실상 이들은 프랑스인도 페미니스트도 아닌데), 이들의 유사성과 차이를 알아보기 위해서는 Kelly Oliver, *Reading Kristeva: Unraveling the Double-Bind* (Bloomington: Indiana University Press, 1993)[켈리 올리버, 『크리스테바 읽기』, 박삼열 역, 시와 반시사]: 7장을 보라; Elizabeth Grosz, *Sexual Subversions: Three French Feminists* (Sydney: Allen and Unwin, 1989).

때 자신의 성을 떨쳐버린 체하는 것은 가부장적 질서를 지배하는 남성적/중립적 담론 속으로 여성성을 사라지게 만든다고 그녀가 주장할 때처럼 말이다. 널리 읽혀진 한 논문의 제목에서 그녀가 말했듯이, "모든 주체의 이론은 항상 남성성에 의해 전유되어 왔다."[25] "몸으로" 글쓰기는 이 전유를 잠재적으로 전복시킨다. 왜냐하면 그것은 여성성을 남성적이지 않은 것the not-masculine으로, 즉 그 자신의 긍정적 주체성이 결여된 것으로 규정해왔던 가부장적 담론과 질서의 구조를 도피하게 될 것이기 때문이다.

> 사실상 내가 원하는 것은 여성의 이론을 창조하려는 것이 아니라 성차(性差) 내에서 여성성을 위한 자리를 안전하게 보존하려는 것이다. 그 — 남성적/여성적 — 차이는 (남성적) 주체의 재현적, 자기-재현적 체계 "안에서" 언제나 작동해왔다. ... 왜냐하면 하나의 성과 그것의 결여, 그것의 위축, 그것의 부정성은 여전히 둘을 의미하지는 않기 때문이다. 다시 말해 여성성은 남성성의 전도, 사실상 그것의 이면으로서가 아니고서는 전혀 규정되지 않아왔다. 그래서 여성에게 있어서 여성성은 심지어 그것을 비난함으로써 이러한 결핍, 이러한 부정성 내에서 그녀 자신을 정립시키는 문제가 아니며, 또한 여성성을 "성차"를 위한 기준으로 바꿈으로써 동일성의 경제를 전도시키는 문제도 아니다; 차라리 그것은 그 차이를 실천하려고 시도하는 문제인 것이다.[26]

이리가레이는 상징질서 안에서 재현될 수 있는 것과 재현될 수 없는 것의 경계를 이해하기 위한 모델로서 여성의 형태학을 사용한다. 여기서 그녀의 가장 유명한 비유는 "입술"인데, 그것은 입과 음순

25) Luce Irigaray, "Any Theory of the 'Subject' has always been Appropriated by the 'Masculine'" in *Speculum of the Other Woman*[1974], Gillian C. Gill역 (Ithaca, NY: Cornell University Press, 1985): 133-46.

26) Luce Irigaray, *This Sex which is not One*, Catherine Porter역 (Ithaca, NY: Cornell University Press, 1985)[뤼스 이리가레이, 『하나이지 않은 성』, 이은민 역, 동문선]: 159. 이탤릭체는 원문의 표시이다.

둘 다를 지칭하며 그것들이 내뿜는 습기를 가리킨다. 그녀는 여성의 몸이 남근의 "단일성oneness"보다는 "이중성twoness" — 입술의 이중성 — 으로 이루어진 것으로 본다. 이러한 기본적 구별은 함으로써 그녀는 섹슈얼리티, — 이성애적이고 동성애적인 — 즐거움, 정체성의 영역들을 탐구하려고 나아가는데, 이는 가부장 사회의 명령 바깥에 존재하며 그들 자신의 표현을 요구한다.[27] 입과 질의 점액과 점성은 여성성이 지니는 유동성에 대한 은유가 되는데, 그것은 남성성과는 대조적으로 경계와 형식에 저항한다.[28] 점액과 액체는 역성(閾性)역주*을 나타내는 기호인 바, 이는 두 개의 질서 — 내부와 외부, 재현되지 않은 것과 상징적인 것 — 사이를 활주하는 것이다. 이리가레이의 과제 중 하나는 단지 상징질서 내에서의 "부재"로서가 아니라 그 자신의 용어로 재현될 수 있는 여성적 주체성을 환기시키는 것이다. "여성으로서" 글쓰기가 무엇을 의미하는가를 묻는 질문에 답하면서, 이리가레이는 다음과 같이 말한다.

> 나는 여성이다. 나는 나라는 존재를 가지고 글을 쓴다. 그것이 왜 정당하지 않을 수 있겠는가? 여성의 가치를 경멸하지 않는다면, 혹은 성적인 것이 중요한 주관적 객관적 차원이 되는 문화를 거부한

---

27) Elizabeth Grosz, "The Hetero and the Homo: The Sexual Ethics of Luce Irigaray" in Carolyn Burke, Naomi Schor, and Margaret Whitford (eds), *Engaging with Irigaray: Feminist Philosophy and Modern European Thought* (New York: Columbia University Press, 1994): 335-50.

28) Hilary Robinson, "The Morphology of the Mucous: Irigarayan Possibilities in the Material Practice of Art" in Penny Florence and Nicola Foster (eds), *Differential Aesthetics: Art Practice, Philosophy and Feminist Understandings* (Aldershot, UK: Ashgate, 2000): 261-77.

* 역주; 역성(liminality)이란 라틴어 limen에서 유래된 말인데, limen이란 출입문 아래 놓여있는 문지방을 의미하는 단어였다. 따라서 이 말은 어떤 새로운 단계에 접어들기 위해 반드시 거쳐야 하는 과도적인 시기나 단계를 의미하는데, 주로 심리학과 인류학, 신경과학 등에서 사용된 개념이다. 가역적인 단계의 특징은 불확정적이고 유동적이며 가변적이라고 할 수 있다.

데서 나온 것이 아니라면 말이다....여전히 언어의 자동기술 상태 속에 있거나 혹은 기존의 의미를 그대로 흉내 내는 사람들만이 여성으로서의 그녀와 글을 쓰는 그녀 사이의 그러한 분열과 분리를 유지할 수 있을 따름이다. 나의 몸 전체는 성적 성질을 갖는다.[29)]

이러한 진술은 비평가들이 그녀를 "본질주의자[essentialist]", 즉 모든 여성은 유사하며 그들을 통합시키는 어떤 본질적 특성을 공유한다고 가정하는 이론가로 묘사하게 만들었던 이리가레이 이론의 요소들 중 하나를 드러낸다.[30)] 명백히 여성은 그들의 역사와 문화적 정체성, 사회적 지위에 있어서 전부 유사하지는 않기 때문에, 또한 그들의 주체성들은 이러한 우연적 요소들에 결부되어 있기 때문에, 본질주의라는 표지는 거의 언제나 페미니스트 이론 내에서는 비판의 화살이 된다. 그럼에도 이리가레이가 의미하려는 것은 여성의 글쓰기가 동일한 모든 것을 표현한다거나 표현할 수 있다는 말이 아니다. 또한 여성적 신체의 표현이 그 자신의 범주 표제 아래 상징질서에서 자리를 차지할 수 있을 거라는 얘기도 아니다. 어떤 의미에서 그러한 표현은 리오타르의 용어를 빌자면 현시할 수 없는 것을 현시하고 있는 것이다. 물론 이리가레이의 전략에 보다 부합되게 말하려면, 새로운 표현성의 질서를 재현한다고 해야 되겠지만 말이다.[31)] 상징질서를 회피하는 글쓰기는 칸트가 숭고를 논의하는 맥락에서 미적 이념이라 불렀던 것과 비교될 수 있을지 모른다. "미적 이념은 인식이 될 수 없는데, 왜냐하면 (이 문장에서 "개념"을 가부장적 담론 내의

---

29) Luce Irigaray, *Je, Tu, Nous: Toward a Culture of Difference,* Alison Martin역 (New York: Routledge, 1993)[뤼스 이리가레이, 『나 너 우리: 차이의 문화를 위하여』, 박정오 역, 동문선]: 53.

30) Naomi Schor, "This Essentialism which is not One" in Burke et al., *Engaging with Irigaray*: 57-78.

31) 윗포드(Margaret Whitford)는 *Luce Irigaray: Philosophy in the Feminine* (London: Routledge, 1991): 89 ff.에서 "여성적 상상"의 잠재적 의미를 탐구한다.

특정한 개념들을 지칭하는 것으로 읽는다면) 그것은 적합한 개념이 발견될 수 없는 (상상력의) *직관*이기 때문이다."[32] 하지만 나는 안정되고 일의적인 재현을 "넘어서" 존재하는 여성성의 세계는 예술을 통한 개개의 미적 경험이 축적됨으로써 이제는 현시될 수 있을 거라고 과감히 주장하려 한다.

수많은 예술가들이 이리가레이의 제안을 추구해왔다. 그러나 그들의 시도는 단순히 그녀의 충고를 적용하거나 그녀의 이론을 실천으로 실행하는 것은 아닌데, 왜냐하면 난해하고 수수께끼 같으며 때로는 수상쩍은 그녀의 텍스트들을 해독하는 데에는 서로 다른 방식들이 존재하기 때문이다. 그녀의 환기 스타일은 직접적이기보다는 암시적이다. 윗포드[Margaret Whitford]는 다음과 같이 주장하면서, 이리가레이와 그녀의 독자들의 교류를 적절하게 특징지웠다.

> 그녀의 연구는 *여성들끼리* 주고받을 수 있는 하나의 대상, 하나의 담론으로서, 다시 말해 일종의 상품으로서 제공되는 바, 그럼으로써 여성들은 그 스스로가 상품으로서 혹은 사회성이 구축되는 *제물(sacrifice)*로서 기능할 필요가 없게 된다. 이리가레이를 이용하기 위한 지침은 다음과 같은 메시지를 포함하게 될 것이다: 다 써버리거나 먹어치우지 마라. 단지 상징적인 교류만을 위해서 사용하라.[33]

여성의 몸이 명확한 표현의 장을 제공하고 물질성 및 죽을 운명과 맺는 모든 관련성이 드러날 때, 몸이 지닌 본능적이고 당혹스런 요소야말로 예술적 표현의 목표가 되기 쉬운 것들이다. 이제 우리는 고전적 숭고인 "현시할 수 없는 것"과 역겨움 사이에서의 미끄러짐을 볼 수 있는 위치에 이르렀다. 몸으로 글쓰기와 말하기는 예를 들

---

32) Kant, *Critique of Judgment*[임마누엘 칸트, 『판단력 비판』, 백종현 역, 아카넷]: 215.

33) Whitford, *Luce Irigaray*: 52.

면 프루어Joanna Frueh의 퍼포먼스 작품들에서 제시되는데, 거기서 그녀는 자신의 몸을 이용하기도 하고 타인을 묘사하기도 한다. 다음 구절은 언어로 번역되어야만 하는 것과 그래서는 안 되는 것, 즉 명명되거나 사유되거나 감지되었던 것과 그렇지 않았던 것 사이의 불편한 경계를 환기시킨다.

> 소녀는 그녀의 월경 패드를 한쪽으로 밀어서 두 손가락으로 자신의 피를 찍어냈다. 이제껏 읽어보지도, 누군가에게 말해보지도 않았던 엄청난 일을 하고 있었기 때문에 그녀는 스스로를 몰아댔고 또한 감각을 통한 인식의 즐거움에 유혹되어 손가락의 분비물을 핥았다. 그것은 베인 상처에서 나온 피와 같은 맛이 났지만, 좀 더 진한 향과 더욱 걸쭉한 질감이었다. 그녀의 일부는 이러한 행위가 하나도 이상하지 않고 전혀 겁낼 일이 아니었다고 느꼈으며, 그래서 그녀는 그 일을 되풀이했다. 피를 찍어서 핥는 일을 반복함에 따라, 정상성의 감각 때문에 보이지 않았던 이전의 감정이 그녀를 압도했다.
>
> 단어들은 서로 부딪혀 뒤엉켰고, 굽이쳐 올랐다가 그녀를 사타구니부터 물 아래로 끌어내리는 상상 속의 파도처럼 숨막히게 그녀를 덮치는 감정의 물결들이 되었다.
>
> 마음 속에 있는 말들이 소리 없이 그녀의 입술에서 흘러나왔고 계속해서 이어져 나와서 나중에는 기억할 수조차 없었다. 그녀는 팔로 무릎을 둘러싼 채 앞뒤로 흔들고 그 다음에는 양 옆으로 흔들면서, 자신의 피, 즉 액체 세계의 말들이 낳은 언어에 귀를 기울였다.[34)]

이제 우리는 — 아마도 이제껏 승화된 것으로 이해되었던 — 숭고가 역겨움 쪽으로 미끄러지는 지형으로 들어서고 있는 중이다. 예지계적인 신비 때문이 아니라 현시되어서는 안 되기 때문에 "현시될 수 없는" 것, 즉 비천하며 공적인 승인을 받지 못한 것이 점차로 언급되고 드러내져 왔다. 흔히 역겹다고 간주된 것이 여기서는 금기이

---

34) Joanna Frueh, *Erotic Faculties* (Berkeley and Los Angeles: University of California Press, 1996): 162. 이 책에 수록된 대부분의 논문들은 프루어의 공연을 필사하거나 개작한 것이다.

긴 하지만 감각적으로 매혹적인 것으로 전화된다. 오랫동안 말할 수 없는 것으로 간주되었기 때문에 예술은 고사하고 공적 담론으로 전혀 들어가지 못했던 월경 피는 페미니스트 예술가들이 문학과 시각 예술, 그리고 퍼포먼스 예술에서 개척해왔던 주제들 중의 하나이다. 월경 피는 여전히 불편함을 자아내는 것 같다; 실제로 그것은 그러한 불편함이 드러내져서 간파될 수 있도록 제시되는 것이다. 프루어는 그것을 변화시켜서 이전에는 은폐되었던 여성 섹슈얼리티의 양상을 감각적으로 열어놓음으로써, 에로틱한 것과 역겨운 것 사이의 관계를 탐구한다. 역겨움의 혐오감이 어떻게 긍정적인 미적 인식으로 전화되는가는 동시대의 미학적 분석이 직면한 퍼즐 중의 하나이다.

미적 반응으로서의 역겨움

때때로 사람들은 단지 예술을 좋아하지 않기 때문에 그로 인해 역겨워질 수 있다고 주장한다; 이는 일종의 승인이 아니라 거부이다. 미적인 정서 반응을 이해하는데 훨씬 더 흥미로운 사례는 역겨움의 실제 정서가 작품에 대한 이해와 감상의 일부로서 예술을 통해 불러일으켜지는 경우이다. 위에서 언급된 프루어 퍼포먼스의 단편에 주목한다면, 그것을 읽었을 때 생겨나는 역겨움은 — 최소한 어느 정도는 역겨움을 느낄 거라고 추측되는데 — 다음의 사실, 즉 한편으로는 그녀가 넘어섰던 경계와 다른 한편으로는 여성적이라고 보통 수치스럽게 여겨졌던 것이 위반적인 시의 일부로 상상적으로 편입된 것을 인식하는 데서 나오는 것이다. 이러한 사례에서 역겨움은 긍정적인 미적 파악apprehension의 한 요소가 된다. 그러한 기본적인 혐오감이 미적 반응으로 고양될 수 있다는 사실은 공포가 숭고로 변용되는 것만큼이나 역설적이다. 사실상 그것은 훨씬 더 역설적일지 모르는데, 왜냐하면 전통적 이해에 따르면 역겨움이란 긍정적인 미적 전환이 이뤄질 수 없는 유일한 정서이기 때문이다. 칸트는 이 점을 강조했다. "모든 미적인 만족과 따라서 예술적인 미를 없애버릴 경우에라야 자연에 적합하게 제시될 수 있는 유일한 단 한 종류의 추가 존재한다. 역겨움을 불러일으키는 추가 바로 그것이다."[35] 하지만 이 장의 서두에서 지적했듯이, 역겨움은 몇 가지 방향에서 오늘날의 "미적인 만족"으로 분명하게 진입해왔다.

역겨움이란 내장 깊숙한 곳에서 우러나오는 본능적 정서이기 때문에, 아마도 역겨움만큼이나 극적으로 몸에 관심을 집중시키는 정서는 없을 것이다. 그것은 메스꺼움이나 욕지기와 같은 신체적 반응들과 밀접하게 연관되며, 어떤 하나의 감각에서 촉발될 것을 요구하는 것처럼 보인다. 역겨움을 위한 두 개의 주요한 감각은 미각과 후각이지만, 혐오감은 어떤 감각에 의해서나 감각적 느낌을 상상함으로써 생길 수도 있다. 밀러[William Ian Miller]가 주목했다시피, "역겨움의 표현이 요청하는 것은 바로 감각들에 대한 지칭이다. 그것은 어떤 사물이 어떻게 만져지고 보이고 맛이 나고 냄새나며 때에 따라서는 들리는지를 다루는 것이다."[36] 미적 반응으로서 역겨움은 신체를 과장하거나 왜곡하고 탐구하는 그러한 예술들에 특히 적합하다. 다시 말해 고전주의의 아름다운 몸이 아니라 더러워지는 몸, 병과 상처의 제물이 되는 몸, 그래서 노쇠하고 죽고 썩어가는, 살아진 몸이다. 공포가 숭고의 초월적 의미를 알아차리는 수단이 되듯이, 역겨움의 정

35) Kant, *Critique of Judgment*[임마누엘 칸트, 『판단력 비판』, 백종현 역, 아카넷]: 180.

36) William Ian Miller, *The Anatomy of Disgust* (Cambridge, MA: Harvard University Press, 1997): xii.

서적 반응은 신체적인 육화가 전달하는 의미를 인식하는 것이다. 밀러를 한번 더 인용하자면,

> 여기서 우리는 가장 육화되고 뱃속에서 우러나는 정서를 지닌다. 그런데도 정확히 그것이 신체, 그 구멍들과 배설물 안과 주변에서 작동하고 있을 때, 의미의 세계는 파괴되고 정치적 사회적 도덕적 의미들로 채색되어 생생해지고 오염된다. 뱃속에서 우러나는 본능성(visceralness) 전부에 대한 역겨움은 보다 공격적인 우리의 문화 창조적 열정 중의 하나임이 입증된다.[37]

역겨움을 사용하는 예술의 진용을 고려해본다면, 여기에서 우리가 순식간에 문화적 의미를 띠고 반복되는 정서를 갖는다는 밀러의 평가 또한 확인될 수 있다. 이러한 사실은 역겨움의 페미니즘적인 이용을 매우 흥미로울 뿐 아니라 미묘하고도 위험스런 시도로 만드는데, 특히 역겨움이 여성의 몸에 더해지는 경우에는 더욱 그러하다. 역겨움과 그 밖의 괴로운 정서들을 페미니즘적으로 이용하기 위해서는, 오래된 신화와 고정관념을 강화하기 보다는 파괴시키도록 그러한 정서들을 활용하기 위해 표준적인 성차별주의적 반응의 지뢰밭을 헤치고 조심스럽게 자신의 길을 나아가야만 한다.

육화와 역겨움을 페미니즘적으로 제시하는 것은 그것이 불러일으킨 예술적 혁신 이외에도 최소한 두 가지 차원의 정치적 함의를 지녀왔다. 우선 첫째로 그것은 개인의 외모를 제한하는 규범을 형성해온 "여성의 이상들"을 전도시킨다: 단정하게 보일 것, 특정한 신체 유형을 가질 것, 그들이 살아가는 사회 속에서 가장 매혹적이라 간주되는 신체 특성들을 과장할 것 등을 명령하는 적합성, 우아함, 자그마함에 의존하는 미적 규범들 말이다. 이것은 예술에서 채택된 스타일과 삶에서 채택된 스타일의 가교 역할을 하는 미와 외모의 한

---

37) Ibid.

양상이다. 여성은 어떤 유형의 이상화된 몸으로 묘사될 뿐 아니라 스스로도 이상적인 신체 속성을 가지려고 애쓴다. 극단적인 경우에 이는 코르셋에 의해 조여진 가느다란 허리, 수술로 확대된 가슴, 또는 아이처럼 아주 작게 동여맨 발로 이어진다.[38] 그러한 협소한 범위의 미적 가치들은 용인가능한 공적인 노출의 영역에서 작은 범위의 특성들을 제외한 전부를 배제시킨다. 그러나 그런 가치들이 문화적 규범인 한에서, 그 권위를 피할 수 있는 사람은 거의 없다. 이와 대조적으로 페미니스트 예술가들은 이런 기준들에 따르지 않는 신체들을 묘사해왔다. 이는 유머러스하거나 대담하게, 슬프거나 공격적으로, 또는 우연하게 묘사될 수 있으며 많은 것이 개별 예술작품에 의존한다. 예를 들면 사빌Jenny Saville은 주물(鑄物)과 회화에서 자신의 몸을 사용하여, 완성된 작품을 과도한 살덩이의 지형학적 지도로 만들었다. 이러한 복합적 작품들은 누드에서 기대되는 전통적인 미적 가치들을 전도시키며 그러한 가치들과 그것의 포괄성을 문제 삼는 당혹스런 정서적 효과를 지닌다.

예술가들은 또한 신체의 부드럽고 아름다운 외면으로부터 따뜻하고 어둡고 끈적끈적한 내면으로 이동할 수 있는데, 그 안에는 말로 담을 수 없는 실체들이 숨겨진 채 보존되어 있다. 예쁘지 않고 지독하게 육체적인 것을 의도적으로 장려하는 것은 평범함으로부터 해방된 인상적인 장면이지만, 외모에 대한 사회적 규범의 강력한 억압을 보여주기도 한다. 그것은 또한 시카고Judy Chicago의 기념비적인 작품 <*디너 파티*>*Dinner Party(1979)*에서 제시된 질(膣) 이미지와 같이, 철저

38) 전족(纏足)과 연관된 신체의 미들을 다루는 페미니스트의 논의에 대해서는 Eva Kit Wah Man, "Female Bodily Aesthetics, Politics and Feminine Ideals of Beauty in China" in Peg Zeglin Brand (ed.), *Beauty Matters* (Bloomington: Indiana University Press, 2001): 169-96을 보라.

히 금기시된 여성 신체의 몇몇 양상을 보여주는 기회가 되기도 한다.[39] 물론 물질적인 몸은 성 형태학 이상을 나타낸다. 하툼Mona Hatoum의 <*내장 양탄자*>*Entrails Carpet(1997)*는 방을 가득 채운 적출된 창자의 모습을 흉내 낸 설치작품이다. 그녀는 또한 <*낯선 육신*>*Corps éstranger (1994)*이라는 비디오 설치작품에서 자신의 몸을 이용했다.[40] 그녀의 몸의 내부와 표면 양쪽에서 의학 내시경 카메라로 찍힌 이미지들은 관객의 발아래에 구획된 마루 위로 투사된다. 여기서 관객은 그녀 자신이 내부 신체조직의 확대된 클로즈업 사진 위에 서있다는 것을 알게 될 뿐만 아니라 예술가의 숨결과 고동치는 맥박소리를 듣게 된다.

내장에서 우러난 본능성의 활용은 지독하게 육체적인 것으로부터 신비스럽고 섬뜩한 것으로 이동해간다. 그것은 복잡하고 미묘한 영역, 즉 "여성성"이라는 고대적 범주를 페미니즘적인 탐구를 위해서 열어놓는데, "여성성"이라는 범주는 길들여지지 않은 자연의 요소와 존재의 조잡한 물질을 포함한다. 페미니스트들이 역겨움이나 또 다른 혐오감을 주는 이런 류의 대상을 사용하는 것은 자연과 문화, 공포와 숭고, 죽음과 생명이라는 신화들에게 영향을 끼친다. 여성의 몸은 — 그것이 젊고 건강할 때는 — 인간미의 아이콘임과 동시에, 죽음의 상징이자 죽을 운명의 피할 수 없는 지배를 나타내기도 한다. 이러한 특성들이 대립된다 할지라도 역겨움이 미적으로 작동될 때에는 혐오스러우면서도 동시에 매력적인 두 가지 특성이 함께 기능

39) 시카고의 <디너 파티>에 대해서는 Judy Chicago and Edward Lucie-Smith (eds), *Women and Art: Contested Territory* (New York: Watson-Guptill, 1999): 13, 44-5를 보라; 신체에 대한 페미니스트의 다양한 취급에 대해서는 8장 "Body as Battleground": 126-47을 보라.

40) Desa Philippi, "Mona Hatoum: Some Any No Every Body" in M. Catherine de Zegher (ed.) *Inside the Visible: An Elliptical Traverse of 20th-century Art in, of, and from the Feminine* (Cambridge, MA: MIT Press, 1996): 363-69.

한다. 끔찍한 것을 보게 되면, 거기에서 돌아선 다음에 다시 한 번 돌아보게 되는 것처럼 말이다. 크리스테바Julia Kristeva는 이런 동요를 "불러냄summon과 밀쳐냄repulsion의 소용돌이"라 부르는데, 바로 이러한 역설적인 힘이야말로 역겨움 및 "애브젝트abject"와 역겨움의 관계에 대한 그녀의 분석을 개시하는 것이다. 크리스테바의 애브젝션 개념은 역겨움과 여성 신체에 대한 이론적 분석을 제공하는데, 이는 페미니즘적 관점에서 비판적으로 예술을 해석하는 수많은 이들에 의해 사용되어졌다.

역겨움과 애브젝션 : 줄리아 크리스테바

크리스테바는 주체의 발전에 있어서 여성의 역할을 부각시키기 위해 정신분석학을 수정하는데, (프로이트와 라깡 둘 다의 특징인) 아버지와의 관계에 기초하여 남아의 발달을 강조하는 것을 바로잡으려는 것이다.[41] 크리스테바는 어머니-아이 양자관계 및 언어와 예술에 남아있는 그 관계의 그림자를 검토하는데, 바로 이점에서 그녀의 연구는 미학적 문제에서 무엇이 "여성적"이라고 간주될 수 있는지를 다루는 또 다른 접근방식에 해당된다. 크리스테바는 특정한 표현 형태 속에서 어머니의 원초적 몸과의 관계가 남아있는 흔적을 발견하는데, 어머니의 몸과의 관계는 남녀 모두 유사하게 맺어진다. 이 관계를 드러내는 두 개의 주요한 미적 현상이 있는데, 그 중 하나는

---

41) 크리스테바에 대한 유용한 일반적 연구는 Oliver, *Reading Kristeva*와 John Lechte, Julia Kristeva (London: Routledge, 1990)에서 제공된다. 비록 크리스테바가 페미니즘에 영향을 끼쳐왔다 할지라도 그녀는 "페미니스트"라는 딱지를 스스로 거부했는데, 정치라는 것이 남성의 권위를 추구하는 여성을 함축하는 것으로 보았기 때문이다. Oliver, *Reading Kristeva*[켈리 올리버, 『크리스테바 읽기』, 박삼열 역, 시와 반시사]: 2-3과 7장을 보라.

그녀가 역겨움을 분석할 때 핵심적인 열쇠가 된다.

한 현상은 언어 및 음성과 관련이 있다.[42] 크리스테바는 시적인 글쓰기가 (언어가 발전하고 가부장적 담론이 우세하기 전에) 어머니-아이 이자관계의 전(前)오이디푸스적 경험으로부터 나온다고 가정한다. 그러한 경험은 언어를 뚫고 나오거나 혹은 언어 속으로 "침입"한다. 라깡의 이론은 우리가 상징질서로 진입하면서 언어의 덮개를 쓰게 되고 그렇기 때문에 상상계의 전(前)상징적 세계는 말할 수 없다고 하는 반면에, 크리스테바는 어린아이가 그 혹은 그녀와 어머니의 몸 사이의 차이를 거의 혹은 아예 느끼지 못하는 시간의 암시를 포함하도록 언어의 경계들을 후퇴시킨다. 그녀는 이 현상을 "기호적 코라semiotic chora"라고 지칭하는데, 그것은 의미를 지니기는 하지만 어떤 특정한 분절articulation도 없는 그런 공간을 나타낸다. 언어가 발달하고 아이가 상징계로 들어서게 될 때, 기호계의 속삭임은 분절을 수반하는 음성 속에 남아있게 된다. 명료하게 분절되기 이전의 말하기를 반향하는 음성들이 언어, 특히 가부장적 가치들의 고유한 경계를 위반하는 예술가들의 시적인 언어와 문학 속으로 침입한다. 시적 언어는 모성적인 풍요로움에 대한, 즉 분리된 주체성이 형성되기 이전의 어머니와의 합일이라는 원초적 기억이 지닌, 말하자면 미적인 흔적을 포함한다. 그러한 기호적 흔적들은 남녀를 막론하고 누구나 남아있게 될 터인데, 왜냐하면 그때의 발전단계에서는 아직 젠더 구분이 정립되어 있지 않기 때문이다.

아련히 남아있는 모성적 신체의 감각이 주는 위안은 "애브젝트"에 직면해서는 한층 더 작아지는데, 여기서 "애브젝트"란 말은 역겨

---

42) 음악에서의 언어와 소리에 대해서는 또 다른 프랑스 정신분석 이론가인 Catherine Clément, *Opera, or the Undoing of Women*, Betsy Wing역 (Minneapolis: University of Minnesota Press, 1988)을 보라.

움을 의미하는 것이 아니라 역겨움의 경험에서 명백해지는 현상들을 가리키는 이론적 용어이다. 복잡한 단어인 "애브젝트"는 명사, 동사, 부사로 쓰인다. 그것은 어린아이가 스스로와 구분하지 못하는 타자를 쫓아내는 과정을 지칭하며 이 과정은 어머니의 몸과 더불어 시작된다. 이러한 쫓아냄은 주체의 정체성이 발전되기 위해서는 필연적인데, 그것이 없다면 결여나 부재의 감각, 즉 자신과 다른 모든 것의 차이를 측정할 수 있는 간극이 존재하지 않기 때문이다. 일단 그것이 상징질서에서 출현하게 되면, 자아는 자신의 독립성을 유지하기 위해 지속적으로 요구되는 역동적이지만 빈약한 체계를 지탱한다. 그러나 어떠한 경험들은 자아에 대한 위협을 야기하는데, 이는 역겨움의 정서에서 분명하게 드러난다. 역겨움은 불확정적이고 유동적인 경계를 지닌 대상들에 의해 촉발된다. 애브젝트한 것의 전형적인 범례들은 손상, 부패와 파멸의 변화를 겪는 것들이다. 크리스테바가 좋아하는 사례는 따뜻한 우유 위에 형성된 막이다. 그것은 공기와 액체 사이에서 활주하는 "사이의" 것이며, 고체이기도 하고 아니기도 하며 신선하기도 하고 아니기도 하며 우유이기도 하고 아니기도 하다. 물론 우유 자체는 모성적 실체이다. 그러나 역겨운 것의 또 다른 보다 표준적인 사례들은 뭔가의 자기정체성이 변화하고 사라지고 있는 그런 불안정한 경계를 분명하게 보여준다. 즉 썩어가는 육체는 더 이상 살아있지 않으며 그것들은 존재에서 비존재로 해체되는 과정을 생생하게 보여준다. 썩어가는 것, 부패한 냄새가 코를 찌르는 것은 감각에 역겹게 느껴지는 것 이상이다; 그것은 애브젝트한 것이다 — 즉 자신의 고유한 형태를 잃어버리고 그럼으로써 주체가 정체성 또한 잃게 될 수 있다는 것을 공포스럽게 상기시킴으로써, 주체성에 대한 위협을 보여준다. 이것이야말로 애브젝트한 것이 왜 공포에서 중심적인지의 이유인데, 사실상 크리스테바가 이러한 분석을 수행하는 책도 『공포의 권력』이라는 제목을 달고 있다. 그로스Elizabeth Grosz는 애브젝트와 그것이 환기시키는 역겨움이란 육화 자체를 인식하는 것이라고 해석한다.

> 애브젝션은 주체의 육체성이 지닌 불가능하지만 필연적인 초월성, 그리고 그 통제될 수 없는 물질성의 불결한 오염시키는 요소를 인식함으로써 생겨나는 반응이다. 그것은 합체, 병합, 결핍, 배출 등의 다양한 신체 싸이클, 즉 스스로를 유지하기 위해 필요하지만 사회적 인식과 재현이 불가능한 신체적 회춘(回春)과 소진(消盡)의 싸이클에 대한 반응이다.[43]

조악하고 불쾌하게 만드는 역겨움의 혐오스런 특성에도 불구하고, 이러한 애브젝트의 묘사에는 숭고와 유사한 몇 가지 점들이 확인될 수 있다. 숭고와 역겨움은 둘 다 무제한적이고 무정형적이며 위협적이다.[44] 그럼에도 숭고는 강력함과 거대함을 지니는데, 따라서 그것은 장엄한 것으로 향한다. 숭고는 공포를 불러일으키지만, 그뿐만 아니라 전율과 경악도 불러일으킨다. 따라서 숭고에 대한 매력은 상대적으로 이해하기 쉬운데, 왜냐하면 그것은 경탄과 연관되며 고전적인 형태에서는 신성함의 감각과도 관련되기 때문이다. 앞서 살펴보았듯이 칸트에게서 숭고는 우리로 하여금 도덕적인 자율성의 정신에 이르도록 한다. 이는 역겨움이 나타내는 극도의 혐오감과는 전혀 다르게 들린다. 그렇다면 애브젝트의 매력은 어째서 생기는 것일까?

크리스테바의 분석에 따르면, 애브젝션은 주체의 정체성이 발전되

---

43) Elizabeth Gross, "The Body of Signification" in John Fletcher and Andrew Benjamin (eds), *Abjection, Melancholia and Love: The Work of Julia Kristeva* (London: Routledge, 1990): 87-8.

44) 크리스테바는 모성의 양상들을 다룰 때 역겨움과 숭고를 관련시킨다. Oliver, *Reading Kristeva*[켈리 올리버, 『크리스테바 읽기』, 박삼열 역, 시와 반시사]: 61을 보라.

기 위한 전제이기 때문에 그것은 자아가 출현되기 위한 필연적 과정이다. 그러나 독립적인 자아가 되는 데는 상실 또한 따르는데, 왜냐하면 애초에 하나를 유지했던 모성적인 풍요로움으로부터 영원히 분리되는 것이기 때문이다. 그러한 일체성과 재결합하려는 욕망이 존재하기 때문에, 상실의 감각은 애브젝트의 매혹 속에서 계속해서 유지된다; 동시에 일체성과의 재결합은 개인적 정체성을 소멸시키는 것을 수반하기도 한다. 그것은 주체의 죽음을 수반하는 바, 이는 또한 공포스럽고 끔찍한 가능성이다. 하지만 그렇게 함으로써 자신의 정체성을 상실하는 동안에조차, 풍요로움으로 되돌아가 쉴 수 있을지 모른다는 생각을 불러일으키는 공포스런 매력이 존재한다. (프로이트는 그가 "죽음소망"이라 부른 것을 다소 비슷한 용어로 설명했다.)[45] 어느 누구도 자신의 정체성을 잃는 것, 즉 죽기를 바라지는 않는다. 하지만 애브젝트에 아련히 남아있는 무의식적인 매력이 존재한다. 그것은 매혹적이고 최면적이며 반항적이고 무서운 것이다. 크리스테바는 자신의 저작 첫머리 문단에서 이를 다음과 같이 강력하게 말한다.

> 애브젝션 내에서는 존재의 그렇듯 격렬하고도 어두운 반감들 중의 하나가 어렴풋이 나타난다. 이러한 반감은 엄청난 바깥이나 안으로부터 흘러나온 듯이 보이는 위협에 거역하며, 가능한 것, 견뎌낼 수 있는 것, 사유될 수 있는 것의 영역 너머로 추방되었던 것이다. 그것은 거기에 아주 가까이 있지만, 전유될 수 없다. 그것은 간절히 원하고 걱정하며 욕망을 매혹시키는 바, 그럼에도 불구하고 욕망은 스스로를 유혹당하게 내버려둘 수 없다. 만일 그런 일이 생기면, 욕망은 걱정스러워서 돌아선다; 진저리를 치면서 퇴짜를 놓는다... 그러나 동시에 그저 똑같이 그 충동, 그 경련, 그 도약은 단죄되는 만

45) Sigmund Freud, *Beyond the Pleasure Principle* [1920], James Strachey역 (New York: W. W. Norton, 1975)[지그문트 프로이트, 『쾌락 원칙을 넘어서』, 박찬부 역, 열린 책들].

큼 그렇게 유혹적인 모든 곳으로 끌어당겨진다. 지칠 줄 모른 채, 피할 도리 없는 부메랑처럼, 불러냄과 밀쳐냄의 소용돌이가 그것에 사로잡힌 사람을 문자 그대로 자기 자신을 벗어나게(beside himself) 만든다.[46)]

역겨움에는 애브젝트의 관념에 적합하지 않은 많은 양상들이 존재한다. 그러나 물질적 과도함과 죽을 운명을 부각시키기 위해 여성 신체를 제시하는 예술가의 입장에서 역겨움을 활용하는 것은 의도적이건 그렇지 않건 간에 크리스테바의 이론적 관심과 꼭 들어맞으며, 바로 이러한 이유에서 애브젝션의 관념이 특정한 유형의 예술을 해석하는데 적용되어왔던 것이다. 역겨움이라는 강력한 혐오감을 환기시키는 것은 대담한 예술적 시도라고 할 수 있는데, 왜냐하면 그것은 대중을 소외시키거나 의도나 의미가 잘못 해석될 수 있는 위험 둘 다를 가지고 있기 때문이다.

역겨움 : 맥락과 모호성

여성의 몸이 등장하는 예술에서 역겨움을 사용하는 것은 복잡하고 다층적이며 위험하다. 역겨움을 페미니즘적으로 이용하는 것은, 영화와 텔레비전에서 역겨움이 떠맡는 거대한 역할 때문에 특히 복잡한 수용의 맥락에 직면한다. (공포의 막후에 남몰래 숨어있는 또 다른 장르인 포르노그래피는 말할 것도 없고 말이다.) 이것이 위험한 까닭은 페미니스트들이 이용하는 바로 그러한 몇몇 신체 이미지들이 일말의 페미니즘적 의도도 없는 예술형태 속에서도 또한 광범

---

46) Julia Kristeva, *The Powers of Horror: An Essay on Abjection,* Leon S. Roudiez역 (New York: Columbia University Press, 1982)[줄리아 크리스테바, 『공포의 권력』, 서민원 역, 동문선]: 1.

위하게 사용된다는 사실과 관련된다. 좋든 싫든, 페미니즘 및 포스트 페미니즘 예술의 역겨움을 괴롭게 감상하는 것은 대중적인 공포물과 공상과학 소설을 포함하는 수용의 맥락에까지 도달한다. (셔먼은 <*오피스 킬러*>*Office Killer*(1997)라는 영화에서 그녀의 트레이드마크인 역겨운 이미지들을 공포 영화의 포맷으로 확장시켰다.) 이러한 절충주의는 우리의 시각문화와 기억은행 속에 그런 이미지들이 널리 확산되어 있음을 나타내며, 다른 곳에 퍼져있는 강력한 이미지들로부터 예술이 그것을 수용해왔음을 확증한다. 역겨움의 페미니즘적인 용법들과 대중문화에 퍼져있는 용법들 사이에는 긴장이 — 또한 공통성도 — 존재한다. 후자[역겨움을 사용하는 대중문화]는 때로는 그 자체 페미니즘과 유사quasi한 양상을 지니기도 하지만 반면에 종종 젠더 스테레오타입들을 강화하는데, 그렇게 하는 아마도 가장 강력한 장치는 오락에 의한 것이다.

많은 페미니스트 비평가들은 크리스테바의 애브젝션 이론을 공포 장르를 해석하는데 적용시켜왔다.[47] 대중영화에 나오는 여성 괴물의 수와 다양함은 주목할 만한데, 종종 그러한 괴물들은 이빨달린 질vagina dentata같은 무시무시한 죠스나 성적 기원을 암시하는 형태학 — 괴물스런 것으로 변형된 섹슈얼리티가 지닌 무시무시한 힘의 여실한 사용 — 으로 묘사된다.[48] 이런 역겨운 창조물들은 전멸시키겠다

---

47) Barbara Creed, *The Monstrous Feminine: Film, Feminism, Psychoanalysis* (London: Routledge, 1993). 공포의 정신분석적인 해석에 대한 인지주의적 비판에 대해서는 Cynthia Freeland, "Woman and Bugs", *The Naked and the Undead* (New York: Westview, 1998)을 보라.

48) 우리는 이를 로렌티스(Dino de Laurentiis)의 영화 <코난 더 바바리안>(*Conan the Barbarian*)(1984)의 괴물이나 혹은 버호벤(Peter Verhoeven)의 공상 과학 스릴러 <스타쉽 트루퍼스>(*Starship Troopers*)(1997)의 두뇌충에서 볼 수 있다. 이 창조물은 둘 다 괴물들을 정복하기 전에 반드시 무력화시켜야만 하는 남성적이자 여성적인 생식기를 특징적으로 보여준다. 비록 두 경우 모두, 무력화시키기 보다 어려운 것은 여성적인 입이지만 말이다.

고 위협한다; 공포의 줄거리는 이 전멸시키려는 힘들을 정복하고 플롯의 세계에다 질서를 복구시키는 데 달려있다. 페미니즘적이라고 묘사될 수 있는 공포영화는 거의 없는데,[49] 대개 공포 장르는 맹렬한 여성들의 형태 속에 애브젝트의 공포를 구현하는데 꼭 맞는 기성품인 것처럼 보인다.

이와 동시에 애브젝션은 페미니즘적인 내용에 속하는 또 다른 작품들을 해명해주는데, 말하자면 셔먼의 당혹스런 사진작품들에서처럼 그녀의 과장된 얼굴들은 종종 인간과 비인간, 제정신인 것과 정신 나간 것, 삶과 죽음 사이의 경계들을 가로지른다.[50] 어떻게 애브젝트가 예술에서 페미니즘적인 분석 수단으로서뿐 아니라, 또한 여성의 이미지를 괴물스럽고 위협적으로 유지하는 수단으로서 둘 다 사용될 수 있을까? 본성상 단칭적인 모든 예술 대상들에서 그렇듯이, 이러한 문제는 각각의 사례마다 따로 진술될 필요가 있다. 그럼에도 불구하고 공포스럽거나 신화적인 이미지들의 단순한 반복을 페미니즘적인 이미지로부터 구분해내는 몇 가지 일반적인 차이가 존재한다: 다시 말해 공포의 짝퉁 유형에서는 역겨움이 일종의 도착적인 오락으로서 자극된다. 그것은 타자, 즉 우리가 도피해야만 하는 피조물의 몸에 덧붙여진다; 그것은 우리 자신과는 다르다. 공포소설의 괴물처럼, 역겹고 끔찍한 대상은 우리 바깥의 것이며 사실상 대

49) 그럼에도 프리랜드(Cynthia Freeland)는 그녀가 "사실주의적 호러"(realist horror)라고 지칭한 것이 남성의 폭력성을 비판하는 방식으로 해석될 수 있다고 주장한다. Carolyn Korsmeyer (ed.), *Aesthetics: The Big Questions* (Malden, MA: Blackwell, 1998): 283-93에서의 "사실주의적 호러"를 보라.

50) 역겨움이라는 견지에서 셔먼의 작품을 분석하기 위해서는 Laura Mulvey, "Cosmetics and Abjection: Cindy Sherman 1977-87" in *Fetishism and Curiosity* (Bloomington: Indiana University Press, 1996): 65-76을 보라. 또한 Rosalind Krauss, *Bachelors: Essays on Nine Women "Bachelors" who Challenged Masculinist Aesthetics* (Cambridge, MA: MIT Press, 1999): 5장을 보라.

개는 철저히 이질적이다.

낯익은 인간의 몸이 역겨움을 불러일으키는 방식으로 제시된 경우, 그럼에도 그 정서는 보다 사색적이고 반성적인 색조를 띠게 된다. 우리는 프루어의 작품에서 그렇게 사용된 한 사례를 보았는데, 거기에서 역겨움을 일으키는 표준적 대상(월경 피)은 에로틱해지고 매혹적인 것으로 되었다. (이는 그것이 역겨움을 상실한다고 말하는 것은 아니다; 오히려 역겨움은 색다른 에로티시즘을 강화한다.) 훨씬 더 괴로운 것은 육신의 취약함과 죽음의 인접성을 내밀하고 직접적으로 구현하기 위해 역겨움을 사용하는 것이다. 이제 우리는 모두를 기다리고 있는 현실, 즉 질병, 노화, 죽을 운명 등으로부터 그리 멀지 않은 영역에 도달한다. 예술가 윌케Hannah Wilke는 암 선고를 받은 후에 치료 때문에 붓고 멍든 자신의 몸을 위축되지 않게 찍은 사진에서 병마의 단계들을 솔직하게 기록했는데, 그녀가 그렇게 확연히 죽어가고 있던 이래로 때로는 회화 명작들 속의 우아한 누드 포르노그래피를 섬뜩하게 흉내 낸 자세로 포즈를 취하기도 했다. 그녀의 사진들은 쇠약해가고 능욕당한 육체들이 지니는 공포스런 함의에 직면해서 이를 전시한다: 다시 말해 그것들은 두려움과 불가항력, 죽을 운명으로 가득 차 있다. 이런 류의 예술은 오락적인 공포의 도피를 허용하지 않는다; 그것은 관람자가 역겨움의 감상에 머물러 있도록 강요하는데, 왜냐하면 그러한 이미지들은 묘사된 신체와의 고통스런 동일시를 강요하기 때문이다. 여기서의 역겨움은 극복되고 추방되어야할 것이 존재하는 외부로부터의 위협을 나타내지 않는다; 이제 역겨움은 내부로부터 나오는 위협이다. 생사의 힘들은 더 이상 신화화되지 않으며 괴물 같은 힘에 속하지도 않는다; 그것들은 직접적이고 내밀하며 너무나도 낯익은 것이다.

요약

이 장은 몇몇 페미니즘 예술의 특별한 양상을 살펴보고 그것이 정신과 육체에 관한 철학 사상들의 변화와 어떤 관계를 맺어왔는지를 부각시켰다. 앞서 살펴보았듯이 철학, 페미니즘 이론, 예술은 때로는 교차하고 때로는 갈라지기도 하는 유사한 길을 따라 전진해왔다. 이 셋 모두는 경험, 정서, 주체성에서 신체와 그 역할을 분석하는데 관심을 보여준다.[51)]

내가 역겨움을 불러일으키는 예술을 강조한 것은 전통의 연속성을 명확히 보여주려는 의도인데, 그러한 연속성은 서로 다른 철학적 접근방식에서 사용되는 이론적 용어의 차이 때문에 종종 모호해지기도 한다. 서로 경쟁하는 사상학파들 사이에 중요한 견해차가 존재한다는 사실이 부정되지 않는다면, 우리는 또한 동시대의 모든 종류의 철학이 서양철학에서 장구한 역사를 갖는 탐색과 논쟁들을 어떻게 계속해 왔는지 확인할 수 있다. 페미니즘적 쟁점들을 초점으로 이용함으로써 우리는 숭고의 초월성을 역겨움과 같은 혐오스런 정감들의 미적인 사용과 연결시킬 수 있다.

페미니스트 예술가들은 공공연한 정치적 메시지로부터 암시적이고 불확정적인 "몸으로 글쓰기"에 이르기까지 다양한 표현의 길들을 탐구해왔다. 페미니즘 예술은 동시대 예술 일반의 복잡한 지형, 즉 "고급" 예술 전통과 대중오락 양자의 한가운데 놓여있다. 페미니즘

51) 그러한 시각들은 여기서 논의된 것들 이외의 다른 예술들에게로 확대된다. 예를 들면 그로스(Elizabeth Grosz)는 *Space, Time, and Perversion: Essays on the Politics of Bodies* (New York: Routledge, 1995)에서 신체, 공간, 건축에 대해 숙고하기 위해 이리가레이와 크리스테바를 이용한다.

예술은 유서 깊은 이미지들을 사용하는 반면 그것을 비판과 탐구의 대상으로 만들기 때문에, 그 작품들은 새로운 것과 낡은 것, 친숙하지 않은 것과 전형화된 것 사이의 불안정한 경계를 걸어간다. 바로 이러한 사실 때문에 예술을 이론적 관점에서 이해하는 일이 훨씬 더 긴요하게 된다. 왜냐하면 이론적 미학이 예술 실천에 제공하는 맥락이 없다면 모호성은 종종 해결될 수 없기 때문이다.

따라서 미학에서 젠더를 발견하는 것은 머나먼 길을 횡단하는데, 이는 예술, 창조성, 예술가 등과 같은 주요한 미학적 개념에서 여성을 배제시켰던 개념 틀에 대한 연구와 더불어 시작된다. 이 책은 훨씬 더 심오한 배제라고 짐작되는 이론들로 연구를 마감했다: 즉 가부장적 담론 전반에서의 여성성의 부재 말이다. 페미니즘 이론가와 예술가의 노력은 역사의 부재를 채우고 신화의 왜곡과 투쟁하기 위하여, 시인 리치Adrienne Rich의 언어로 아마도 "내가 추구해 왔던 것:/ 파멸이자 파멸의 이야기가 아닌 것/ 물 자체이자 신화가 아닌 것"[52] 을 찾기 위하여, 뚜렷이 구별되는 독특한 음성들, 생각들, 이미지들에 기여해온 것으로 읽혀질 수 있다. 이 장에서 개괄된 철학자들의 접근방식이 타당하다면, 젠더와 섹슈얼리티, 욕망과 관련된 어떤 "물 자체"가 아니라 오히려 역사와 사회에 의해 부분적으로 형성되고 항상 타협된 주체성을 명료히 하기 위한 끊임없는 분투가 존재할 따름이다. 이러한 탐색은 "미학"이라는 표지 하에 모여진 노력들을 결합하면서 예술가들에 의해 착수되고 철학자들에 의해 탐구되고 있다.

52) Adrienne Rich, "Diving into the Wreck", *Diving into the Wreck: Poems* 1971-1972 (New York: W. W. Norton, 1973): 23.

BIBLIOGRAPHY

Agonito, Rosemary (ed.), *History of Ideas on Women,* New York: G. P. Putnam's Sons, 1977.

Agosin, Marjorie, *Scraps of Life: Chilean Arpilleras*, trans. Cola Franzen, Trenton, NJ: Red Sea Press, 1987.

Alberti, Leon Battista, *On Painting* [1435], trans. John R. Spencer, New Haven, CT: Yale University Press, 1966.

Allen, Prudence, RSM, *The Concept of Woman: The Aristotelian Revolution,* 750 *BC–AD 1250,* Montreal: Eden Press, 1985.

Anderson, Richard L., *Calliope's Sisters*, Upper Saddle River, NJ: Prentice-Hall, 1990.

Aristotle, *Poetics*, trans. D. W. Lucas, Oxford: Clarendon Press, 1968.

Augsberg, Tanya, "Orlan's Performative Transformations of Surgery" in Peggy Phelan and Jill Lane (eds), *The Ends of Performance*, New York: New York University Press, 1998: 285–314.

Banes, Sally, *Dancing Women: Female Bodies on Stage*, London: Routledge, 1998.

Bar On, Bat-Ami (ed.), *Engendering Origins: Critical Feminist Readings in Plato and Aristotle,* Albany: State University of New York Press, 1994.

_____ *Modern Engendering; Critical Feminist Readings in Modern Western Philosophy,* Albany: State University of New York Press, 1994.

Battersby, Christine, *Gender and Genius: Towards a Feminist Aesthetics,* Bloomington: Indiana University Press, 1989.

_____ "Stages on Kant's Way: Aesthetics, Morality, and the Gendered Sublime" in Peggy Zeglin Brand and Carolyn Korsmeyer (eds), *Feminism and Tradition in Aesthetics,* University Park, PA: Pennsylvania State University Press, 1995: 88-114.

_____ *The Phenomenal Woman: Feminist Metaphysics and the Patterns of Identity,* New York: Routledge, 1998.

Baumgarten, Alexander, *Reflections on Poetry* [1735], trans. Karl Aschenbrenner and William B. Holther, Berkeley and Los Angeles: University of California Press, 1954.

Beauvoir, Simone de, *The Second Sex* [1949], trans. H. M. Parshley, New York: Vintage Books, 1989.

Bell, Clive, *Art*, London: Chatto and Windus, 1914.

Berger, John, *Ways of Seeing*, New York: Penguin, 1972.

Bindman, David, *Ape to Apollo: Aesthetics and the Idea of Race in the 18th Century*, Ithaca, NY: Cornell University Press, 2002.

Bloom, Lisa (ed.), *With Other Eyes: Looking at Race and Gender in Visual Culture*, Minneapolis: University of Minnesota Press, 1999.

Bolt, Barb, "Shedding Light for the Matter," *Hypatia* 15:2 (Spring, 2000): 202–16.

Bordo, Susan, *Unbearable Weight: Feminism, Western Culture, and the Body*, Berkeley and Los Angeles: University of California Press, 1993.

_____ "The Feminist as Other" in Janet Kourany (ed.) *Philosophy in a Feminist Voice: Critiques and Reconstructions*, Princeton, NJ: Princeton University Press, 1998: 296–312.

Bourdieu, Pierre, Distinction: *A Social Critique of the Judgment of Taste* [1979], trans. Richard Nice, London: Routledge, 1994.

Bowers, Jane and Judith Tick (eds), *Women Making Music: The Western Art Tradition*, 1150–1950, Urbana: University of Illinois Press, 1986.

Brand, Peg Zeglin, "Revising the Aesthetic-Nonaesthetic Distinction: The Aesthetic Value of Activist Art" in Peggy Zeglin Brand and Carolyn Korsmeyer (eds), *Feminism and Tradition in Aesthetics*, University Park, PA: Pennsylvania State University Press, 1995: 245–72.

_____ "Disinterestedness and Political Art" in Carolyn Korsmeyer (ed.), *Aesthetics: The Big Questions*, Malden, MA: Blackwell, 1998: 155–71.

_____ *Beauty Matters*, Bloomington: Indiana University Press, 2000.

_____ "Glaring Omissions in Traditional Theories of Art" in Noël Carroll (ed.), *Theories of Art Today*, Madison: University of Wisconsin Press, 2000: 175–98.

_____ "The Virtual Body: Orlan and Morimura" in Annette W. Balkema and Henk Slager (eds), *Exploding Aesthetics, L&B: Series of Philosophy of Art and Art Theory* 16 (2001): 92-104.

Brand, Peggy Zeglin and Carolyn Korsmeyer (eds), *Feminism and Tradition in Aesthetics*, University Park, PA: Pennsylvania State University Press, 1995.

Brown, Wendy, "'Supposing Truth were a Woman....': Plato's Subversion of Masculine Discourse" in Nancy Tuana (ed.), *Feminist Interpretations of Plato*, University Park, PA: Pennsylvania State University Press, 1994: 157-80.

Bryson, Norman, Michael Ann Holly and Keith Moxey (eds), *Visual Theory: Painting and Interpretation*, Cambridge: Polity Press, 1991.

Budd, Malcolm, *Music and the Emotions*, London: Routledge and Kegan Paul, 1985.

Burke, Edmund, *A Philosophical Enquiry into the Origin of our Ideas of the Sublime and Beautiful* [1757], ed. James T. Boulton, Notre Dame, IL: University of Notre Dame Press, 1968.

Butler, Judith, *Gender Trouble: Feminism and the Subversion of Identity,* New York: Routledge, 1990.

_____ *Bodies that Matter: On the Discursive Limits of "Sex",* New York: Routledge, 1993.

Campbell, Sue, *Interpreting the Personal: Expression and the Formation of Feelings*, Ithaca, NY: Cornell University Press, 1997.

Carrier, David (ed.), *Danto and his Critics: Art history, Historiography and After the End of Art,* Middletown, CT: Wesleyan University Press, 1998.

Caroll, Noël, *The Philosophy of Horror: or Paradoxes of the Heart*, New York: Routledge, 1990.

_____ *A Philosophy of Mass Art*, Oxford: Clarendon Press, 1998.

_____ (ed.), *Theories of Art Today*, Madison: University of Wisconsin Press, 2000.

Chadwick, Whitney, *Women, Art, and Society,* London: Thames and Hudson, 1990.

Chicago, Judy and Edward Lucie-Smith (eds), *Women and Art: Contested Territory*, New York: Watson-Guptill, 1999.

Citron, Marcia J., *Gender and the Musical Canon*, Cambridge: Cambridge University Press, 1993.

Clark, Kenneth, *The Nude: A Study of Ideal Art*, London: John Murray, 1956.

Classen, Constance, *Worlds of Sense: Exploring the Senses in History and across Cultures,* London: Routledge, 1993.

Clément, Catherine, *Opera, or the Undoing of Women*, trans. Betsy Wing, Minneapolis: University of Minnesota Press, 1988.

Cohen, Ted, "Why Beauty is a Symbol of Morality" in Ted Cohen and Paul Guyer (eds), *Essays in Kant's Aesthetics,* Chicago: University of Chicago Press, 1982: 221-36.

Coldwell, Maria V., "*Jougleresses* and *Trobairitz:* Secular Musicians in Medieval France" in Jane Bowers and Judith Tick (eds),

Women Making Music, Urbana: University of Illinois Press, 1986: 39-61.

Collingwood, R. G., *The Principles of Art,* Oxford: Clarendon Press, 1938.

Copjec, Joan, *Imagine There's No Woman: Ethics and Sublimation*, Cambridge MA: MIT Press.

Cousin, Victor, *Lectures on the True, the Beautiful, and the Good* [1818], trans. O. W. Wright, New York: D. Appleton and Co., 1870.

Creed, Barbara, *The Monstrous Feminine: Film, Feminism, Psychoanalysis,* London: Routledge, 1993.

Croce, Benedetto, *The Aesthetics as the Science of Expression and General Linguistic* [1902], trans. Douglas Ainslie, New York: Noonday Press, 1963.

Cunningham, Suzanne, *What is a Mind?,* Indianapolis: Hackett, 2000.

Curran, Angela, "Feminism and the Narrative Structures of the Poetics" in Cynthia Freeland (ed.), *Feminist Interpretations of Aristotle*, University Park, PA: Pennsylvania State University Press, 1998: 289-326.

Danto, Arthur C., "The Artworld," *Journal of Philosophy* 61 (1964): 571-84.

_____ *The Transfiguration of the Commonplace: A Philosophy of Art,* Cambridge, MA: Harvard University Press, 1981.

_____ *The Philosophical Disenfranchisement of Art,* New York: Columbia University Press, 1986.

_____ *After the End of Art: Contemporary Art and the Pale of History*, Princeton, NJ: Princeton University Press, 1997.

_____ *The Body/Body Problem: Selected Essays,* Berkeley and Los Angeles: University of California Press, 1999.

_____ *Philosophizing Art: Selected Essays*, Berkeley and Los Angeles: University of California Press, 1999.

Davies, Stephen, *Definitions of Art*, Ithaca, NY: Cornell University Press, 1991.

_____ *Musical Meaning and Expression*, Ithaca, NY: Cornell University Press, 1994.

_____ "Non-Western Art and Art's Definition" in Noël Caroll (ed.), *Theories of Art Today*, Madison: University of Wisconsin Press, 2000: 199-216.

Devereaux, Mary, "Oppressive Texts, Resisting Readers, and the Gendered Spectator" in Peggy Zeglin Brand and Carolyn Korsmeyer (eds), *Feminism and Tradition in Aesthetics*, University Park, PA: Pennsylvania State University Press, 1995: 121-41.

_____ "Feminist Aesthetics" in Jerrold Levinson (ed.), *The Oxford Handbook of Aesthetics*, New York: Oxford University Press, 2003: 647-66.

DeWitts, Simeon, *The Elements of Perspective,* Albany: Southwick, 1813.

Dickie, George, *Art and the Aesthetic: An Institutional Analysis,* Ithaca, NY: Cornell University Press, 1974.

_____ *The Century of Taste: The Philosophical Odyssey of Taste in the Eighteenth Century*, New York: Oxford University Press,

1996.

_____ "The Institutional Theory of Art" in Noël Carroll (ed.), *Theories of Art Today*, Madison: University of Wisconsin Press, 2000: 93-108.

Doane, Mary Ann, *The Desire to Desire*, Bloomington: Indiana University Press, 1987.

_____ *Femmes Fatales: Feminism, Film Theory, Psychoanalysis*, New York: Routledge, 1991.

Dobie, Elizabeth Ann, "Interweaving Feminist Frameworks" in Peggy Zeglin Brand and Carolyn Korsmeyer (eds), *Feminism and Tradition in Aesthetics*, University Park, PA: Pennsylvania State University Press, 1995: 215-34.

Douglas, Mary, "Food as an Art Form" in *In the Active Voice,* London: Routledge and Kegan Paul, 1982: 105-13.

duBois, Page, "The Platonic Appropriation of Reproduction" in Nancy Tuana (ed.), *Feminist Interpretations of Plato*, University Park, PA: Pennsylvania State University Press, 1994: 139-56.

Duncan, Carol, "The MoMA's Hot Mamas" in Carolyn Korsmeyer (ed.), *Aesthetics: The Big Questions, Malden*, MA: Blackwell, 1998: 115-27.

Dutton, Denis, "But They dont Have our Concept of Art" in Noël Carroll (ed.), *Theories of Art Today*, Madison: University of Wisconsin Press, 2000: 217-38.

Eagleton, Terry, *Literary Theory: An Introduction,* Oxford: Basil Blackwell, 1983.

_____ *The Ideology of the Aesthetic*, Cambridge, MA: Blackwell, 1990.

Ecker, Gisela (ed.), *Feminist Aesthetics*, trans. Harriet Anderson, Boston: Beacon Press, 1986.

Elkins, James, *The Object Stares Back: On the Nature of Seeing,* San Diego, CA: Harcourt Brace, 1996.

Etcoff, Nancy, *Survival of the Prettiest: The Science of Beauty*, New York: Doubleday, 1999.

Fausto-Sterling, Anne, *Sexing the Body: Gender Politics and the Construction of Sexuality,* New York: Basic Books, 2000.

Feagin, Susan L., "Feminist Art History and de facto Significance" in Peggy Zeglin Brand and Carolyn Korsmeyer (eds), *Feminism and Tradition in Aesthetics*, University Park, PA: Pennsylvania State University Press, 1995: 305-25.

Feal, Rosemary Geisdorfer and Carlos Feal, *Painting on the Page: Interartistic Approaches to Modern Hispanic Texts*, Albany: State University of New York Press, 1995.

Felshin, Nina, *But is it Art? the Spirit of Art as Activism*, Seattle: Bay Press, 1995.

Felski, Rita, *Beyond Feminist Aesthetics: Feminist Literature and Social Change*, Cambridge, MA: Harvard University Press, 1989.

Ferry, Luc, *Homo Aesthetics: The Invention of Taste in the Democratic Age*, trans. Robert de Loaiza, Chicago: University of Chicago Press, 1993.

Florence, Penny and Nicola Foster (eds), *Differential Aesthetics: Art Practice, Philosophy, and Feminist Understandings*, Aldershot, UK: Ashgate, 2000.

Foster, Hal (ed.), *The Anti-Aesthetic: Essays on Postmodern Culture,* Port Townsend, WA: Bay Press, 1983.

Foucault, Michel, "What is an Author?" in Paul Rabinow (ed.), *The Foucault Reader*, New York: Pantheon Books, 1984.

Freeland, Cynthia, "Plot Imitates Action: Aesthetic Evaluation and Moral Realism in Aristotle's *Poetics*" in Amélie Rorty (ed.), *Essays on Aristotle's Poetics*, Princeton, NJ: Princeton University Press, 1992: 111-32.

_____ "Film Theory" in *A Companion to Feminist Philosophy*, Malden, MA: Blackwell, 1998: 353-60.

_____ *The Naked and the Undead*, New York: Westview, 1998.

_____ (ed.), *Feminist Interpretations of Aristotle,* University Park, PA: Pennsylvania State University Press, 1998.

_____ "Realist Horror" in Carolyn Korsmeyer (ed.), *Aesthetics: The Big Questions,* Malden, MA: Blackwell, 1998: 283-93.

_____ *But is it Art? An Introduction to Art Theory,* Oxford: Oxford University Press, 2001.

Freeman, Barbara Claire, *The Feminine Sublime: Gender and Excess in Women's Fiction,* Berkeley and Los Angeles: University of California Press, 1995.

_____ "Feminine Sublime" in Michael Kelly (ed.), *Encyclopedia of Aesthetics*, vol. 4, New York: Oxford University Press, 1998:

331-4.

Freud, Sigmund, *Beyond the Pleasure Principle* [1920], trans. James Strachey, New York: W. W. Norton, 1975.

Frueh, Joanna, *Erotic Faculties,* Berkeley and Los Angeles: University of California Press, 1996.

Fry, Roger, *Transformations: Critical and Speculative Essays on Art*, London: Chatto and Windus, 1926.

Frye, Marilyn, *The Politics of Reality: Essays in Feminist Theory,* Trumansburg, NY: The Cross ing Press, 1983.

Garrard, Mary, *Artemisia Gentileschi: The Image of the Female Hero in Italian Baroque Art,* Princeton, NJ: Princeton University Press, 1989.

Gatens, Moira, *Feminism and Philosophy: Perspectives on Difference and Equality,* Bloomington: Indiana University Press, 1991.

_____ *Imaginary Bodies: Ethics, Power and Corporeality,* New York: Routledge, 1996.

Gatens, Moira and Genevieve Lloyd, *Collective Imaginings: Spinoza Past and Present,* London Routledge, 1999.

Gilbert, Katharine Everett and Helmut Kuhn, *A History of Esthetics* [1939], New York: Dover Publications, 1972.

Gilbert-Rolfe, Jeremy, *Beauty and the Contemporary Sublime*, New York: Allworth Press, 1999.

Goody, Jack, *Cooking, Cuisine, and Class*, Cambridge: Cambridge University Press, 1982.

Gould, Timothy, "Intensity and its Audiences: Toward a Feminist

Perspective on the Kantian Sublime" in Peggy Zeglin Brand and Carolyn Korsmeyer (eds), *Feminism and Tradition in Aesthetics*, University Park, PA: Pennsylvania State University Press, 1995: 66-87.

Gracyk, Theodore, *I Wanna Be Me: Rock Music and the Politics of Identity,* Philadelphia, PA: Temple University Press, 2001.

_____ *Rhythm and Noise: An Aesthetics of Rock,* Durham, NC: Duke University Press, 1996.

Greer, Germaine, The Obstacle Race: The Fortunes of Women Painters and their Work, New York: Farrar, Strauss, Giroux, 1979.

Gross, Elizabeth, "The Body of Signification" in John Fletcher and Andrew Benjamin (eds), *Abjection, Melancholia, and Love: The Work of Julia Kristeva,* London: Routledge, 1990: 80-103.

Grosz, Elizabeth, *Sexual Subversions: Three French Feminists*, Sydney: Allen and Unwin, 1989.

_____ *Jacques Lacan: A Feminist Introduction*, London: Routledge, 1990.

_____ "The Hetero and the Homo: The Sexual Ethics of Luce Irigaray" in Carolyn Burke, Naomi Schor, and Margaret Whitford (eds), *Engaging with Irigaray: Feminist Philosophy and Modern European Thought,* New York: Columbia University Press, 1994: 335-50.

_____ *Volatile Bodies: Toward a Corporeal Feminism*, Bloomington: Indiana University Press, 1994.

_____ *Space, Time, and Perversion: Essays on the Politics of Bodies*,

New York: Routledge, 1995.

Hall, Kim, "Sensus Communis and Violence: A Feminist Reading of Kant's *Critique of Judgment*" in Robin May Schott (ed.), *Feminist Interpretations of Immanuel Kant,* University Park, PA: Pennsylvania State University Press, 1997: 257-72.

Hanslick, Eduard, *On the Musically Beautiful,* 8th edition [1891], trans. Geoffrey Payzant, Indianapolis: Indiana University Press, 1986.

Haraway, Donna, "Situated Knowledges: The Science Question in Feminism and the Privilege of Partial Perspective", *Feminist Studies* 14: 3 (Fall, 1988): 575-96.

Hawthorne, Susan, "Diotima Speaks through the Body" in Bat-Ami Bar On (ed.), *Engendering Origins: Critical Feminist Readings in Plato and Aristotle*, Albany: State University of New York Press, 1994: 83-96.

Herndon, Marcia and Susanne Ziegler (eds), *Music, Gender, and Culture*, Wilhelmshaven: Florian Noetzel Verlag, 1990.

Higgonet, Anne, *Berthe Morisot*, New York: Harper and Row, 1990.

Hildegard of Bingen, *Illuminations of Hildegard of Bingen*, Santa Fe: Bear and Company, 1985.

Hogarth, William, *The Analysis of Beauty* [1753], ed. Ronald Paulson, New Haven, CT: Yale University Press, 1997.

Home, Henry, Lord Kames, *Elements of Criticism* [1762], Hildesheim, NY: Georg Olms Verlag, 1970.

Hooks, Bell, "The Oppositional Gaze", *Black Looks*, Boston: South

End Press, 1992: 115-31.

Howe, Susan, *My Emily Dickinson*, Berkeley, CA: North Atlantic Books, 1985.

Howes, David (ed.), *The Varieties of Sensory Experience*, Toronto: University of Toronto Press, 1991.

Hume, David, "Of the Standard of Taste" [1757] in *Essays Moral, Political, and Literary*, ed. T. H. Green and T. H. Gross, two vols., London: Longmans, Green, 1898.

Hutcheson, Francis, *An Inquiry concerning Beauty, Order, Harmony, Design* [1725], ed. Peter Kivy, The Hague: Martinus Nijhoff, 1973.

Irigaray, Luce, *Speculum of the Other Woman* [1974], trans. Gillian C. Gill, Ithaca, NY: Cornell University Press, 1985.

_____ *This Sex which is not One,* trans. Catherine Porter, Ithaca, NY: Cornell University Press, 1985.

_____ *Marine Lover of Friedrich Nietzsche*, trans. Gillian C. Gill, New York: Columbia University Press, 1991.

_____ *An Ethics of Sexual Difference*, trans. Carolyn Burke and Gillian C. Gill, London: Athlone Press, 1993.

_____ *Je, Tu, Nous: Toward a Culture of Difference*, trans. Alison Martin, New York: Routledge, 1993.

_____ "Sorcerer Love: A Reading of Plato's *Symposium*, Diotima's Speech," trans. Eleanor H. Kuykendall, in Nancy Tuana (ed.), *Feminist Interpretations of Plato*, University Park, PA: Pennsylvania State University Press, 1994: 181-95.

Jacobson, Anne Jaap (ed.), *Feminist Interpretations of David Hume*, University Park, PA: Pennsylvania State University Press, 2000.

Janaway, Christopher, *Images of Excellence: Plato's Critique of the Arts,* Oxford: Clarendon Press, 1995.

Jay, Martin, *Downcast Eyes: The Denigration of Vision in Twentieth-century French Thought*, Berkeley and Los Angeles: University of California Press, 1993.

Kamuf, Peggy, (ed.), *A Derrida Reader*, New York: Columbia University Press, 1991.

Kandinsky, Wassily, *Concerning the Spiritual in Art, and Painting in Particular* [1912], trans. Michael Sadleir, amended Francis Golffing, New York: Wittenborn, Schultz, 1947.

Kant, Immanuel, *Observations on the Feeling of the Beautiful and Sublime* [1763], trans. John T. Goldthwaite, Berkeley and Los Angeles: University of California Press, 1960.

_____ *Grounding for the Metaphysics of Morals* [1785], trans. James W. Ellington, Indianapolis: Hackett, 1993.

_____ "Conjectural Beginning of Human History" [1786], trans. Emil L. Fackenheim, in *Kant on History*, ed. Lewis White Beck, Indianapolis: Hackett, 1963.

_____ *Critique of Judgment* [1790], trans. Werner S. Pluhar, Indianapolis: Hackett, 1987.

_____ *Anthropology from a Pragmatic Point of View* [1798], trans. Victor Lyle Dowdell, Carbondale: Southern Illinois University

Press, 1978.

Kaplan, E. Ann (ed.), *Psychoanalysis and Cinema*, New York: Routledge, 1990.

Keller, Evelyn Fox and Christine R. Grontkowski, "The Mind's Eye" in Sandra Harding and Merrill B. Hintikka (eds), *Discovering Reality: Feminist Perspectives on Epistemology, Metaphysics, Methodology, and Philosophy of Science*, Boston: D. Reidel, 1983: 207-24.

Kelly, Michael (ed.), *The Encyclopedia of Aesthetics*, four vols., New York: Oxford University Press, 1998.

Kennick, William, "Does Traditional Aesthetics Rest on a Mistake?" *Mind* 67 (1958), reprinted in John W. Bender and H. Gene Blocker (eds), *Contemporary Philosophy of Art: Readings in Analytic Aesthetics*, Englewood Cliffs, NJ: Prentice-Hall, 1993: 134-44.

Kent, Sarah and Jacqueline Morreau (eds), *Women*'s *Images* of *Men,* London: Writers' and Readers' Publishing Cooperative Society, 1985.

Kivy, Peter, "Recent Scholarship and the British Tradition: A Logic of Taste--The First Fifty Years" in George Dickie and R. J. Sclafani (eds), *Aesthetics: A Critical Anthology,* New York: St Martin's Press, 1977: 626-42.

Klinger, Cornelia, "The Concepts of the Sublime and the Beautiful in Kant and Lyotard" in Robin May Schott (ed.), *Feminist Interpretations of Immanuel Kant*, University Park, PA: Pennsylvania

State University Press, 1997: 191-211.

_____ "Aesthetics" in Alison M. Jaggar and Iris Marion Young (eds), *A Companion to Feminist Philosophy,* Malden, MA: Blackwell, 1998: 343-52.

Kneller, Jane, "Discipline and Silence: Women and Imagination in Kant's Theory of Taste" in Hilde Hein and Carolyn Korsmeyer (eds), *Aesthetics in Feminist Perspective,* Bloomington: Indiana University Press, 1993: 179-92.

_____ "The Aesthetic Dimension of Kantian Autonomy" in Robin May Schott (ed.), *Feminist Interpretations of Immanuel Kant*, University Park, PA: Pennsylvania State University Press, 1997: 173-89.

Korsmeyer, Carolyn (ed.), "Instruments of the Eye: Shortcuts to Perspective", *Journal of Aesthetics and Art Criticism* 47:2 (Spring, 1989): 139-46.

_____ "Gendered Concepts and Hume's Standard of Taste" in Peggy Zeglin Brand and Carolyn Korsmeyer (eds), *Feminism and Tradition in Aesthetics,* University Park, PA: Pennsylvania State University Press, 1995: 49-65.

_____ *Aesthetics: The Big Questions*, Malden, MA: Blackwell, 1998.

_____ "Perceptions, Pleasures, Arts: Considering Aesthetics" in Janet Kourany (ed.), *Philosophy in a Feminist Voice: Critiques and Reconstructions*, Princeton, NJ: Princeton University Press, 1998: 145-72.

_____ *Making Sense of Taste: Food and Philosophy*, Ithaca, NY:

Cornell University Press, 1999.

Kourany, Janet (ed.), *Philosophy in a Feminist Voice: Critiques and Reconstructions*, Princeton, NJ: Princeton University Press, 1998.

Krauss, Rosalind, *Bachelors: Essays on Nine Women "Bachelors" who Challenged Masculinist Aesthetics*, Cambridge, MA: MIT Press, 1999.

Kris, Ernst and Otto Kurz, *Legend, Myth, and Magic in the Image of the Artist* [1934], trans. Alastair Laing, revised Lottie M. Newman, New Haven, CT: Yale University Press, 1979.

Kristeller, Paul Oskar, "The Modern Systems of the Arts: A Study in the History of Aesthetics," Parts Ⅰ and Ⅱ, *Journal of the History of Ideas* 12 and 13 (1951, 1952) 496-527, 17-46. Also in Peter Kivy (ed.), *Essays on the History of Aesthetics*, Rochester, NY: University of Rochester Press, 1992: 3-64.

Kristeva, Julia, *The Powers of Horror: An Essay on Abjection*, trans. Leon S. Roudiez, New York: Columbia University Press, 1982.

Kuppers, Petra, "Living Dialectics, Aufhebung and Performance Art" in Penny Florence and Nicola Foster (eds), *Differential Aesthetics: Art Practice, Philosophy, and Feminist Understandings,* Aldershot, UK: Ashgate, 2000: 141-57.

Langer, Suzanne, *Feeling and Form: A Theory of Art*, London: Routledge and Kegan Paul, 1953.

Lechte, John, *Julia Kristeva*, London: Routledge, 1990.

LeDoeuff, Michelle, *The Philosophical Imaginary*, trans. Colin Gordon, London: Athlone Press, 1989.

Levi-Strauss, Claude, *The Raw and the Cooked*, trans. John and Doreen Weightman, New York: Harper and Row, 1969.

Lind, Marcia, "Indians, Savages, Peasants and Women: Hume's Aesthetics" in Bat-Ami Bar On (ed.), *Modern Engendering: Critical Feminist Readings in Modern Western Philosophy*, Albany: State University of New York Press, 1994: 51-67.

Lippard, Lucy R., *From the Center: Essays on Women's Art*, New York: E. P. Dutton, 1976.

_____ *Get the Message? A Decade of Art for Social Change,* New York: E. P. Dutton, 1984.

_____ *The Pink Glass Swan: Selected Essays on Feminist Art*, New York: The New York Press, 1995.

Lipton, Eunice, *Alias Olympia: A Woman's Search for Manet's Notorious Model and Her Own Desire,* New York: Charles Scribner's Sons, 1992.

Lloyd, Genevieve, *The Man of Reason: "Male" and "Female" in Western Philosophy*, Minneapolis University of Minnesota Press, 1984.

Locke, John, *Essay Concerning Human Understanding* [1690], Freeport, NY: Books for Libraries Press, 1969.

Lorraine, Tamsin, *Irigaray and Deleuze: Experiments in Visceral Philosophy*, Ithaca, NY: Cornell University Press, 1999.

Lyotard, Jean-Francois, "Presenting the Unpresentable: The Sublime", *Artforum* 20: 8 (April, 1982): 64-9.

_____ *The Postmodern Condition,* trans. Geoff Bennington and Brian Masumi, Minneapolis: University of Minnesota Press, 1984.

_____ *Lessons on the Analytic of the Sublime*, trans. Elizabeth Rottenberg, Stanford, CA: Stanford University Press, 1994.

McCabe, Colin (ed.), *High Theory/Low Culture: Analyzing Popular Television and Film,* Manchester, UK: Manchester University Press, 1986.

McClary, Susan, *Feminine Endings: Music, Gender, and Sexuality*, Minneapolis: University of Minnesota Press, 1991.

MacColl, San, "A Woman on Paper" in Hilde Hein and Carolyn Korsmeyer (eds), *Aesthetics in Feminist Perspective,* Bloomington: Indiana University Press, 1993: 150-66.

Man, Eva Kit Wah, "Female Bodily Aesthetics, Politics and Feminine Ideals of Beauty in China" in Peg Zeglin Brand (ed.), *Beauty Matters*, Bloomington: Indiana University Press, 2000: 169-96.

Marcus, Greil, *Lipstick Traces: A Secret History of the Twentieth Century*, Cambridge, MA: Harvard University Press, 1989.

Mattick, Paul Jr. (ed.), *Eighteenth-Century Aesthetics and the Reconstruction of Art*, Cambridge: Cambridge University Press, 1993.

_____ "Beautiful and Sublime: 'Gender Totemism' in the Constitution of Art" in Peggy Zeglin Brand and Carolyn Korsmeyer (eds), *Feminism and Tradition in Aesthetics,* University Park, PA: Pennsylvania State University Press, 1995: 17-48.

Mermin, Dorothy, *Godiva's Ride: Women of Letters in England*, 1830-

1880, Bloomington: Indiana University Press, 1993.

Meyer, Ursula (ed.), *Conceptual Art,* New York: E. P. Dutton, 1972.

Meyers, Diana Tietjens, *Gender in the Mirror: Cultural Imagery and Women's Agency,* New York: Oxford University Press, 2002.

_____ (ed.), *Feminists Rethink the Self,* Boulder, CO: Westview Press, 1997.

Miller, Geoffrey, *The Mating Mind: How Sexual Choice Shaped the Evolution of Human Nature*, New York: Doubleday, 2000.

Miller, William, *The Anatomy of Disgust*, Cambridge, MA: Harvard University Press, 1997.

Mitchell, Juliet, *Psychoanalysis and Feminism*, New York: Pantheon Books, 1974.

Modleski, Tania, *Loving with a Vengeance: Mass-produced Fantasies for Women*, New York: Methuen, 1982.

Moen, Marcia, "Feminist Themes in Unlikely Places: Re-reading Kant's Critique of Judgment" in Robin May Schott (ed.), *Feminist Interpretation of Immanuel Kant*, University Park, PA: Pennsylvania State University Press, 1997: 213–55.

Moi, Toril, *Sexual/Textual Politics: Feminist Literary Theory*, London: Metheun, 1985.

Mortensen, Ellen, *The Feminine and Nihilism: Luce Irigaray with Nietzsche and Heidegger*, Oslo: Scandinavian University Press, 1994.

Motherwell, Robert, *The Dada Painters and Poets,* New York: Wittenborn, Schultz, 1951.

Mulvey, Laura, "Visual Pleasure and Narrative Cinema", *Screen* 16: 3, Autumn, 1975: 6-18.

_____ *Visual and Other Pleasures*, London: Macmillan, 1989.

_____ *Fetishism and Curiosity*, Bloomington: Indiana University Press, 1996.

Nead, Lynda, *The Female Nude: Art, Obscenity and Sexuality*, London: Routledge, 1992.

Neuls-Bates, Carol (ed.), *Women in Music: An Anthology of Source Readings from the Middle Ages to the Present*, New York: Harper and Row, 1982.

New York Times, "Is it Art? Is it Good? And Who Says So?", "Arts and Leisure", October 12, 1997: 36.

Nietzsche, Friedrich, *The Birth of Tragedy from the Spirit of Music* [1872], trans. Clifton P. Fadiman, New York: Dover, 1995.

Nixon, Mignon, "The Gnaw and the Lick: Orality in Recent Feminist Art" in Helena Reckitt (ed.), *Art and Feminism*, London: Phaidon Press, 2001: 275-6.

Nochlin, Linda, "Why Have There Been No Great Women Artists?" *Women, Art, and Power and Other Essays,* New York: Harper and Row, 1988: 145-78.

_____ "Women, Art, and Power," *Women, Art, and Power and Other Essays,* New York: Harper and Row, 1988: 1-36.

Nye, Andrea, "Irigaray and Diotima at Plato's Symposium" in Nancy Tuana (ed.), *Feminist Interpretation of Plato*, University Park, PA: Pennsylvania State University Press, 1994: 197-215.

Oliver, Kelly, *Reading Kristeva: Unraveling the Double-Blind*, Bloomington: Indiana University Press, 1993.

O'Neill, Maggie (ed.), *Adorno, Culture, and Feminism,* London: Sage Press, 1999.

Orlan, "Intervention" in Peggy Phelan and Jill Lane (eds), *The Ends of Performance*, New York: New York University Press, 1998: 315-27.

Parker, Rozsika and Griselda Pollock, *Old Mistresses: Women, Art and Ideology,* New York: Pantheon Books, 1981.

_____ (eds), *Framing Feminisms: Art and the Women's Movement* 1970-1985, London: Pandora, 1987.

Penley, Constance (ed.), *Feminism and Film Theory*, New York: Routledge, 1988.

Phelan, Peggy, *Unmarked: The Politics of Performance*, London: Routledge, 1993.

_____ "Survey" in Helena Reckitt (ed.), *Art and Feminism*, London: Phaidon Press, 2001.

Phelan, Peggy, and Jill Lane (eds), *The Ends of Performance*, New York: New York University Press, 1998.

Philippi, Desa, "Mona Hatoum: Some Any No Every Body" in M. Catherine de Zegher (ed.), *Inside the Visible: An Elliptical Traverse of 20th-century Art in, of, and from the Feminine,* Cambridge, MA: MIT Press, 1996: 363-69.

Piper, Adrian M. S., "Monologues from 'Four Intruders Plus Alarm Systems' and 'Safe'" in Peggy Zeglin Brand and Carolyn

Korsmeyer (eds), *Feminism and Tradition in Aesthetics,* University Park, PA: Pennsylvania State University Press, 1995: 235-44.

_____ "Xenophobia and Kantian Rationalism" in Robin May Schott (ed.), *Feminist Interpretations of Immanuel Kant,* University Park, PA: Pennsylvania State University Press, 1997: 21-73.

Plato, *Phaedo, Republic, and Symposium in The Collected Dialogues of Plato,* ed., Edith Hamilton and Huntington Cairns, New York: Pantheon, 1961.

Pliny the Elder, *The Elder Pliny's Chapters on the History of Art*, trans. K. Jex-Blake [1896], Chicago: Argonaut, 1968.

Pollock, Griselda, *Vision and Difference: Femininity, Feminism and the Histories of Art*, London: Routledge, 1988.

_____ "Inscriptions in the Feminine" in M. Catherine de Zegher (ed.), *Inside the Visible: An Elliptical Traverse of 20th-century Art in, of, and from the Feminine,* Cambridge, MA: MIT Press, 1996: 67-87.

Price, Janet and Margrit Shildrick (eds), *Feminist Theory and the Body,* Edinburgh, Edinburgh University Press, 1999.

Purdom, Judy, "Nancy Spero and Woman in Performance" in Penny Florence and Nicola Foster (eds), *Differential Aesthetics: Art Practice, Philosophy, and Feminist Understandings*, Aldershot, UK: Ashgate, 2000: 161-74.

Raven, Arlene (ed.), *Art in the Public Interest*, Ann Arbor, MI: UMI Research Press, 1989.

Reckitt, Helena (ed.), *Art and Feminism*, London: Phaidon Press, 2001.

Revel, Jean-François, *Culture and Cuisine: A Journey through the History of Food*, trans. Helen R. Lane, New York: Doubleday, 1982.

Rich, Adrienne, *Diving into the Wreck: Poems* 1971–1972, New York: W. W. Norton, 1973.

Rivière, Joan, "Womanliness as Masquerade," *The International Journal of Psychoanalysis* 10 (1929), reprinted in Victor Burgin, James Donald, and Cora Kaplan (eds), *Formations of Fantasy,* London: Methuen, 1986: 35–44.

Robinson, Hilary, "The Morphology of the Mucous: Irigarayan Possibilities in the Material Practice of Art" in Penny Florence and Nicola Foster (eds), *Differential Aesthetics: Art Practice, Philosophy, and Feminist Understandings*, Aldershot, UK: Ashgate, 2000: 261–77.

Roth, Moira (ed.), *The Amazing Decade: Women and Performance Art in America*, 1970–1980, Los Angeles: Astro Artz, 1983.

Sadie, Stanley (ed.), *The New Grove Dictionary of Music and Musicians*, second edition, London: Macmillan, 2001.

Santayana, George, *The Sense of Beauty: Being the Outline of Aesthetic Theory* [1896], New York: Dover, 1955.

Scheman, Naomi, "Thinking about Quality in Women's Visual Art", *Engenderings: Constructions of Knowledge, Authority, and Privilege,* New York: Routledge, 1993: 158–9.

Schiller, Friedrich, *On the Aesthetic Education of Man in a Series of*

Letters [1793], trans. Elizabeth M. Wilkinson and L. A. Willoughby, Oxford: Clarendon Press, 1967.

Schneider, Rebecca, *The Explicit Body in Performance*, London: Routledge, 1997.

Schopenhauer, Arthur, *The World as Will and Representation*, [third edition, 1859], vol. I, trans. E. F. J. Payne, New York: Dover, 1969.

Schor, Naomi, "This Essentialism which is not One" in Carolyn Burke, Naomi Schor, and Margaret Whitford (eds), *Engaging with Irigaray: Feminist Philosophy and Modern European Thought*, New York: Columbia University Press, 1999: 57-78.

Schott, Robin May (ed.), *Feminist Interpretations of Immanuel Kant*, University Park, PA: Pennsylvania State University Press, 1997.

Sheets-Johnstone, Maxine, *The Roots of Power: Animate Form and Gendered Bodies*, Chicago: Open Court, 1994.

Shiner, Larry, *The Invention of Art: A Cultural History*, Chicago: University of Chicago Press, 2001.

Sibley, Frank, "Tastes, Smells, and Aesthetics" in John Benson, Betty Redfern, and Jeremy Roxbee-Cox (eds), *Approach to Aesthetics: Collected Papers on Philosophical Aesthetics*, Oxford: Clarendon Press, 2001: 207-55.

Silverman, Kaja, *Male Subjectivity at the Margins*, New York: Routledge, 1992.

Silvers, Anita, "Has Her(Oine's) Time Now Come?" in Peggy Zeglin

Brand and Carolyn Korsmeyer (eds), *Feminism and Tradition in Aesthetics,* University Park, PA: Pennsylvania State University Press, 1995: 279–304.

_____ "Feminism: An Overview" in Michael Kelly (ed.), *Encyclopedia of Aesthetics*, vol. 2, New York: Oxford University Press, 1998: 161–7.

Sinfield, Alan, *Cultural Politics–Queer Reading*, Philadelphia: University of Pennsylvania Press, 1994.

_____ *The Wilde Century: Effeminacy, Oscar Wilde, and the Queer Moment*, New York: Columbia University Press, 1994.

Sircello, Guy, *Mind and Art: An Essay on the Varieties of Expression*, Princeton, NJ: Princeton University Press, 1972.

Smith, John Rubens, *Juvenile Drawing Book No. 1*, New York: 1822.

Soussloff, Catherine M., *The Absolute Artist: The Historiography of a Concept*, Minneapolis: University of Minnesota Press, 1997.

Steiner, Wendy, *Venus in Exile: The Rejection of Beauty in Twentieth-century Art*, New York: The Free Press, 2001.

Stolnitz, Jerome, "On the Origin of 'Aesthetic Disinterestedness'", *Journal of Aesthetics and Art Criticism* (Winter, 1961): 131–43.

_____ *Aesthetics and the Philosophy of Art Criticism* [1960], excerpted in Philip Alperson (ed.), *The Philosophy of the Visual Arts,* New York: Oxford University Press, 1992: 7–14.

Tatarkiewicz, Wladyslaw, *The History of Aesthetics* (3 vols), The Hague: Mouton, 1970.

_____ *A History of Six Ideas: An Essay in Aesthetics*, trans. Christopher Kasperek, Warsaw: Polish Scientific Publishers, 1980.

Telfer, Elizabeth, *Food for Thought: Philosophy and Food*, London: Routledge, 1996.

Tolstoy, Leo, *What is Art?* [1898], trans. Aylmer Maude, New York: Liberal Arts Press, 1960.

Tompkins, Jane, *Sensational Designs: The Cultural Work of American Fiction* 1790-1860, New York: Oxford University Press, 1985.

Tormey, Alan, *The Concept of Expression,* Princeton, NJ: Princeton University Press, 1971.

Trippi, Laura, "Untitled Artists' Projects by Janine Antoni, Ben Kinmont, Rirkrit Tiravanija" in Ron Scapp and Brian Seitz (eds), *Eating Culture*, Albany: State University of New York Press, 1998: 132-60.

Tuana, Nancy (ed.), *Feminist Interpretations of Plato,* University Park, PA: Pennsylvania State University Press, 1994.

Turner, Maria, *The Young Ladies' Assistant in Drawing and Painting*, Cincinnati: Corey and Fairbank, 1833.

Vasseleu, Cathryn, *Textures of Light: Vision and Touch in Irigaray, Levinas, and Merleau-Ponty*, London: Routledge, 1998.

Weitz, Morris, "The Role of Theory in Aesthetics", *Journal of Aesthetics and Art Criticism* 15 (1956), reprinted in John W. Bender and H. Gene Blocker (eds), *Contemporary Philosophy of Art: Readings in Analytic Aesthetics*, Englewood Cliffs, NJ: Prentice-Hall, 1993: 191-8.

Whitford, Margaret, *Luce Irigaray: Philosophy in the Feminine*, London: Routledge, 1991.

Wiseman, Mary Bittner, "Beautiful Exiles" in Hilde Hein and Carolyn Korsmeyer (eds), *Aesthetics in Feminist Perspective,* Bloomington: Indiana University Press, 1993: 169-78.

Wollheim, Richard, *Art and Its Objects*, second edition, Cambridge: Cambridge University Press, 1980.

Woodmansee, Martha, *The Author, Art, and the Market: Rereading the History of Aesthetics*, New York: Columbia University Press, 1994.

Woolf, Virginia, *A Room of One's Own* [1929], New York: Harcourt, Brace, Jovanovich, 1981.

Yaeger, Patricia, "Toward a Female Sublime" in Linda Kauffman (ed.), *Gender and Theory*, Oxford: Basil Blackwell, 1989.

Zegher, M. Catherine de (ed.), *Inside the Visible: An Elliptical Traverse of 20th-century Art in, of, and from the Feminine,* Cambridge, MA: MIT Press, 1996.

Zeitlin, Froma I., "Playing the Other: Theater, Theatricality, and the Feminine in Greek Drama" in John J. Winkler and Froma I. Zeitlin (eds), *Nothing to Do with Dionysos? Athenian Drama in Its Social context,* Princeton, NJ: Princeton University Press, 990: 63-96.

찾아보기

옮긴이

신혜경은 서울대 미학과에서 석사 및 박사학위를 받았다. 미학이 더 큰 사회와 대면하기를 바라는 마음으로 꾸준히 사회적 관점의 미학이나 문화이론에 관심을 가지고 연구하고 있다. 서울대, 한림대, 건국대 등에서 학생들을 만나왔고 민예총 문예아카데미에서도 미학을 강의했다. 논문으로는 <그람시의 『옥중수고』에 나타난 대중의 문화정치적 함의에 대한 연구>, <피스크의 문화적 대중주의에 대한 재고>, <페미니즘 미술에서 몸의 도전과 한계> 등이 있으며 『대중문화의 기만 혹은 해방: 벤야민 & 아도르노』를 발간했다. 현재 덕성여자대학교 교양학부 초빙교수로 재직 중이다.

경성대문화총서 29

페미니즘 미학 입문

지은이 | 캐롤린 코스마이어
옮긴이 | 신혜경
펴낸이 | 김대성

초판1쇄 인쇄 | 2009년 9월 10일
초판1쇄 발행 | 2009년 9월 20일

출판등록 | 1985년 1월 28일 제331-1985-000001호
펴 낸 곳 | 경성대학교출판부
주　　소 | 부산광역시 남구 대연동 110-1
전　　화 | (051) 663-4195, 4196
팩　　스 | (051) 663-4199
홈페이지 | www.ks.ac.kr/~press

잘못된 책은 구입하신 서점에서 바꾸어 드립니다.

ISBN 978-89-7314-213-2 94600
978-89-7314-135-7 (세트)